社交礼仪实务
（第5版）

主　审　邓迪夫

主　编　董　媛　王福荣　王社民

副主编　张馨予　雷锋刚　刘振华
　　　　张　洁　韩燕雄

北京理工大学出版社
BEIJING INSTITUTE OF TECHNOLOGY PRESS

内容简介

本教材主要内容包括礼仪认知篇，个人礼仪篇，校园礼仪篇，交际礼仪篇，公共礼仪篇，拜访、接待篇，商务礼仪篇，宴会礼仪篇，求职应聘礼仪篇，婚丧寿庆礼仪篇等10个项目。本书专门将校园礼仪的内容收录在内，让学生首先懂得遵守校园内应该掌握的尊重师长和同学的礼仪，这样才能更好地走出校园，走向社会。

本教材在编写上突破传统社交礼仪教材惯常的写作思路，重点突出社交礼仪技能实训，实训项目明确，操作性和指导性突出，尤其是详细的训练步骤和具体方法，具有很强的指导性。特别是添加的思政目标，进一步推进社交礼仪课程思政改革，重视传统礼仪文化宣传，践行社会主义核心价值观，增强文化自信和民族自信。中国自古以来都是礼仪之邦，有着非常丰富的礼仪文化沉淀，本教材将我国经典礼仪著作《论语》《周礼》《礼记》中的内容用"礼仪小故事""礼仪典故"的形式展示和呈现出来，能让学生更深刻地理解传统礼仪的内涵，有效地宣传了中国传统文化。

版权专有　侵权必究

图书在版编目（CIP）数据

社交礼仪实务 / 董媛，王福荣，王社民主编. -- 5 版. -- 北京：北京理工大学出版社，2021.9
ISBN 978-7-5763-0426-8

Ⅰ. ①社… Ⅱ. ①董… ②王… ③王… Ⅲ. ①社交礼仪—高等学校—教材 Ⅳ. ①C912

中国版本图书馆 CIP 数据核字（2021）第 195156 号

出版发行 / 北京理工大学出版社有限责任公司
社　　址 / 北京市海淀区中关村南大街5号
邮　　编 / 100081
电　　话 /（010）68914775（总编室）
　　　　　（010）82562903（教材售后服务热线）
　　　　　（010）68944723（其他图书服务热线）
网　　址 / http://www.bitpress.com.cn
经　　销 / 全国各地新华书店
印　　刷 / 唐山富达印务有限公司
开　　本 / 787毫米 × 1092毫米　1/16
印　　张 / 14　　　　　　　　　　　　　　　　　责任编辑 / 徐春英
字　　数 / 338千字　　　　　　　　　　　　　　文案编辑 / 徐春英
版　　次 / 2021年9月第5版　2021年9月第1次印刷　责任校对 / 周瑞红
定　　价 / 89.00元　　　　　　　　　　　　　　责任印制 / 施胜娟

图书出现印装质量问题，请拨打售后服务热线，本社负责调换

PREFACE 前言

中国是礼仪之邦,礼仪是中国传统文化的核心,也是整个人类文明、进步、发展、昌盛的标志。在社会交往活动越来越频繁的今天,礼仪已经成为人与人之间、组织之间、国家之间沟通、对话、交往、合作的金钥匙。作为当代大学生,我们应该更多地了解礼仪、学习礼仪、实践礼仪,让自己成为有文化、懂礼仪、讲文明、会交际的优秀职业人才。

本书在编写上突破传统社交礼仪教材惯常的写作思路,重点突出社交礼仪技能实训,实训项目明确,操作性和指导性突出,尤其是详细的训练步骤和具体方法,具有很强的指导性。

为进一步推进职业教育改革,落实"立德树人"根本任务,根据社交礼仪课程性质,本书特别增加思政目标,且在大部分项目开篇处以及正文添加了取自《论语》《周礼》《礼记》等我国古代有代表性的经典著作的"礼仪典故""礼仪故事",展现中华礼仪的精髓,同时加入校园礼仪的相关内容。秉持"育人"先"育德",注重传道授业解惑、育人育才的有机统一,在注重学生礼仪技能训练的同时,加强学生人生观和价值观的教育,传承中华优秀传统文化,践行社会主义核心价值观,积极引导当代学生树立正确的国家观、民族观、历史观、文化观、审美观、礼仪素养观,从而为社会培养德智体美劳全面发展的人才。本书是在2014年8月被评为"十二五"职业教育国家规划教材的基础上改编而来。

本书由董媛、王福荣、王社民担任主编,张馨予、雷锋刚、刘振华、张洁、韩燕雄担任副主编。邓迪夫担任主审,董媛、王福荣、王社民负责全书的总体架构和设计、修改及统稿工作。本书的编写分工如下:项目一由陕西财经职业技术学院雷锋刚编写,项目二由陕西财经职业技术学院张洁编写;项目三由陕西服装工程学院韩燕雄编写;项目四、项目五由陕西财经职业技术学院董媛编写;项目六由陕西财经职业技术学院张馨予编写;项目七、项目八由陕西财经职业技术学院王福荣编写,项目九由陕西财经职业技术学院刘振华编写;项目十由陕西财经职业技术学院王社民编写。广东坚朗五金制品股份有限公司人力资源部校企合作运营经理叶利骐、西安中晶华邑酒店人力资源部总监Angel女士也参加了本教材大纲的讨论和部分内容的编写工作,在此一

　　并表示感谢。

　　本教材中的微课由西安影墨教育科技有限公司拍摄制作,部分动画微课由深圳市新风向科技有限公司(http://www.newvane.con.cn)提供技术支持,在此表示感谢。

　　本书在编写过程中,参考和引用了许多专家和学者的书籍及文章中的资料、观点,限于篇幅,未能一一注明,在此表示感谢。我们再次将此书推荐给读者,希望能给予读者更大的帮助,同时,尽管编写小组人员认真负责,但是难免还存在着一些错误和遗漏,恳请同行专家及读者不吝指正。

编　者

目录

项目一　礼仪认知篇
任务一　明　礼 …………………………………………………………… 2
任务二　知　礼 …………………………………………………………… 6
任务三　学　礼 …………………………………………………………… 9

项目二　个人礼仪篇
任务一　仪容礼仪 ………………………………………………………… 18
任务二　仪表礼仪 ………………………………………………………… 25
任务三　仪态礼仪 ………………………………………………………… 30

项目三　校园礼仪篇
任务一　课堂礼仪 ………………………………………………………… 43
任务二　宿舍礼仪 ………………………………………………………… 45
任务三　学校典礼、庆祝活动礼仪 ……………………………………… 48
任务四　食堂就餐礼仪 …………………………………………………… 52
任务五　同学相处礼仪 …………………………………………………… 54

项目四　交际礼仪篇
任务一　称呼礼仪 ………………………………………………………… 59
任务二　握手礼仪 ………………………………………………………… 63
任务三　介绍礼仪 ………………………………………………………… 67
任务四　名片礼仪 ………………………………………………………… 71

项目五　公共礼仪篇
任务一　交谈礼仪 ………………………………………………………… 76
任务二　公共场所礼仪 …………………………………………………… 85

项目六　拜访、接待篇
任务一　拜访礼仪 ………………………………………………………… 100

　　任务二　迎接礼仪……………………………………………… 105
　　任务三　馈赠礼仪……………………………………………… 113

项目七　商务礼仪篇
　　任务一　会见会谈礼仪………………………………………… 120
　　任务二　商务谈判礼仪………………………………………… 124
　　任务三　商务仪式礼仪………………………………………… 128

项目八　宴会礼仪篇
　　任务一　宴请基本礼仪………………………………………… 143
　　任务二　中餐礼仪……………………………………………… 150
　　任务三　西餐礼仪……………………………………………… 156
　　任务四　自助餐礼仪…………………………………………… 163
　　任务五　酒的礼仪……………………………………………… 167
　　任务六　饮茶礼仪……………………………………………… 168
　　任务七　咖啡礼仪……………………………………………… 177

项目九　求职应聘礼仪篇
　　任务一　应聘注意事项………………………………………… 183
　　任务二　面试礼仪及技巧……………………………………… 189

项目十　婚丧寿庆礼仪篇
　　任务一　婚礼礼节……………………………………………… 197
　　任务二　寿诞礼………………………………………………… 206
　　任务三　丧葬吊唁……………………………………………… 212

参考文献………………………………………………………… 218

项目一 礼仪认知篇

礼仪典故

国尚礼则国昌，
家尚礼则家大，
身有礼则身修，
心有礼则心泰。

——清·颜元

一、知识目标

（1）了解礼仪的基本概念、基本特征及礼仪的渊源；
（2）掌握礼仪的原则和主要内容；
（3）掌握学习礼仪的方式、方法。

二、能力目标

（1）能够明白礼仪的重要性，并将这种基本思想进行传播；
（2）明确礼仪的内容，并能树立正确的学习礼仪的态度。

三、德育目标

（1）使学生认识和理解礼仪的重要性，坚定文化自信，并立志传承中华礼仪文化；
（2）使学生深刻认识尊重在人际交往中的作用，真诚待人，表里如一，树立正确的交际观；
（3）教育学生知行合一，将所学礼仪知识付诸实践，真正做到立德树人。

四、知识要点

本项目主要从明礼、知礼、学礼三个方面对学习者提出要求。

"明礼"是学习礼仪的基础，要学习礼，首先要知道什么是礼，明确礼的含义、礼的渊源和礼的特征。

"知礼"是学习礼仪的前提，要学习礼，就必须明白学习礼仪要遵循的原则，就必须知道礼都包含了哪些内容。

"明礼""知礼"而后"学礼"。本课程就是在教我们礼，本项目主要讲解礼仪在社会活动中的功能及学习礼仪的方法。

五、任务实施

礼仪，作为人类的一种文化，规范着人们的行为。从一个人对它掌握的程度，可以看出他的文明与教养的程度；从一个国家或一个民族对它的重视程度，可以看出这个国家或民族文明与进步的程度。

我国是一个有着悠久历史的文明古国。中华儿女不仅勤劳勇敢，而且素以讲究礼仪著称于世。礼仪作为处理人与人之间相互关系的行为规范和道德法则，往往反映一个人的文明素质、精神状态，也反映一个国家的整体素质和社会风貌。"礼即理也。"懂得礼仪，或遇事讲理，乃至形成一整套符合公共利益的规范，是社会进步、开化的表现，也是社会文明的标志。

随着社会的发展，人们交往的需求逐渐增加，范围不断扩大，礼仪的内容也更加丰富，构成一个复杂而庞大的系统。要学习并掌握礼仪的知识，并将它应用到实际生活和工作中，不仅是十分必要的，而且是需要下一番功夫的。本项目主要向大家介绍礼仪的一些基础知识，包括礼仪的概念及如何学习社交礼仪。

说文解字明礼仪

任务一　明　礼

礼仪故事 1-1　何为礼？

子路问孔子："老师，请问什么叫礼啊？"孔子回答说："简单地说，礼就是爱

人，礼是出于爱人之心的。"

子路想了想，说："老师，我还是不明白，您能不能说得详细一点？"孔子说："礼，就是要天子爱天下人，诸侯爱自己管辖境内的人，士大夫爱自己的职责范围内管理的人，读书人与老百姓爱自己的家人，难道这还不清楚吗？"

子路想了想，又问："您说礼就是爱，那不就与老师说的'仁者爱人'一样了吗？"孔子拊掌大笑道："本来两个就是一回事！'仁者爱人'说的是人的内在素质，'礼者爱人'说的是人的外在表现，两者是一致的啊！"子路这才点了点头说："我懂了。"

（资料来源：孙慧竹．《礼仪规范教程》，南开大学出版社，2010）

（一）礼仪的概念

礼仪是一切文明民族的主要标志之一，是民族文化的重要窗口。礼仪是体现一定社会道德观念和风俗习惯，表达人们礼节动作、容貌举止的行为准则。拥有着五千年悠久文明的中华民族，礼仪文化更是灿烂夺目。

从现代含义上看，"礼"是指以一定的社会道德观念和风俗习惯为基础形成的、大家共同遵守的行为准则，而"仪"则是指人们的容貌举止、神态服饰和按照礼节进行的仪式。很明显，礼仪是内容与形式相统一的人际交往规范，也体现出一个社会的文明程度。礼仪具体表现为礼貌、礼节、仪表、仪式等。

小资料
论语·泰伯第二

1. 礼貌

礼貌，是指人们在日常生活交往中表现的谦虚、恭敬、友好的品质。礼貌能体现一个时代的风尚和道德规范，体现人们的文化层次、文明程度和道德水平。虽然世界各地在礼貌的表现形式上有所不同，但其尊敬、友爱的本质是一致的。例如，熟人见面打招呼，尽管方式不同、问候的语言不同，但向对方表示友好的目的是相同的。因此，在生活中注意自己的修养、懂得体谅别人、愿意帮助别人、表示尊重别人的人，就可以称其为有礼貌的人。

2. 礼节

礼节，是人与人之间在日常生活和工作中表达对别人的尊敬、问候、祝愿所用的规则和形式，属于外在的行为规范，是礼貌在语言、行为、仪态等方面的具体体现。如乘车时为了表示对老年人的尊重、对病人的关心，通过让座这一行为表现出来；待人时，为了表示对前辈、师长、上级的尊敬，通过谦虚的态度、认真听他们的谈话表现出来。另外，在得到别人帮助的时候说声"谢谢"、有客人到家里拜访时热情招待等，通过这些礼节使礼貌得到良好的表达。

3. 礼仪

所谓礼仪，是对礼节、仪式的统称，是指在人际交往中用一整套约定俗成的程序、方式来表现的律己、敬人的完整行为。特别是在比较正式或重大事件的活动程序中都体现出礼仪的特点。例如，参加一个好朋友的生日聚会，就要考虑穿什么服装、带什么礼品、说些什么祝福的话，要按时到场，谈些什么话题使聚会的气氛更加欢快等。聚会上，大家先赠送礼品，再点上生日蛋糕的蜡烛，然后让过生日者许愿、吹蜡烛，大家祝贺，最后进餐。这就是把礼节、仪式统一起来表现出礼仪的完整行为。

礼仪与礼貌、礼节三者之间既有联系又有区别，礼貌侧重于强调个人的道德品质，而礼节侧重于这种品质的外在表现形式。所以，礼貌和礼节多指交往过程中的个别行为，而礼仪所指的是一个比较复杂的活动。实质上，礼仪是由一系列的、具体的礼节所构成的。因此，我们强调一个人要有修养、懂礼貌，这是实施礼节、礼仪的内在思想基础。如果不会采用适当的礼节来表达对别人的友好和尊敬，与人交往中往往会显得很尴尬，甚至造成对方的误解；另外，只注意到了某些礼节而忽视了另外一些礼节，也同样达不到礼仪的要求。

（二）社交礼仪的特征

1. 规范性

规范性是礼仪最基本的特征。礼仪是人们在长期社会和生活实践中形成并通过某种风俗、习惯和传统固定下来的，约束和控制着人们的交往行为，礼仪具有规范性。这种规范性不仅约束人们在交际场合的言谈举止，使之合乎礼仪，而且也是人们在交际场合必须遵守的一种"通用语言"，是衡量他人、判断自己是否自律、敬人的一种尺度。

2. 传承性

任何国家的礼仪规范都不是一成不变的，而是在本国历代礼仪的基础上继承、发展起来的。离开了对本国、本民族既往礼仪成果的传承、扬弃，就不可能形成当代礼仪，这就是礼仪传承性的特定含义。如尊敬老人的礼节自人类之初就存在，今天也是人类共同接受的准则，并且逐渐形成自己的民族特色。所以，礼仪的传承性说明了礼仪是人类长期积累的财富，是社会进步和文明的标志之一。我国古代流传至今的尊老敬师、父慈子孝、礼尚往来等反映民族美德的礼仪，还会世世代代相传，发扬光大。当然，中国传统礼仪是在漫长的阶级社会中形成的，主要体现了等级制度的社交规范，是阶级社会的统治者为维护自身高高在上的地位，强迫臣民们遵守的，对其中不符合现代平等交往原则的部分礼仪，应该加以甄别和摒弃。

〈 礼仪故事 1-2 〉 跪拜礼

某酒店正在举行婚礼，在司仪的主持下，新郎跪下身向岳父岳母敬茶。一名旁观者小声地评价："跪都没有跪相，摇摇晃晃的，茶都要洒出来了。"另一人接着道："这种礼节很久不用了，现在又开始时兴起来。"第三人问道："什么时候废除的呢？"

【分析】

跪拜礼在中国具有悠久历史，在古代曾经是臣民向君主、下级向上级、平民向官员、晚辈向长辈表示顺服和敬意的隆重礼节，它在 1912 年由《中华民国临时约法》废除。此后，鞠躬礼逐渐取代跪拜礼成为表示敬意的隆重方式。不过，民间对跪拜礼有所保留，跪拜礼在剔除了自我贬低、奴性服从的意义后，继续存在于某些特殊的场合，比如婚庆时新人以跪拜礼向双方父母表示感谢、扫墓时子孙以跪拜礼向先人表示尊敬等。

（资料来源：廖超慧.《社交礼仪》，华中科技大学出版社，2007）

项目一 礼仪认知篇

3. 差异性

"十里不同风，百里不同俗。"不同的文化背景孕育出不同的礼仪。不同的地域决定着礼仪的不同内容和形式。我国幅员辽阔，是一个多民族国家，不同民族的风俗习惯和礼仪文化各有千秋。例如，见面问候致意的形式就有很多：有脱帽点头致意的，有拥抱的，有双手合十的，有手抚胸口的，有用嘴碰脸颊的，更多的还是挥手致意。这些礼仪形式的差异均源于各地风俗的差异，具有约定俗成的影响力。

礼仪的差异性更多地体现在不同国家之间，尤其是不同语言、不同宗教信仰的人们之间。世界是丰富多彩的，礼仪也是绚丽多姿的，有些地方的礼仪甚至千奇百怪。同样的手势，在不同的国家历代的含义有可能完全不同，甚至相反。

礼仪故事 1-3　"OK"手势

> 一位美国的工程师被公司派到他们在德国的分公司工作。他和一位德国工程师在一部机器上并肩作战。当这位美国工程师提出建议改进新机器时，那位德国工程师表示同意，并问美国工程师自己这样做是否正确。这个美国工程师用美国的"OK"手势给以回答。那位德国工程师放下工具就走开了，并拒绝和这位美国工程师进一步交流。后来，这位美国工程师从他的一位主管那里了解到这个手势对德国人意味着"你是个屁眼儿"。
>
> （资料来源：根据百度网社交礼仪课程案例整理，http://www.476200.com/blog/article.asp?id=197）

4. 针对性

一般来说，礼仪的运用是规范的，但是由于现代社交对象的不同，礼仪的适应则有了针对性的一面。同样的礼节对不同年龄、不同性别、不同阶层的人会产生不同的效应。在社交活动中必须针对不同的对象、不同的场合运用相应的礼仪。比如，男士行握手礼时，如果对方也是男士，不妨主动一些，但如果对方是女士，则应该等女士先做出表示，过于主动是唐突的行为，甚至被认为是一种骚扰。同样是打招呼，不同地区、不同民族也不同。正是由于礼仪有这样的一些细微差别，要求人们在社交活动中应尽可能多地熟悉和掌握社交礼仪，熟练地运用礼仪规范来展示自己的风范，使自己在社交场合中保持良好的社交形象，促进社交成功。

5. 发展性

礼仪作为一种文化现象，是人们在长期的共同生活和相互交往中逐渐形成的，它以风俗、习惯和传统等形式固定下来，并随着人类文明的进程而不断发展和完善。某一阶段被公认的礼仪规范随着历史的发展，有的被肯定、有的被否定、有的被发扬、有的被抛弃。

同时，礼仪文化随着时代的不断进步而时刻发生着变化，例如，现代人利用手机短信、微信、QQ 和 E-mail 等礼仪形式来表达节日的问候和祝福，就是时代进步带来的新生事物。另外，随着对外交往的不断扩大和各国政治、经济、思想、文化等诸种因素的互相渗透与融合，我国的传统礼仪也自然被赋予了许多新鲜内容，礼仪规范更加国际化，礼仪变革向符合国际惯例的方向发展。如何形成一套既富有我国传统特色，同时又符合国际惯例的礼仪规范，已成为我们必须重视的问题。这种礼仪文化的培养和形成有助于我们国家走向世界，更好地与国际接轨，成为地球村中一个真正的礼仪之邦。

6. 国际性

礼作为一种文化现象，它跨越了国家和地区的界线。在文明、礼貌、相互尊重的基础上形成完善的礼仪形式，被世界各国人民接受并共同遵守。随着国际交往的进一步密切，国际间逐渐形成一些更加规范化、专门化的国际礼俗。现代礼仪兼容并蓄，融会世界各国的礼仪之长，使现代礼仪更加国际化、趋同化。

任务二　知　礼

（一）礼仪的原则

礼仪的原则是指人们在社会交往中处理人际关系的出发点和应遵从的指导思想。它是保证礼仪活动顺利实施并达到预定目标的基本条件。礼仪的原则主要有以下几方面，它们同等重要，缺一不可。

礼仪的原则和内容

1. 尊重的原则

"爱人者，人恒爱之；敬人者，人恒敬之。"

——孟子

尊重原则是礼仪的灵魂和其他一切原则的前提和基础。所谓尊重，是指在人际交往中必须以体谅、理解对方为基础，在自尊、自重、自爱的同时，彼此敬重并维护对方的尊严和人格，以保持和谐愉快的人际关系。

尊重包含自尊和尊重他人。自尊是指一个人对待自己的一种态度，它是自我意识的一种表现形式，一个人只有尊重自己，悦纳自己，自强不息，注意自身修养，保持自己的人格和尊严，才能赢得他人的尊重。

尊重他人指的是对待他人的一种态度，这种态度要求承认重视每个人的人格、感情、爱好、职业、习惯、社会价值以及所应享有的权利和利益等。在现实交往中，你尊重别人，别人自然也就尊重你；如果你根本就无意尊重别人，却期盼着处处受到别人的尊重，显然是不大可能的。

尊重他人首先要尊重他人的人格。人格通常是指人的尊严、价值和品格。此外，还要尊重他人的爱好和习惯，不应强求他人按照自己的爱好和习惯来行事。

项目一 礼仪认知篇

> **〈礼仪故事 1-4〉 停奏抗议的反思——没有礼仪就没有尊重**
>
> 孔祥东是著名的钢琴演奏家。1998 年 6 月 6 日晚,他在汕头举办个人钢琴独奏音乐会。演出之前,主持人再三强调,场内观众不要随意走动,关掉 BP 机和手提电话。然而,在演出的过程中,这种令人遗憾的场面却屡屡出现:场内观众随意走动,BP 机和手提电话响声不绝,致使孔祥东情绪大受干扰。这种情况,在演奏舒曼作品时更甚。孔祥东只好停止演奏,静等剧场安静。然而,观众还误以为孔祥东是在渴望掌声,所以便报以雷鸣般的掌声。这件事,令孔祥东啼笑皆非。演出结束后,孔祥东说:有个 BP 机至少响了 8 次,观众在第一排来回走动,所以他只得以停奏抗议。
>
> (资料来源:本文根据 360 电子图书馆相关资料整理)

坚持尊重原则应该在实际交往中掌握一些技巧。一是要热情、真诚。热情的态度会使人产生受重视、受尊重的感觉;相反,对人冷若冰霜、麻木不仁,会伤害别人。二是要给人留面子。所谓面子,就是自尊心。每个人都有自尊心,失去自尊心对一个人来说是件非常痛苦的事。伤害别人的自尊是严重失礼的行为。三是允许他人表达思想,表现自己。当别人和自己的意见不同时,不要把自己的意见强加给对方。当你和与自己性格不同的人交往时,也应尊重对方的人格和自由。

2. 真诚原则

交际礼仪的运用是基于交际主体对他人的态度。如果能抱着诚意与对方交往,那么交际主体的行为自然而然地就显示出对对方的关切与爱心。在通常情况下,人们可以用假话来掩饰自己的企图,但却无法用行为来掩饰自己的虚伪,因为体态语言是无法掩饰虚假的。因此,礼的实质是敬,只有内心真诚,才能从容、镇定地将礼表达到位。这种恰到好处的表达形式就是"仪"。仪虽然是外在的表现形式,但绝不仅仅是一件文明的外衣。只有内外兼修才能真诚自然。倘若仅把运用礼仪作为一种道具和伪装,在具体操作礼仪规范时,口是心非、言行不一、弄虚作假,或是当面一套、背后一套,将礼仪等同于"厚黑学",这些都是违背礼仪的基本原则的。

3. 适度原则

适度原则是指在交往中要把握分寸,根据具体情况、具体情景行使相应的礼仪。例如,在与别人交往时要彬彬有礼,但不能低三下四;要热情大方,但不能轻浮谄谀;要自尊,但不要自负;要坦诚,但不能粗鲁;要相信人,但不能轻信人;要活泼,但不能轻浮。

礼仪也并非越多越好,对礼仪的把握要有分寸,要做到"恰如其分"。礼仪的规则是死的,而社会生活本身是多变的,所以,对于礼仪的运用也要灵活应变,这种适度的应变表现在以下四点:

第一,要注意入乡随俗,尊重国情、民族、文化背景的不同。

第二,礼仪交往应与对方的身份及彼此之间的关系的亲密程度保持一致。一般来讲,与己关系密切者或身份一般者,礼仪可以相对简单;而与己关系疏远者或身份较高者,礼仪应比较讲究。

第三，礼仪要因场合的不同而不同。正式场合，礼仪要规范；非正式场合，礼仪应简洁。

第四，礼仪要随社会生活的变化而变化，应灵活适度。

4. 平等原则

与人交往，应该平等相待，交往者既不应该因为年长、地位高而骄傲、自负、盛气凌人；也不应该因为年轻、地位低而自卑、自惭、卑躬屈膝。对待交往对象必须一视同仁，给予同等程度的礼遇。不允许因为交往对象在年龄、性别、种族、文化、职业、身份、地位等方面有所不同而给予不同的礼遇，但允许根据不同的交往对象，采取不同的具体方法。

5. 自律原则

礼仪是社会生活中约定俗成的习惯和规则，礼仪对人们的各种行为规范都有着广泛的约束力，但这约束力不是强制性的。礼仪不像法律那样威严，也不像道德那样肃然，礼仪的实施无须别人的督促和监督，有人冒犯了礼仪规范，也不会受到法律的制裁。礼仪的这一特点，要求人们在实施礼仪的过程中，应树立起一种内在的道德信念和行为准则，不断提高自我约束、自我克制的能力，在人际交往中自觉地遵守礼仪规范。因此，礼仪的实施，主要是依靠人们自觉地利用礼仪规范来约束自己的行为，这就是礼仪的自律性。自律即自我管理、自我约束、自我控制、自我对照、自我反省、自我检点。"严于律己，宽以待人"，若是没有对自己的要求，人前人后不一样，只求责人、不求诸己，礼仪就无从谈起。

6. 宽容原则

宽容是一种美德。人际交往中，我们应该充分理解和尊重交往对象的人生观、价值观以及个性差异。由于个人经历、文化、修养等因素而产生的差异，人与人之间沟通思想感情时，须求同存异，相互包容。人们在交际活动中，既要严于律己，更要宽以待人。要多容忍他人、多体谅他人、多理解他人，千万不要求全责备、斤斤计较、过分苛求、吹毛求疵、咄咄逼人。

7. 从俗原则

礼源于俗，礼与俗有着密不可分的关系。《礼记·曲礼上》指出："入境而问禁，入国而问俗、入门而问讳"，这是古人在交往时遵循的一个原则，同样适用于现代社会。不同国家、不同民族、不同文化背景，礼仪习俗也可能不同，这就要求人们了解并尊重礼俗，做到入境问俗、入乡问俗，切不可自以为是，唯我独尊。

（二）礼仪的主要内容

礼仪的内容很广泛，涉及社会生活的各个方面，职业、民族、宗教、工作、学习、生活各个不同的领域均有不同特定的礼仪要求，因此，礼仪的内容多种多样。依据礼仪的适用对象、适用范围的不同，礼仪主要包括以下七项基本内容。

1. 个人形象礼仪

个人形象礼仪包括言谈、仪容、仪表、举止、服饰等方面的礼仪要求。给人一个好印象，是建立良好的人际关系的基础。

2. 日常生活礼仪

一个有教养的人，除了要注意自己的个人形象外，还应注重那些平时好像不起眼的生活细节，如吃、住、行及公共场合的礼节。

3. 社交礼仪

社交是社会生活中的重要内容，只要人们走出家门，就会遇到交往问题，就必须掌握社交礼仪。社交礼仪包括介绍、称呼、握手、致意、拜访、接待、交谈、馈赠、宴请、舞会等一系列行为规范与准则。处理得当，将会有助于密切人际关系，增进友谊。

4. 公务礼仪

公务礼仪是人们公务活动过程中所应遵循的礼仪规范。它存在着自身的特殊性。讲究公务礼仪，可以提高公务活动的效率和成功率。这类礼仪通常包括工作礼仪、事务礼仪等。

5. 商务礼仪

商务礼仪与一般的人际关系礼仪不同，它体现在商务活动中的各个环节。商务企业的每一个成员，如果能时时按照商务礼仪的要求去开展工作，这对塑造商务企业的良好形象会起到极其重要的作用。商务礼仪主要包括商务接待、商务洽谈、商务仪式等。

6. 习俗礼仪

不同的国家、不同的民族存在着不同的风俗习惯，充分了解这些风俗习惯，并在社交中正确、自觉地尊重这些风俗习惯，有助于促进交际的成功。习俗礼仪的主要内容包括日常生活礼仪、岁时节令礼仪、婚嫁丧葬礼仪等。

7. 涉外礼仪

涉外礼仪主要是指外事行为的规范，外事行为规范有国际循例，也有各国根据自己的具体情况制定的有关规则。外事礼仪是我们在国际交往中必须掌握的礼仪风俗。遵守国际惯例、尊重所在国的礼仪习俗，是国际交往的重要原则之一。涉外礼仪主要有涉外行为礼仪、涉外会晤礼仪、涉外宴请礼仪及常见的活动礼仪等。

当然，礼仪的内容远不止这些，以上只是从主要的方面对礼仪的内容作简单的介绍。

经典案例

任务三　学　礼

"不学礼，无以立。"

——《论语·季氏》

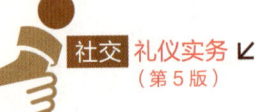

> ◁ **礼仪故事 1-5** ▷ 　　**细节体现礼仪**
>
> 　　一位先生要雇一个没带任何介绍信的小伙子到他的办公室做事，先生的朋友挺奇怪。先生说："其实，他带来了不止一封介绍信。你看，他在进门前先蹭掉鞋上的泥土，进门后又先脱帽，随手关上了门，这说明他很懂礼貌，做事很仔细；当看到那位残疾老人时，他立即起身让座，这表明他心地善良，知道体贴别人；那本书是我故意放在地上的，所有的应试者都不屑一顾，只有他俯身捡起，放在桌上；当我和他交谈时，我发现他衣着整洁，头发梳得整整齐齐，指甲修得干干净净，谈吐温文尔雅，思维十分敏捷。怎么，难道你不认为这些小节是极好的介绍信吗？"
>
> 　　　　　　　　　　　　　　　　（资料来源：本文根据百度文库社交礼仪大全资料整理）

由以上故事我们可以看出，讲究礼仪对个人的成功是至关重要的，因为它关系个人的形象。人人都希望自己在公众面前有一个良好的形象，以受到别人的信任和尊重，使人际关系和谐、融洽。而礼仪是塑造形象的重要手段。一个人讲究礼仪，就可以变得充满魅力。

（一）礼仪的功能

礼仪之所以被提倡，之所以受到社会各界的普遍重视，主要是因为它具有多重的功能和特征。礼仪不仅有助于个人，而且更有助于社会。礼仪的功能体现在以下三个方面。

1. 人际沟通

"世事洞明皆学问，人情练达即文章"，这句话其实说的就是人际交往的重要性。一个人只要同其他人交往，就不能不讲礼仪。因为礼仪是整个社会的调解器、润滑剂，它不仅起着协调各类人际关系的作用，还能帮人们定位社会角色。运用礼仪除了可以使个人在交际活动中充满自信、胸有成竹、处变不惊之外，还能帮助人们在交际活动中更好地向交际对象表达自己的尊重、敬佩、友好与善意，增进彼此之间的了解和信任。从心理学的角度来讲，人都有自尊的需要，都希望得到他人的尊重。在交往中，周到的礼仪能够使交际各方获得积极的情感体验，从而营造出良好的交往气氛，架起沟通的桥梁。所以，从这个意义上来说，礼仪是人际交往的"通行证"。反之，如果在人际交往中表现得粗鲁无礼，就是对他人的不敬，此时就会使他人产生否定的情感，从而阻塞人际沟通的心理通道，严重的还会酿成事端。

2. 维护协调

社会文明发展程度决定着礼仪的发展水平。同时，礼仪也对社会风尚产生广泛、持久和深刻的影响。在一个社会里，讲礼仪的人越多，人际关系就会越和谐。

礼仪讲究的是自我约束、尊重他人。在这个前提下，人们互相了解、合作，自觉地认识和处理个人与他人、个人与社会的关系，表现出良好的社会公德和职业道德，有助于形成良好的社会风气，并创造和谐、温馨的人际环境和社会环境。礼仪通过评价、劝阻、示范、熏陶、感染等教育形式来纠正人们不正确的行为习惯，倡导人们按礼仪规范的要求行事，从而协调人际关系，维护社会生活的有效运转。

3. 塑造形象

礼仪能帮助人们更好地、更规范地设计个人形象，维护个人形象，更好地、更充分地展示个人的良好教养与优雅的风度。当个人重视了美化仪容、仪表、举止、服饰、谈吐、教养等方面，在交往中以礼待人，那么他的人际关系将会更加和谐，生活将变得更加温馨。

在社交活动中，人们常常根据对方的外貌、举止、表情、谈吐、服饰及应对进退等表面特征，给对方做出初步的评价和形成某种印象，即第一印象。这种人际认知的第一印象虽然具有表面性和片面性，一旦形成，往往使人产生某种心理定式，对人际交往的成败和人际关系融洽与否起着重要作用。

在社会交际中，每个人都在不同的场合扮演不同的角色与人交往。有时以个人身份去待人接物，此时表现的纯粹是个人形象；有时则是以个人形式代表组织或单位去与他人或单位交往，此时表现的则是组织或单位的形象；而有时个人的言谈举止则被外界视为一个民族、一个国家的形象。所以欧洲旅游总局制定的旅游者应遵循的九条基本原则中第一条就这样写道："你不要忘记，你在自己的国度里不过是成千上万同胞中一名普通公民，而在国外你就是'西班牙人'或'法国人'。你的言谈举止决定着他国人士对你的国家的评价。"

4. 净化风气

一般而言，人们的教养反映其素质，而素质又体现于细节。细节往往决定了一个人的成败。反映个人教养的礼仪，是人类文明的标志之一。一个人、一个单位、一个国家的礼仪水准如何，反映着其文明程度、整体素质和整体教养。古人曾经指出"礼义廉耻，国之四维"，将礼列为立国的精神要素之本。荀子曾说："人无礼则不立，事无礼则不成，国无礼则不宁。"遵守礼仪、应用礼仪将有助于净化社会空气，提升个人乃至全社会的精神文明方面的品位。当前，我国加强社会主义精神文明建设，要求国民讲文明、讲礼貌、讲卫生、讲秩序、讲道德、心灵美、语言美、行为美，这些内容与礼仪完全吻合，提倡礼仪的学习和运用与推进社会主义精神文明建设是相互配合，相互促进的。

（二）如何学习礼仪

1. 理论与实际相结合

如何学习礼仪

礼仪本身是门应用学科，因此学习礼仪，必须坚持知行的统一。由于礼仪涉及的内容十分广泛而复杂，仅仅了解是不够的，关键要去实践，而且需要反反复复地去实践。也许，这一次在某一个场合自己做得不好，应该加以总结并在下一次遇到同样情况的时候做得好些。经过多次实践，就会成为一种自然而然的习惯。一个人只有在与别人的交往实践中，通过比较和总结，才能认识到自己哪些行为是符合礼仪规范要求的，哪些是不符合礼仪规范要求的。总之，学会礼仪必须依赖于实践，而且必须应用于实践。

2. 内外兼修

内外兼修是学习礼仪的一个不可忽视的问题。要真正成为一个在社交活动中的成功人士，绝对不是仅仅记下书上所讲的内容。有人说，礼仪是漂亮的包装，只要用礼仪包装，就可以把一件劣质的产品很容易地推销出去，这是对礼仪极大的误解。真正的礼仪追求一种内在"真、善、

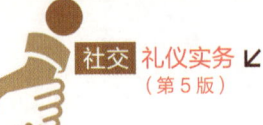

美"与外在优雅的举止风度、优美自然的谈吐、大方得体的个人形象的统一。偏重或忽视任何一个方面都是不正确的。强调内在修养，但缺乏得体的外在形象和言谈举止，甚至衣冠不整，小动作不断，这样怎么会让人喜欢？而金玉其外，把自己打扮得整洁时尚，却没有较高的修养和气质，也不会让别人对其产生好感。所以，我们提倡的是"内外兼修"，两个方面相辅相成。

3. 灵活应用，随机应变

礼仪要求做到"恰如其分"，包括在礼仪应用上灵活多变，避免生搬硬套。礼仪的规则是成文成框的，而社会生活本身是灵活多变的。我们从书本上学到的礼仪知识具有一定的概括性和理论性，而在真正的交往中，你会发觉由于人与人的不同，场合与场合的差别，需要我们做出一些适当的、非常规的变动。

实践是检验真理的唯一标准，运用好才是目的。所以，礼仪知识需要我们学以致用。能够做到入乡随俗，到不同的地方要尊重当地的风俗礼仪。对待不同身份的交往对象，都应该有相应的尺度，对于亲密程度不同的人更是如此。随着具体场合的变化，礼仪的要求也会有所不同，甚至有时候面对一些突发事件，或是没有遇到过的场合都应该做出灵活的应变。

但是，我们需要明确的一点就是，不管礼仪在具体场合的变化是如何复杂，其内在本质在任何情况下都是一致的，就是"尊重他人，为他人着想"。不管你的礼仪知识有多么的丰富，总会遇到没有现成的礼仪规范可依的场合，这就对我们提出了随机应变的要求。

延伸阅读

礼仪的起源和发展

传统礼仪的起源与发展

礼仪是人类文明的产物，是伴随着社会的进步而逐渐形成和发展起来的。礼仪的形成和发展，经历了一个从无到有、从低级到高级的发展过程。了解礼仪的起源和发展对于我们构建和完善新时代礼仪规范意义重大。

一、礼仪的起源

首先，礼仪源于礼。礼的产生，可以追溯到远古时代。自从有了人，有了人与自然的关系，有了人与人之间的交往，礼便产生和发展起来。首先为维持自然"人伦秩序"而产生礼。在群体生活中，男女有别，老少有异。这既是一种天然的人伦秩序，又是一种需要被所有成员共同认定、保证和维护的社会秩序。例如，在刀耕火种时代，人类已知道应有的礼貌。那时，人类的祖先以狩猎为生，世界对他们来说充满着危险，因此，当不同部落里的人相遇时，如果双方都怀着善意，便伸出一只手来，手心向前，向对方表示自己手中没有石头或其他武器，走近之后，两人互相摸摸右手，以示友好。这一源于安全交往需要的动作沿袭下来，便成为今天人们表示友好的握手礼。礼的产生除了用作巩固社会组织和加强部落之间联系的手段之外，还为"止欲制乱"而制礼。

其次，礼起源于原始的宗教祭祀活动。《说文》中解释"礼"，"履也，所以事神，致福也"。就是说，"礼"是祈福祭神的一种仪式。由于原始人类认识自然的能力很低，面对变幻莫测的自然现象和无法驾驭的自然力量，他们往往迷惑不解，从而对自然界充满了神秘莫测感和恐惧敬畏感，于是便产生了"万物有灵"的原始宗教观念。在这种观念的影响下，原始人开始一厢情愿地用原始宗教仪式等手段来影响神灵。祭祀活动就是人类表达这种崇拜之意而举行的仪式。继而人类的自然崇拜逐渐扩展到人类自身，开始转移到那些在与自然界斗争中创造了奇迹、做出贡献的"英雄"身上，如中国古代的"教民农桑的伏羲氏""尝百草的神农氏""治水有功的大禹"等。他们都成了人类心目中的神，理所当然地受到了人类的祭祀、赞颂等。随后，祖先也成为人类崇拜的对象。于是原始人虔诚地向这些"神灵"和"祖先"打恭跪拜，表示崇拜、祈祷、致福。祭祀活动日益频繁，原始人的"礼"便产生了。

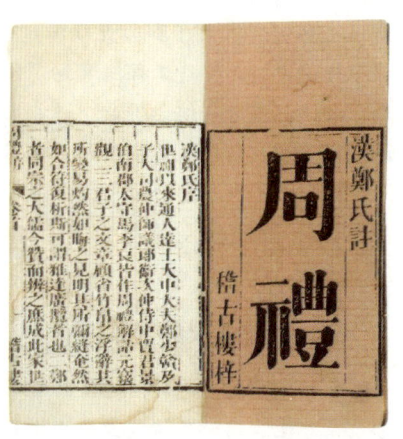

二、传统礼仪的形成期

夏、商、周三代是我国礼仪的形成期。这一时期，我国进入奴隶制社会，生产力比原始社会大大提高，社会财富越来越丰富，社会文化也有了长足的发展。奴隶主阶级为了巩固国家的统治，维护自身的利益，编订了较为完备的王朝礼乐制度，提出了许多重要的礼仪概念，确立了影响后世的礼仪文化传统。

《论语·为政》记载："殷因于夏礼，所损益可知也。周因于殷礼，所损益可知也。其或继周者，虽百世可知也。"诚如孔子所言，后代的礼通常是对前代的礼的继承和发展，而在悠久的中国古代历史中，"周礼"具有深远的影响力。

周礼不仅是指人们的行为规范，还包括国家政治、经济、军事、外交等各个方面的典章制度。礼具有法律的性质和作用，从个人到国家的一切行动都必须纳入它的轨道，以体现"上下有义，贵贱有分，长幼有序，贫富有度"的阶级社会原则，从而维护周代的王朝统治。《周礼》是第一部有关礼的专著，它与后世编撰的《仪礼》和《礼记》一起，合称"三礼"，它们是涵盖各种礼仪制度的百科全书。

周礼包罗万象，极其庞杂，按照性质和内容划分，其可分为五大类，称为"五礼"，分别指吉礼、凶礼、军礼、宾礼和嘉礼。吉礼是与祭祀有关的礼仪，包括祭天、祭地、祭人鬼，以此祈福，所谓"礼莫重于祭"，在五礼之中，吉礼是最重要的。凶礼是与葬丧灾变有关的礼仪，比如对不同关系的人的死亡，须表示出不同程度的哀悼，或某国

遭遇自然灾害，天子和群臣须派遣使者表示慰问等。军礼是与军事有关的礼仪，包括征伐、狩猎、检校户口、营建工程以及勘定疆界等。宾礼是与外交有关的礼仪，比如诸侯朝见天子、天子聘于诸侯，或者诸侯会盟等。嘉礼则是用来协调人际关系、沟通感情的礼仪，它体现在各种喜庆活动中，主要包括饮食、婚冠、宾射、飨燕、脤膰、庆贺六个方面的内容。

周礼便是以方方面面的礼仪形式来组织王朝的社会生活，确认人民的等级身份的，它的内容和形式与五帝、夏、商时代一脉相承，"五礼"更是成为典章制度而为后世继承，一直延续到20世纪初。

三、传统礼仪的变革期

春秋战国时代是我国礼仪的变革期。这一时期，经济形态发生变化，土地国有制瓦解，土地私有制产生，同时各诸侯国势力增强，东周王朝无力以传统的礼乐制度对之加以约束，于是出现了"礼崩乐坏"的局面。

春秋战国时代，士阶层异军突起，学术界百家争鸣，以孔子为代表的儒家学者系统地研究了礼的起源、本质和功能，全面地诠释了与等级社会配套的礼仪规范和道德义务。儒家学者认为社会纷乱源自物欲横流，名分紊乱，要匡正时弊，必须重建周礼的权威。孔子非常推崇周代的礼制，认为"克：复礼为仁"，要求以周礼来约束人的一切行为，"非礼勿视，非礼勿听，非礼勿言，非礼勿动"（《论语·颜渊》）。孔子对于礼的观点具有保守倾向，而在春秋战国时代，旧式的具有法律性质的礼不再符合时代的需要，随着各国制定成文法，礼当中关于典章制度的内容越来越少，更多地显现为道德原则，以及体现道德原则的繁复形式。

四、传统礼仪的强化和衰弱期

从秦汉时代到清朝末年是我国封建礼仪逐渐强化并走向衰弱的时期。

公元前221年，秦始皇统一中国，建立中国历史上第一个中央集权的封建王朝。秦朝以法治国，严刑峻法，施行过度，二世而亡；汉初采用黄老学说，讲求无为，与民休息，有利于国家的经济恢复，却不利于王朝的集权统治。汉武帝时代，封建君主专制制度进一步理论化、系统化。董仲舒提出"天人感应学说"，使皇权神圣化，并将"三纲五常"定为儒家礼仪的核心，使封建社会的人伦道德关系更加规范化。董仲舒的学说为皇权采纳后，儒家礼教推行全国，对后世产生了巨大的影响。以礼治国，成为中国历代封建王朝的核心统治政策。

从积极的方面看，礼限定了社会成员的地位、责任和义务，使之举止有度，行动有节，从而保障了社会的和谐和国家的安定。从消极的方面看，礼压抑了人的主体意识，使个体丧失主动性和创造力，妨碍了人际间的平等交往、人性的自由舒张和思想的蓬勃发展。

六、技能训练

（一）社交能力的自我检测

下面有30道题，请按照自己的实际情况与题目表述的符合程度进行选择。完全符合选A，基本符合选B，难以判断选C，基本不符合选D，完全不符合选E。

1. 我到朋友家做客，首先要问有没有不熟悉的人在场，如有，我的热情就明显下降。

（　　）

2. 我看见陌生人常常觉得无话可说。（　　）

3. 在陌生的异性面前，我常常感到手足无措。（   ）
4. 我不喜欢在大庭广众之下讲话。（   ）
5. 我的文字表达能力远比口头表达能力强。（   ）
6. 在公众场合讲话时，我不敢看众人的眼睛。（   ）
7. 我不喜欢广交朋友。（   ）
8. 我要好的朋友很少。（   ）
9. 我只喜欢与和我谈得来的人接近。（   ）
10. 到了新环境，我往往接连好几天不讲话。（   ）
11. 如果没有熟人在场，我感到很难找到彼此交谈的话题。（   ）
12. 如果要在"主持会议"与"做会议记录"中选择，我肯定选后者。（   ）
13. 参加一次新的会议，我不会结识多少人。（   ）
14. 有人请求帮助而我无法满足他的要求时，我常感到十分为难。（   ）
15. 不到万不得已，我绝不向人求助，因为我感到很难启齿。（   ）
16. 我很少主动到同学、朋友家串门。（   ）
17. 我不是很喜欢和别人聊天。（   ）
18. 领导、老师在场时，我讲话特别紧张。（   ）
19. 我不善于说服人，尽管我觉得自己很有道理。（   ）
20. 有人对我不友好时，我常常找不到恰当的对策。（   ）
21. 我不知道怎样同嫉妒我的人相处。（   ）
22. 我同别人发展友谊，多数情况下是别人采取主动态度。（   ）
23. 我最怕在社交场合中碰到令人尴尬的事情。（   ）
24. 我不善于赞美别人，感到很难把话说得自然、亲切。（   ）
25. 别人话中带刺揶揄我，除了生气外，我别无他法。（   ）
26. 我最怕做接待工作、同陌生人打交道。（   ）
27. 参加集会，我总是坐在熟人旁边。（   ）
28. 我的朋友都是同我年龄相仿的人。（   ）
29. 我几乎没有异性朋友。（   ）
30. 我不喜欢与地位比我高的人交往，我感到这种交往很拘束，很不自由。（   ）

（二）评价

完全符合选 A，得 2 分；基本符合选 B，得 1 分；难以判断选 C，得 0 分；基本不符合选 D，得 −1 分；完全不符合选 E，得 −2 分。最后统计总得分。

低于 −20 分：社交能力较强。

−20～0 分：社交能力尚可。

0～30 分：社交能力较差。

30 分以上：社交能力相当差。

人的社交能力是在社会实践中形成和发展起来的，即使你现在是一个很不善于同别人交往的人，也没有必要自卑，只要今后经常有意识地培养锻炼自己，多实践，你的社交能力就一定能很快得到提高。

项目二 个人礼仪篇

礼仪典故

孔子于乡党，恂恂如也，似不能言者。其在宗庙、朝廷，便便言，唯谨尔。

——《论语·乡党第一》

译文：孔子在本乡的地方上显得很温和恭敬，像是不会说话的样子。但他在宗庙里、朝廷上，却很善于言辞，只是说得比较谨慎而已。

入公门，鞠躬如也，如不容。立不中门，行不履阈。过位，色勃如也，足躩如也，其言似不足者。摄齐升堂，鞠躬如也，屏气似不息者。出，降一等，逞颜色，怡怡如也。没阶，趋进，翼如也。复其位，踧踖如也。

——《论语·乡党第四》

译文：孔子走进朝廷的大门，谨慎而恭敬的样子，好像没有他的容身之地。站，他不站在门的中间；走，也不踩门槛。经过国君的座位时，他脸色立刻庄重起来，脚步也加快起来，说话也好像中气不足一样。提起衣服下摆向堂上走的时候，恭敬谨慎的样子，憋住气好像不呼吸一样。退出来，走下台阶，脸色便舒展开了，怡然自得的样子。走完了台阶，快快地向前走几步，姿态像鸟儿展翅一样。回到自己的位置，是恭敬而不安的样子。

君子不以绀緅饰，红紫不以为亵服。当暑，袗絺绤，必表而出之。缁衣，羔裘；素衣，麑裘；黄衣，狐裘。亵裘长，短右袂。必有寝衣，长一身有半。狐貉之厚以居。去丧，无所不佩。非帷裳，必杀之。羔裘玄冠不以吊。吉月，必朝服而朝。

——《论语·乡党第六》

译文：

君子不用深青透红或黑中透红的布镶边，不用红色或紫色的布做平常在家穿的衣服。夏天穿粗的或细的葛布单衣，但一定要套在内衣外面。黑色的羔羊皮袍，配黑色的罩衣。白色的鹿皮袍，配白色的罩衣。黄色的狐皮袍，配黄色的罩衣。平常在家穿的皮袍做得长一些，右边的袖子短一些。睡觉一定要有睡衣，要有一身半长。用狐貉的厚毛皮做坐垫。丧服期满，脱下丧服后，便佩戴上各种各样的装饰品。如果不是礼服，一定要加以剪裁。不穿着黑色的羔羊皮袍和戴着黑色的帽子去吊丧。每月初一，一定要穿着礼服去朝拜君主。

分析：中国素有礼仪之邦的美称，有着五千多年的悠久历史。孔子的"礼乐"思想在其经文中屡见不鲜，《论语·乡党篇》共27章，集中记载了孔子的容色言动、衣食住行，颂扬孔子是个一举一动都符合礼的正人君子。从文中可以看到孔子非常讲究个人仪容、仪表、仪态，例如孔子在面见国君时、面见大夫时的态度；他出入于公门和出使别国时的表现，都显示出其正直、仁德的品格。从表面上看，这都是一些不足为奇的小动作，但却反映出孔子做人的修养。

一、知识目标

（1）了解仪容、仪表、仪态在现代礼仪活动中的重要性；
（2）掌握仪容礼仪、仪表礼仪以及仪态礼仪的基本内容以及基本要求；
（3）能够熟练运用仪容、仪表以及仪态基本技能。

二、能力目标

（1）能够在各项礼仪活动中通过自我审视，完善自我形象；
（2）能够在社交场合展示自然、大方、得体的个体形象；
（3）能够运用相关的礼仪技巧进行个人仪容、仪表以及仪态的塑造。

三、德育目标

（1）学生通过学习能够自觉克服不良习惯，培养自然、大方、真诚、鲜明的个性形象，提高审美能力；
（2）体会个人形象的重要性，能将个人形象和职业形象相结合，提升自己的职业素养，塑造良好的职业形象。

四、知识要点

本项目主要从仪容、仪表、仪态三个方面对个人礼仪提出要求。

仪容，指容貌，由发式、面容以及人体所有未被服饰遮掩的肌肤构成，是个人仪表的基本内容。

仪表，指人的外表，包括姿态、风度和服饰，是一个人教养、性格内涵的外在表现。

仪态是指人在行为中的姿势。行为中的姿势是指身体呈现的各种形态，也就是指人的站、坐、走、蹲的规范。

讲究仪容、仪表、仪态，体现的是一个人的文明修养。衣冠整洁，给人以气质高雅的感觉，体现的是对他人的尊重和对工作的热爱，能使人增强信任感。在人际交往过程中，每个人的仪容、仪表、仪态都会引起交往对象的特别关注，并将影响到对方对自身的整体评价。

五、任务实施

仪容的概念及基本要求

任务一 仪容礼仪

（一）仪容的基本概念

仪容，指人的容貌，由发式、面容以及人体所有未被服饰遮掩的肌肤构成，是个人仪表的基本内容。就个人的整体形象而言，它反映着一个人的精神面貌、朝气和活力，是传达给接触对象感官最直接、最生动的第一信息，是整个仪表的一个至关重要的环节。

容貌是天生的，天生丽质也好，相貌平平也好，随着岁月的流逝，任何人也难以青春永驻，所以，在天生的容貌基础上，我们要提倡进行科学的保养、积极的美容。长期的养护、适当的美化可以使人的容貌改观。"三分模样，七分打扮"，说的就是这个道理。

首先，保持良好的心态与充足的睡眠，有助于人体正常的新陈代谢，使头发、肌肤富有光泽。所谓"笑一笑，十年少；愁一愁，白了头"。要注意保持心情愉悦。此外，注意科学合理的饮食和活动。多饮水、多吃水果蔬菜等美容佳品，不酗酒、不抽烟，都有益于美容。最后，适当参加户外活动，以促进表皮细胞的新陈代谢。出汗有助于体内有害物质的排泄，"日光浴"也有益于皮肤健康。

（二）仪容的基本要求

我们主要从头发和面容两部分来讲述仪容礼仪。

小资料
周总理的"镜铭"

1. 头发

头发的打理是仪容的重要组成部分，一个人的风貌呈现在别人眼前时，头部首先被人注意到，直接影响到你留给别人的印象。整洁、得体、大方的发型容易给人留下神清气爽的美感，而蓬头垢面难免使人产生反感。头发整洁、发型得体是基本要求。因此，无论男女老少，都要重视自己头发的护理，根据自己的形体、气质、身份来选择适当的发型。

1）头发护理

头发要保持整洁、健康、无异味。同时要经常地洗护、梳理和修剪。

（1）**及时洗护**。洗发宜用40℃左右的温水，太热的水伤害发丝，太冷的水洗不净油脂。洗发时，要用手指肚轻轻揉搓，不能用指甲抓搔头皮。洗发水在头发上停留的时间越短越好，快速清洗是洗头窍门，湿发最好自然风干。就像皮肤一样，头发和头皮在清洁之后，需要补充营养，使其拥有照人的光泽。护发的作用就是使头发充分吸收营养，并同时在头发外部形成保护层，使其免受损伤，保持头发柔软、亮泽、富有弹性。我们可在洗发之后根据头发受损程度的不同选择不同的护发产品，但使用不能太过频繁，一周一到两次比较合适，否则可能会营养过剩，使头皮黏腻。头发洗护如图2-1所示。

图2-1　头发洗护

（2）**认真梳理**。经常梳头相当于按摩，可有效地促进头部血液循环。梳头首先要选一把好梳子，以牛角梳、玉梳、木梳为佳，牛角梳本身有清热凉血作用，玉梳可以平肝、安神、镇惊，都有治疗功效。尽量不要使用塑料梳子，因为这种梳子梳理头发时容易起静电，破坏头发组织。梳头时不要用力过猛，避免损伤、拉断头发。梳头次数太多，会过分刺激头皮，如果用了品质差的梳子，更会严重损害头皮，新的研究发现，发丝不宜受到过分的摩擦，因此梳头每次不要超过50下。

（3）**经常修剪**。除了洗护之外，头发应该常常修剪，尤其是短发，每月应修剪1~2次。留长发的女士应将枯黄、开叉的发梢剪掉，保持头发的美观。

（4）**谨慎烫发、染发**。近年来，男女青年流行烫、染发，有的烫染出了自己的个性，又有时代气息，增色不少；有的则不土不洋，不伦不类，黯然失色。烫发、染发都会对头发造成一定的伤害，因此要慎重、把握好分寸，同时要重视烫、染后的护理，否则既损伤头发，又损害自己的形象。

2）发型的选择

发型的选择要考虑自身发质、年龄、职业、身型、脸型、时尚等因素，还要尽可能做到自然、大方、美观。

从发质上来讲，直而硬的头发容易修剪整齐，应以修剪为主，避免花样复杂；细而软的头发容易整理成型，适合小卷曲的波浪式发型。发型示例如图2-2所示。

图2-2　发型示例

从年龄来看，少年以自然美为主，不宜烫发、吹风；青年人长、中、短发均可；中年人宜选择整洁简单、线条柔和的发型；老年人应选择庄重、朴实大方的发型。

从身型上看，高瘦的人宜留长发、直发或大波浪卷发；高大的人宜留短直发、大波浪卷或盘发等；矮小的人宜留超短式、盘发；矮胖的人宜留运动式短发、盘发等。

从脸型来看，圆形脸额前头发高梳，两边遮住两颊；方形脸刘海可遮额，两边遮两颊；长形脸刘海遮额，两边蓬松外翻为宜；三角形脸可刘海遮额，双耳之上头发厚，双耳之下头发薄；倒三角形脸露出前额，双耳之下头发厚，以不对称式发式为佳。

礼仪故事 2-1　　松下幸之助和理发师

图2-3　松下幸之助

日本的著名企业家松下幸之助从前不修边幅，也不注重企业形象，因此企业发展缓慢。一次理发时，理发师不客气地批评他不注重仪表，说："你是公司的代表，却这样不注重衣冠，别人会怎么想，连人都这样邋遢，他的公司会好吗？"从此松下幸之助一改过去的习惯，开始注意自己在公众面前的仪表仪态，生意也随之兴旺起来。松下幸之助照片如图2-3所示。现在，松下电器的各类产品享誉天下，与松下幸之助长期率先垂范，要求员工懂礼貌、讲礼节是分不开的。

（资料来源：本书编辑组．《企业经营要术——日本著名企业家松下幸之助谈话选辑》，浙江人民出版社，1986）

2. 面容

面容是仪容里最引人注目之处，是构成一个人基本特征的主要因素，我们一般通过面容来认识、区分不同的人。脸面对人的自尊心具有无与伦比的重要性，所谓"丢脸"羞耻、"丢面子"要紧，都说明了这个道理。热爱生活的人无不重视面容的美化。

1）保持清洁

保持清洁是最基本、最简单、最普遍的美容。男士要养成每日剃须修面的好习惯。从前，男士蓄须较为普遍，曾是身份和个性的体现。现在，留长须的人很少了，喜欢蓄须的人要考虑工作是否允许，有的行业、岗位明文规定不能蓄须。已蓄须者，无论胡子长短，都要经常修剪，保持整洁卫生。未蓄须的成年人，切忌胡子拉碴地参加各种社交活动，因为这是很失礼的表现。女士更注重美容，在保洁方面应更为讲究。

（1）**洁肤**。适度地洁肤有助于面容的洁净，用温水湿面，让毛孔张开，选择适合自己的洗面奶适量挤在掌心，用一点水揉开起沫。均匀地将洗面奶揉在脸部、颈部，用手指肚轻柔按摩，在额头、脸颊等处轻柔打圈，鼻头、下巴、额头这些容易生成黑头的地方，多按摩一会儿。不要忽略颈部的清洁，清洁时注意要从下往上按摩，这样有助于防止颈部皮肤松弛而呈现老化。按摩完毕后尽量使用流水清洗，用手捧水冲洗泡沫，一边冲洗一边用指肚顺着皮肤纹理清洗会更干净。用干松毛巾轻轻擦干水珠，千万不要用粗糙的毛巾使劲搓揉面部，那样会划伤皮肤表层，造成细菌入侵，破坏脸部酸碱值。最后用冷水拍拍面部，长期坚持能增加皮肤的抵抗能力。除了每日一至二次的日常洁肤外，有条件的每周还可以用面膜进行一次深层清洁，可彻底清除污垢。洁肤步骤如图2-4所示。

图2-4　洁肤步骤

（2）**爽肤**。爽肤是洗完脸之后的重要步骤，爽肤也是使用保养品、化妆品之前必要的一步，因为爽肤水的作用在于再次清洁以恢复肌肤表面的酸碱值，并调理角质层，为肌肤更好地吸收保养品做准备。此外应注意，在选择爽肤水时摇一摇瓶身，如果出现很多很细的泡泡但很快就消失了，说明其中含有酒精。这类的爽肤水偶尔使用可以起到消炎的作用，但是不要长期使用，因为酒精挥发时，会带走皮肤中的水分，从而破坏皮肤中的蛋白质，加速皮肤老化。

（3）**润肤**。爽肤后还应为肌肤补充营养，白天用日霜，夜间用晚霜。日霜可形成一层保护膜，防止灰尘附着在皮肤上和免受紫外线的侵害，并为肌肤提供所必需的养分。一般来说，润肤油和润肤霜比较适合冬天使用，润肤露则比较适合全年使用。夏天应使用防晒霜来阻挡强烈日晒。临睡前使用晚霜，能使养分充分吸收，达到养颜的目的。

2）适当化妆

得体的妆容是一个人气质、修养的体现，也是对交际对象的充分尊重。我们应当根据自己的身份地位、职业特点、个性气质、特定场合来选择不同的妆型，使妆扮适宜。

打造精致妆容

化妆总的原则是少而精，具体表现在适度、协调、富有个性等方面。比如，风华正茂的学生，青春靓丽，一般不必化妆。为参加社交活动而化妆，也未尝不可，但要化淡妆，切忌浓妆艳抹。职业女性，尤其是经常出席社交场合的女士，就应化妆。

（1）**适度**。除特殊场合外，一般的生活妆和工作妆均以淡妆为宜。淡妆突出了女性的天生丽质，做到扬长避短。要做到自然而不明显地修饰，力求略施粉黛，淡淡几笔，恰到好处。

外出工作或旅行宜化淡妆，在自然光下力求自然美。衣着简单时可化淡妆，以形成整体风格的统一。看望亲戚朋友要化淡妆，以体现对主人的尊重，显得亲随和而不拘谨。

选用化妆品时，要注意化妆品的品性和特点。含铅量要少或没有，以不伤害皮肤为原则。要注意化妆品的品性与个人皮肤的性质相吻合，避免使用气味浓烈的化妆品。

化妆品的使用量也要适度，如同烹饪时要适量添加调味品一样，化妆品过多或过少都不可以，过多的用量，不仅浪费，而且有时会适得其反。

（2）**协调**。在设计面部化妆的色彩时，应该和服装一起进行整体考虑。要根据服装的颜色和类别配以相应颜色的妆容。服装的颜色往往是两种以上的多种色彩的组合，与之相配合的唇膏色，应取其主要色调。在众多的色彩中，面积大的色块可以作为主色调，唇膏的颜色要与之一致，可以加强色彩的整体感和感染力。如果上衣与裙子、裤子是两种颜色，唇膏的色彩应与面部接近的上衣颜色协调。

（3）**个性**。化妆虽然有许多共性的规律，但要因人而异，因形不同。化妆如果仅仅停留在描眉、涂眼、抹口红上，那只能算停留在初级阶段，只是掌握了化妆的技术而已。而通过化妆对自我形象进行塑造，扬长避短，从外部形式上能够充分体现内在气质和性格，才是化妆的精髓，才是表现个性魅力的最高境界。这就需要具备高层次的审美能力与分析、判断能力。

为了使自己脸上不符合一般审美标准的部位具有个性美，在化妆时应注意要仔细分析脸型及五官的特点，先找出哪些是理想的，哪些是不理想的，哪些是应该强调的，哪些是应该遮盖的，只有明确了自身的条件，才能确定正确的化妆修饰方法。此外，在强调优点时也不要太过分，避免画蛇添足；掩饰不足时也不要太勉强，要看一看是否可行，如果无法用化妆来掩饰，就要想方设法创造出独特的个性美。

可以通过化妆来表现不同的风格，如现代型、聪慧型、知识型等；也可以通过化妆来突出自己的性格，如娟秀文静型、理智成熟型、艳丽妩媚型等。

仪容礼仪除要求对头发、面容的修饰外，还包括个人卫生，做到身上无异物、无异味；不留长指甲，保持指甲的清洁；鼻毛不能过长，体毛必须修整等。

（三）面部表情礼仪

美国心理学家艾伯特·梅拉比在一系列实验的基础上得出了一个公式：

信息的总效果＝7%的书面语言＋38%的音调＋55%的面部表情

在社交活动的过程中，脸直接反映人们的生理和情感状况，给他人留下深刻的印象，因此在仪容礼仪中，我们除了要保持干净、卫生，还要注意一个动作、一个眼神、一个表情所传递给别人的信息。能够巧妙使用自己面部表情的人，才是善于塑造个人形象的人。

1. 眼神

眼睛是心灵的窗户，面部表情中起主导作用的往往是眼睛，在人际交往中，目光交流不仅可以表示对他人正在述说的事情的重视，也可以表达对他人的兴趣和喜爱。

（1）**注视的时间**。视线的接触是人们交流过程中最传神的非语言交流，应注意在交流过程中把握注视对方的时间。目光游离、注视时间过短，表示对对方的一种轻视；不断地把目光投向对方，占全部相处时间的 1/3 以上，表示友好、重视；目光始终盯在对方身上，或者注视时间占全部相处时间的 2/3 以上，可以视为有敌意或者也可以表示对对方十分感兴趣。

（2）**注视的角度**。注视的角度，可以分为平视、俯视、仰视、斜视。平视常常被使用在普通场合与身份、地位平等的人进行交流的过程中；俯视和仰视只适用于地位差距较大的晚辈和长辈之间，或者上级和下级之间，一般商务活动场合较少使用；当位于对方侧面时，切忌斜视，会让人觉得十分失礼。

（3）**眼睛里的情感**。我们可以通过眼睛来传递情感，喜欢、欣赏、喜悦、愤怒、惊愕、调皮、疑惑等均可以通过眼睛来进行传递。眼睛里蕴含的情感如图 2-5 所示。

图2-5　眼睛里蕴含的情感

2. 面部表情

面部表情也是一种非语言交往方式，表情有时候可以发挥语言难以表达的作用。一个西装革履的人，如果表情木然，他是不可能让人感觉到神采飞扬的。眼睛、眉毛、嘴巴、鼻子以及面部肌肉的变化，构成了千变万化的面部表情。

既能缩短人与人之间的距离，又能创造良好的沟通氛围的，莫过于亲切、温馨、发自内心的微笑，微笑是人类最为美丽的表情。发自心底的微笑就像扑面的春风，能温暖人心，消除冷漠，获得理解和支持。一个人如果不会微笑，他就会遇到许多困难，失去本该获得的机遇和财富。微笑是一门学问、一种艺术，非苦练不能成功。

微笑礼仪

礼仪故事 2-2　　旅馆大王康拉德·希尔顿

美国"旅馆大王"希尔顿（图2-6康拉德·希尔顿）于1919年把父亲留给他的1.2万美元连同自己挣来的几千美元投资出去，雄心勃勃地开始了经营旅馆的生涯。当他的资产从1.5万美元奇迹般地增值到5 100万美元的时候，他欣喜、自豪地把这一成就告诉母亲，想不到，母亲却淡然地说："依我看，你跟以前根本没有什么两样……事实上你必须把握比5 100万美元更值钱的东西：除了对顾客诚实之外，还要想办法使来希尔顿旅馆的人住过了还想再来住，你要想出这样的简单、容易、不花本钱而行之久远的办法去吸引顾客。这样你的旅馆才有前途。"

母亲的忠告使希尔顿陷入迷惘：究竟什么办法才具备母亲指出的"简单、容易、不花本钱而行之久远"这四大条件呢？他冥思苦想，不得其解。于是他逛商店、串旅店，以获得作为一个顾客的亲身感受，最终得出了准确的答案："微笑服务"。只有它才实实在在地同时具备母亲提出的四大条件。

从此，希尔顿实行了"微笑服务"这一独创的经营策略。每天他对服务员的第一句话是："你对顾客微笑了没有？"他要求每个员工不论如何辛苦，都要对顾客投以微笑，即使在旅店业务受到经济萧条的严重影响的时候，他也经常提醒职工记住："万万不可把我们心里的愁云摆在脸上，无论旅馆本身遭受的困难如何，希尔顿旅馆服务员脸上的微笑永远是属于旅客的阳光。"因此，经济萧条中幸存的20%的旅馆中，只有希尔顿旅馆的服务员的脸上带着微笑。经济萧条刚过，希尔顿旅馆就率先进入新的繁荣时期，跨入黄金时代。

（资料来源：《山东商报》，2010-04-16）

图2-6　康拉德·希尔顿

任务二　仪表礼仪

（一）仪表的概念

仪表，即人的外表，包括姿态、风度和服饰，是一个人的教养、性格内涵的外在表现。仪表是一个人内在精神面貌的外在的、静态的表现形式，它不仅给人以视觉上的享受，而且给人以人格上的尊重。仪表在人与人交往的初始阶段，仅仅6秒钟之内往往起着决定性的作用，正所谓"你永远没有第二次机会给人留下美好的第一印象"。

礼仪故事2-3　两个调查结果

> 国外的一位心理学家曾做过一个实验：分别让一位身着笔挺漂亮军服的海军军官，一位戴金丝眼镜、手持文件夹的青年学者，一位打扮入时的漂亮女郎，一位挎着菜篮子、脸色疲惫的中年妇女，一位留着怪异头发、穿着邋遢的男青年在公路上搭车，结果，漂亮女郎、海军军官、青年学者的搭车成功率很高，中年妇女稍微困难一些，而那个男青年就很难搭到车。
>
> 美国行为学家迈克尔·阿盖尔也做过实验：当他以不同的仪表装扮出现在同一个地点，得到的反馈完全不同。当他身着西装以绅士的仪表出现时，无论是向他问路还是向他打听事情的陌生人都彬彬有礼，显得颇有教养；而当他装扮成流浪者模样时，接近他来借钱的人以无业的游民居多。
>
> （资料来源：王琪．《现代礼仪大全》，地震出版社，2005）

（二）服饰

服饰即服装和饰品。西方有句俗语"你就是你穿的"，我们中国也有句话叫"佛要金装，人要衣装"。可见服饰是一个人向外界传达信息的重要媒介，它反映着人的喜好、审美能力和对生活的品味、理解。

一个对生活充满信心的人，他的服饰应是整洁、美观的；一个文化素养高的人，他的穿戴常常是端庄、高雅的。穿衣打扮，各有所好，也体现礼貌。"女为悦己者容"，说明服装主要是穿给别人看的，不得不讲究。

1. 穿着原则

无论何种服装穿在身上都必须保持整洁，这是最起码的服饰礼仪。再高档的服装，如果污迹斑斑，随意乱套在身上就会贻笑大方。根据自身的特点和气质选择合适的服装，突出个性，又要顾及场合。注重整洁、和谐。

> **礼仪故事 2-4　不能穿拖鞋**
>
> 　　周恩来总理晚年病得很重，由于工作的需要，他还要经常接待外宾。后来，他病得连脚都肿起来了，原先的皮鞋、布鞋都不能穿，他只能穿着拖鞋走路，可是，有些重要的外事活动，他还是坚持参加。他身边的工作人员出于对总理的爱护和关心，对他说："您就穿着拖鞋接待外宾吧，外宾是能理解您老人家的。"周恩来摆摆手，表示不能同意，他慈祥又严肃地说："不行，不行，要讲究礼貌嘛！在社交场合，不能放纵自己，我不能为了自己的舒服，而忽略了应有的礼貌啊！"
>
> 　　后来，工作人员为他特制了一双大号的鞋子，专门在接见外宾时穿。

　　（1）TOP 原则。

　　T（Time）表示时间，即穿着要应时；时间既指每一天的早、中、晚三个时间段，也包括每年春夏秋冬的季节更替，以及人生的不同年龄阶段。时间原则要求着装考虑时间因素，做到随"时"更衣。尽量避免穿着与流行趋势格格不入的服装。

　　O（Object）表示着装者着装目的，即穿着要应己。不同的场合有不同的服饰要求，只有与特定场合的气氛相一致、相融合的服饰，才能产生和谐的审美效果，实现人景相融的最佳效果。

　　P（Place）表示场合，即穿着要应地；地点原则指地方、场所、位置不同，着装应有所区别，特定的环境应配以与之相适应、相协调的服饰。穿着休闲装出现在隆重场合，或穿着礼服去参加运动会，难免贻笑大方。

　　此外，在办公室或外出处理一般类型的公务，服饰应符合一般的职业正装要求。在庄重场合，如参加会议、庆典仪式、正式宴会、商务或外事谈判、会见外宾等隆重庄严的活动，服饰应当力求庄重、典雅。在国外，按礼仪规范，有一般礼服、社交礼服、晨礼服、大礼服、小礼服的区分。在我国，一般以西服套装、旗袍等充当礼服。庄重场合，一般不宜穿夹克衫、牛仔裤等便装，更不能穿短裤或背心。正式场合应严格符合穿着规范。例如，男子穿西装、系领带，西装应熨得平整，裤子要熨出裤线，衣领、袖口要干净，皮鞋锃亮等。女子不宜赤脚穿凉鞋，如果穿长筒袜，袜口不要露在衣裙外面。

　　（2）讲究协调。服饰要与年龄、形体相协调。中山装穿在中老年身上，显得成熟稳重，穿在青少年身上则老气横秋；超短裙、白长袜穿在少女身上，显得天真活泼，穿在少妇身上就有轻佻之嫌。穿衣戴帽，也要扬长避短。偏瘦和偏胖的人不宜穿过于紧身的衣服；脖子短的人宜穿"V"领或"U"领上衣等。

　　服饰要与职业身份相协调。教师的服饰要求端庄大方，若穿着过分"前卫""时髦"的衣服进教室，就会分散学生的注意力；医生的服饰要求稳重、朴实，给病人可信赖感，若穿红戴绿、珠光宝气，则容易给人带来轻率肤浅的印象；政治家、公众人物是媒体关注报道的对象，他们的穿着更不可掉以轻心。

　　服饰要与环境场合相协调。喜庆的场合穿着不能太古板，庄重的场合穿着不能太随便，悲伤的场合穿着不能太刺目。

　　（3）注重色彩。色彩具有某种社会象征性，许多色彩象征着某种性格、情感、追求等。

　　服饰的色彩搭配方法一般包括同色搭配法、相似搭配法和主辅搭配法三种。服饰色彩还应该与一个人的身材、肤色等协调一致。同色搭配法是指把同一颜色按深浅、明暗不同进行搭配，如：浅灰配深灰、墨绿配浅绿等；相似搭配法是指邻近色的搭配，如：橙色配黄色、黄色配草绿、白色配灰色等；主辅搭配法则是指以一种色彩为整体的基调，再适当辅以一定的其他色的搭配。

无论如何，服饰配色都要坚持一条最为基本的原则，即调和。一般来说，黑、白、灰三色是配色中的最安全色，最容易与其他色彩搭配以取得调和的效果。

男士正装穿着

2. 西装的穿着

西装一般由衬衫、外套、长裤、领带和马甲组成，它的穿着比较讲究，否则就显得不伦不类。西装的穿法如图 2-7 所示。

（1）**西装的衬衫**。衬衫一般应选用面料为高织精纺的纯棉、纯毛面料，或以棉、毛为主要成分的混纺长袖衬衫，硬领尖角式的，领口一定要挺直，而且要比外套的领子高出 1.5 厘米左右，并贴紧。颜色要考虑与外套相配，以无图案、纯色为佳，其中白色为最容易搭配的颜色。袖口长出西装袖口约 2 厘米。下摆不可过长，而且要塞进裤子里。衬衫配领带时，应把所有的扣子都系上，不能将袖子卷起。不系领带时，最上面的扣子不要扣。不穿西装外套只穿衬衫打领带仅限在室内，而且正式场合不允许。

图 2-7　西装的穿法

（2）**西装的外套**。新买来的西装在穿着之前，要把袖子上的商标（小布条）剪掉。西装的外套不能有皱褶。衣长以略高于臀线为宜。

西装外套上的口袋只是装饰性的，一般不装东西，以保持平整挺拔。左胸的口袋，也只可插鲜花或手帕饰。三角形、三尖形、双尖形、花瓣形等形状的手帕，能使男士平添风度。切忌把钢笔、记事本等装在左胸外口袋，这些小物品可放在外套左右胸内侧口袋里。裤兜与上衣袋一样，不能装物，以求裤型美观。装东西则会破坏它的直线条设计。

（3）**西装的扣子**。西装不同的排扣设计有不同的着装要求。

❶ 双排扣的西装比较庄重，一般要把扣子系好，不宜敞开。

❷ 单排两粒扣的西装是传统规范的式样，其扣法很有讲究：只系上面一粒——庄重；敞开都不扣——潇洒；两粒都扣——呆板；只扣最下面一粒——流气。

❸ 三粒扣的西装，扣好上面两粒为佳，也可只扣中间一粒，全都扣或不扣的未尝不可；切忌只扣最下面一粒，也不宜只扣下面两粒。

（4）**领带**。穿着西装，领带起着画龙点睛的作用。质地一般以真丝、纯毛为宜。颜色应选用与外套颜色相称、光泽柔和、典雅朴素的为宜。

领带长度以大箭头垂到腰带下沿处为佳，可上下浮动一寸[①]左右。

领带夹主要是为了固定领带，也起美观作用，一般夹在衬衫的第三粒、第四粒扣子中间，即衬衫口袋中部略上一点；也可将领带夹别在里面而不外露，只起固定作用。

领带打法

---

① 1 寸 ≈ 3.33 厘米。

穿毛衣或马甲，一定要把领带放在毛衣、马甲里面，毛衣、马甲的下摆切不可塞进裤子里面。

穿西装套装时非打领带不可，穿夹克等则不能打。

（5）**西装的长裤**。西装长裤的立档长度以皮带通过胯骨的上端为宜，裤长以裤脚接触脚背，一般达到皮鞋后帮的一半为佳。裤线要笔直。裤扣要扣好，拉锁全部拉严。

（6）**配套的鞋袜**。"西装革履"意味着穿西装一定要配皮鞋，千万不要穿凉鞋、布鞋、旅游鞋等，而且皮鞋要擦亮。黑色皮鞋可配各种颜色的西服，其他颜色的皮鞋要与西服的颜色相同或接近。

配袜子也应讲究，不可忽略。袜子的颜色应与皮鞋相同或接近。不宜用白袜子配黑皮鞋，男士切忌穿女士常穿的肉色丝袜。

此外，西装穿着中还应遵守"三色原则"，指的是穿西服套装的时候，全身的颜色不能多于三种，包括上衣、裤子、衬衫、领带、鞋子、袜子在内，全身颜色应该被限定在三种以内。服从"三一定律"，指穿西服套装时，鞋子、腰带、公文包应为同一颜色。女士追求时尚，男士关注档次，要把有档次的服装穿出档次来，"三一定律"这样的搭配技巧不可不知。

3. 女士的衣着

大多数的女士都会将逛街购物当成自己的一项生活内容，她们会根据自己的审美情趣去购置服装、饰品来装扮自己。但我们也发现，虽然有些人购置了一柜子的衣物，却始终没有合适的。那么对于爱美的女士来说，了解着装常识，使自己着装得体、大方就显得十分必要了。

女士正装穿着

> **礼仪故事 2-5　　美丽的安娜·卡列尼娜**
>
> 列夫·托尔斯泰的《安娜·卡列尼娜》中有这样一段情节：在安娜和渥伦斯基相识的舞会上，安娜穿着全黑的天鹅绒长裙，长裙上镶着威尼斯花边，闪亮的边饰把黑色点缀得既美丽安详，又神秘幽深，这同安娜那张富有个性的脸庞十分相称，当安娜出现在舞会现场，吸引了在场所有人的视线，吉蒂看到安娜的装束后，也强烈地感受到安娜比自己美。安娜的黑色长裙在轻淡、柔曼的裙海中显得高贵典雅、与众不同，也与安娜蔑视世俗的个性融为一体。
>
> 假设有另一位性格活泼的姑娘，身穿裘皮大衣在路边与他人手舞足蹈地高声谈笑，会让人看了很不舒服，尽管裘皮大衣高雅华贵，但与姑娘的性格极不相称，给人一种张扬、毛躁的感觉。
>
> （资料来源：本案例根据豆丁网礼仪课程教学案例整理，
> http://www.docin.com/p-17097529.html）

1）考虑身材特点

身材矮胖的人，应避免选择过于鲜艳，有大花、大格子图案的衣服，而应穿着垂直线条式样、颜色素雅、剪裁合体的服装。身材高瘦的人，要避免穿垂直线条、过于透明的衣服。宽胯粗腿的人适合穿及腰的蓬蓬裙。

2）结合自身肤色

肤色白皙的人穿什么颜色都合适，如穿深色服装，更显得肤色白；肤色暗的人则最好选颜色素雅、颜色较明亮的服装。

3）衣着搭配要协调

一般来讲，上衣与下装的质地款式应相配，不要上衣十分厚重而下装又极轻薄，也不要上为职业装而下着牛仔裤。除此之外，还要讲究色彩的和谐统一。

主要的色彩搭配法为呼应法，指上下同色或类似色，这是最平衡和谐的搭配。还有对比法，指上下为对比色，如白与黑、红与黑等，这样的搭配能够产生鲜明的效果，但一定要注意尺度，否则会弄巧成拙。再就是点缀法，指在主色调的基础上突出醒目的小块他色，起到点缀的作用。比如深色的套装露出浅色配衣，一下子就会使厚重的颜色生动起来。

4）女士着装注意事项

服装与鞋子也要在颜色、款式上加以搭配，比如套装配高级皮鞋，运动装配旅游鞋等。

穿丝袜时，不要穿有钩丝、破洞的袜子；不要将袜口露在裙外。内衣如同隐私，不可外露。

不要盲目追求时髦。曾经流行的女士踏脚健美裤、皮短裙，实为不登大雅之堂之品。近年来，时兴露背低胸的吊带装，此类服装在休闲娱乐时可以穿，而在办公室、图书馆、教室却不宜穿着；穿着如此装束参加商务活动就更不可取了。

4. 饰品礼仪

饰品是装束的点缀，既可画龙点睛，亦可画蛇添足，并非多多益善，因此不得不讲究。饰品如图2-8所示。

画龙点睛巧搭配
—饰品礼仪

图2-8 饰品

1）戒指

戒指具有明显的象征性，切不可乱戴，以免闹出笑话。

戒指戴一枚即可，两枚足矣，通常是戴在左手上。若戴三枚以上的戒指，则显得俗不可耐。戒指戴在食指上，表示尚未恋爱，正在求偶；戴在中指上，表示已有心上人，正在恋爱之中；戴在无名指上，表示已结婚或已正式订婚；戴在小指上，则表示不想婚恋，奉行独身主义；也有人中指和无名指同时戴着戒指，则表示已婚，并且夫妻关系很好。

2）项链

佩戴项链要考虑自己的身材、脸色、衣服颜色等因素。一般说来，体型较胖、脖子较短的人应选佩较长而细的项链；相反，身材苗条修长、脖子细长的人则最好选佩宽粗一些的短项链，造成视错觉以弥补颈项美感之不足。项链的颜色应与服饰、肤色有较大的对比度。

3）耳环

佩戴耳环要与脸型、头型、发式、服装相呼应。圆脸形的人适宜选佩链式耳环或耳坠，不要戴又大又圆的耳环；方脸形的人适宜选佩小耳环或耳坠，不要戴过于宽大的耳环；长脸形的人适宜选佩宽大一些的耳环，但不要戴过长而且下垂的耳环。

4）手镯和手链

佩戴手镯和手链的讲究相同。原则上一只手上只能戴一件饰品。如果在左臂或左右两臂同时戴，表示已经结婚；如果仅在右臂戴，表示佩戴者是自由不羁的人。

丝巾的系法

任务三　仪态礼仪

"优雅、大方、自然的本身就是一种礼仪。"中华民族是一个非常注重仪态修养的民族，讲究仪态端庄、行为优雅。而一个人能在举手投足之间显出自然高贵的气质，必须靠适当的教导和不断的练习，将肢体语言的训练运用到炉火纯青的地步，直到化为自己生活的一部分，这时的仪态才能显出自然、优美的效果。

仪态是指人在行为中的姿势。行为中的姿势是指身体呈现的各种形态，也就是指人的站、坐、走、蹲的规范。

潇洒的风度、优雅的举止，常常被人们羡慕和称赞，能给人留下深刻的印象。人们往往凭借一个人的仪态来判断其品格、学识、能力和其他方面的修养程度。

 绅士林肯

《林肯传》中有这样一件事：一天，林肯总统与一位南方的绅士乘坐马车外出，途

遇一老年黑人向他鞠躬。林肯点头微笑并也摘帽还礼。同行的绅士问道："为什么你要向黑人摘帽？"林肯说："因为我不愿意在礼貌上不如任何人。"1982年美国举行民意测验，要求人们在美国历届的40位总统中挑选一位"最佳总统"时，名列前茅的就是林肯。

（资料来源：本案例根据百度知道相关资料整理，http://zhidao.baidu.com/question/90678865.html）

（一）站姿

站姿，是人类身体直立时的一种姿势。站姿是人类的静态造型，是人体其他动态造型的基础。站姿反映着一个人的修养、教育程度、性格、身体状况和人生经历。正确的站姿能够帮助呼吸和改善血液循环，减轻身体疲劳，同时会给人以挺拔笔直、舒展俊美、庄重大方、精力充沛、信心十足、积极向上的美好印象。女性应是亭亭玉立，文静优雅。男性应是刚劲挺拔，英姿稳健。

站姿

1. 站姿的基本要求

站姿的基本要求如图2-9所示。

（1）**头正**：头部正，头顶平，身体的中心要平衡。

（2）**梗颈**：脖颈挺直，下颌微收。

（3）**展肩**：双肩舒展，保持水平并稍微向后下方下沉。

（4）**挺胸**：躯干要尽量舒展，给人以挺拔之感。

（5）**收腹**：微微收紧腹部，但要呼吸自然。

（6）**提臀**：臀部肌肉向内、向上收紧，重心有向上提的感觉。

（7）**腿直**：两腿直立贴紧，内侧肌肉夹紧，身体重心尽量提高，双膝和双脚靠紧。

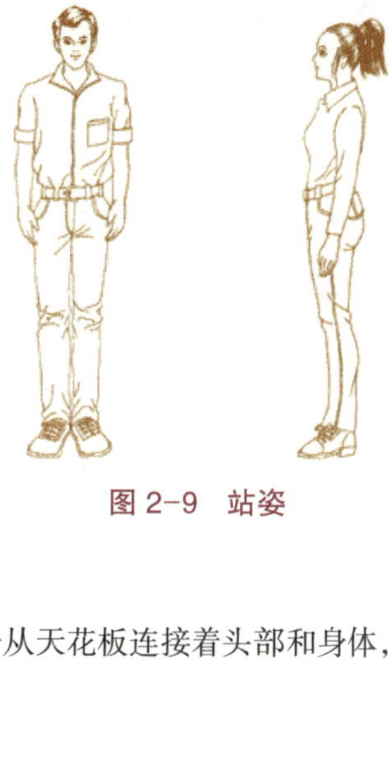

（8）**平视**：目视前方。

（9）**微笑**：心情愉快，精神饱满，充满活力，给人以感染力。

图2-9 站姿

当达到标准站姿时，身体有悬顶感、挺拔感，仿佛有一根绳子从天花板连接着头部和身体，人长高了一些。

2. 站姿的种类

站姿的分类，主要以一个人的脚位为依据和标准。男女站姿的差异也主要表现在其手位与脚位的不同。

（1）**正步站姿**。两脚并拢，两膝并严，两手可自然下垂。通常在正式的场合示礼前以及各种训练前的预备姿态时采用此种站姿，男女均可适用。

（2）**分腿站姿**。两脚左右分开，与肩同宽，脚尖朝前且两脚平行，手可交叉于前腹，也可交叉于背后，通常男士采用此种站姿，女士不宜采用。

（3）**丁字步站姿**。两脚尖略分开，一脚向前将脚跟靠于另一脚内侧中间位置。男士可一手前抬，一手侧放；也可一手侧放，一手后放。女士可两手交叉于腹前，身体重心可在两脚上，也可在一只脚上，通过两脚的重心转移来减轻疲劳。

（4）**扇形站姿**。两脚跟靠拢，两脚尖分开呈 45°～60°，身体重心在两脚上，男女均可适用此站姿。

3. 站姿的训练方式

（1）**靠墙**。脚后跟、小腿肚、臀部、双肩、头部的后下部位和掌心靠墙。

（2）**顶物**。可以把书本放在头顶中心练习站姿，头、躯体自然保持平衡，以身体的八个方位来进行训练，可以纠正低头、仰脸、头歪、头晃及左顾右盼等不良姿态。

（3）**照镜**。按照站姿的要领及标准站在镜前练习，发现问题并及时加以调整。

（二）坐姿

坐姿是就座后人的身体所呈现出的姿势。它是一种静态姿势。在人际交往活动中，坐姿是人们采用最多的一种姿势。"坐如钟"就是要如钟一般稳定、端正，以表现人们的文雅自如、安详舒适，进而体现对他人的恭敬和尊重。

坐姿

1. 坐姿的基本要求

（1）**头部**：端端正正，双目平视，面带微笑，下巴内收，不能出现仰头、低头、歪头、扭头等姿势。

（2）**躯干**：挺拔直立，腰部内收，不能塌腰放松成瘫软状，通常只坐椅子的 1/2～2/3。

（3）**双手**：有扶手时，可以双手搭放或一搭一放；无扶手时，女士右手搭在左手上，可相交放于腹部或轻放于双腿之上；男士双手掌心向下，自然放于膝盖上。

（4）**腿部**：男士，膝盖可以分开，但不可超过肩宽；女士，膝盖不可以分开。

（5）**朝向**：当与他人交谈时，应将整个上身朝向对方，以视对其重视和尊敬。

礼仪故事 2-7　　孟子休妻

战国时期的思想家、政治家和教育家孟子，是继孔子之后儒家学派的主要代表人物，被后世尊奉为仅次于孔子的"亚圣"。

孟子一生的成就，与他的母亲从小对他的教育是分不开的。孟母是一位集慈爱、严格、智慧于一身的伟大的母亲，为后人留下了"孟母三迁""孟母断织"等富有深刻教育意义的故事。孟子成年娶妻后，孟母仍不断利用处理家庭生活的琐事等去启发、教育他，帮助他从各方面进一步完善人格。

有一次，孟子的妻子在房间里休息，因为是独自一个人，便无所顾忌地将两腿叉开坐着。这时，孟子推门进来，一看见妻子这样坐着，非常生气。原来，古人称这种双腿向前叉开坐为箕踞，箕踞对人是非常不礼貌的。孟子一声不吭就走出去，看到孟母，便说："我要把妻子休回娘家去。"孟母问他："这是为什么？"孟子说："她既不懂礼貌，又没有仪态。"孟母又问："因为什么而认为她没礼貌呢？""她双腿叉开坐着，

项目二　个人礼仪篇

箕踞向人，"孟子回道，"所以要休她。""那你又是如何知道的呢？"孟母问。孟子便把刚才的一幕说给孟母听，孟母听完后说："其实没礼貌的人应该是你，而不是你妻子。难道你忘了《礼记》上是怎么教人的？进屋前，要先问一下里面是谁；上厅堂时，要高声说话；为避免看见别人的隐私，进房后，眼睛应向下看。你想想，卧室是休息的地方，你不出声、不低头就闯了进去，已经先失了礼，怎么能责备别人没礼貌呢？没礼貌的人是你自己呀！"

　　孟母的一席话说得孟子心服口服，再也没提什么休妻子回娘家的话了。

（资料来源：朱启新.《今日文摘》，2008年第11期）

2. 坐姿的分类

　　坐姿主要以一个人的脚位为依据和标准进行分类，男、女坐姿的差异也主要表现在其膝盖与脚位的不同。正确的坐姿如图2-10所示，错误的坐姿如图2-11所示。

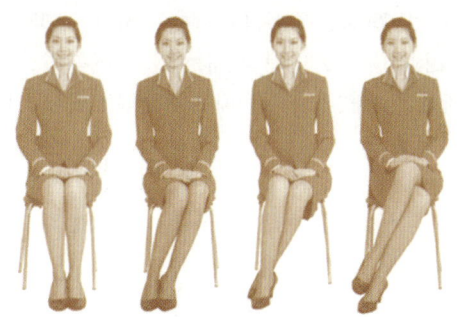
图 2-10　正确的坐姿

图 2-11　错误的坐姿

　　（1）**垂直式坐姿**。垂直式坐姿即上身与大腿、大腿与小腿、小腿与脚部都呈直角，小腿垂直于地面；双膝、双脚完全并拢，也叫"正襟危坐"式，适用于最正规的场合，男女均可用此坐姿。

　　（2）**标准式坐姿**。标准式坐姿即在垂直式坐姿的基础上，女士两脚呈小丁字步，男士两脚自然分开45°，适合各种场合。

　　（3）**屈直式坐姿**。屈直式即大腿与膝盖靠紧，一脚伸向前，另一脚屈回，两脚前脚掌着地并在一条直线上。这是适合女士的非常优雅的一种坐姿，在坐稍低矮的椅子时尤为适用，适合一般场合。

　　（4）**前伸式坐姿**。前伸式坐姿即双腿与双脚并在一起，向前伸出一脚左右的距离，按方向可分为三种，即正前伸式、左前伸式和右前伸式；按脚位的不同又分为三种，即两脚完全并拢、小丁字步式和踝部交叉式。采用此坐姿时脚尖切勿翘起。此坐姿适合各种场合，女士采用较多。

　　（5）**分膝式坐姿**。分膝式坐姿即两膝左右分开，但不超过肩宽，小腿与地面垂直，两脚脚尖朝向正前方，两手自然放于大腿之上，适合一般场合，只适合男士采用。分腿式坐姿如图2-12所示。

　　（6）**重叠式坐姿**。重叠式坐姿即通常所说的"二郎腿"。它通常

图2-12　分腿式坐姿

被认为是一种不严肃、不庄重的坐姿，但在日常生活中经常出现，采用此种坐姿应掌握以下要领：两人并坐时，哪一边坐人，就跷那侧的腿，即把大腿的外侧朝向另一方；两脚的脚尖尽量指向同一方向；翘起来的脚尖要用力朝向下方，不可以指向他人，更不能让对方看到鞋底，否则是对他人的不尊敬。

3. 坐姿的训练

坐姿训练的内容主要是腿位和脚位的变化。可以采取对镜训练法和同伴互练法进行纠正。

（三）走姿

走姿，是人在行走过程中所形成的姿态，它始终处于动态之中。要求"行如风"，即行走如同吹拂的风，洒脱飘逸。

走姿

1. 走姿的基本要求

（1）**步姿**。行走时，上身稍向前倾，两臂自然前后摆动，两手自然弯曲，昂首、挺胸、收腹、提腰、上身不动，两肩不摇，重心在大脚趾和二脚趾上。男士昂首、闭口、平视前方，两臂摆幅38°~40°；女士要头正、目光平视，上身自然挺直、收腹，两手前后摆动幅度要小，以含蓄为美；脚步要干净利落，不可拖泥带水或行走声音过大。

（2）**步位**。男士行走时，两脚跟尽量在两条平行线上，脚步稍外展，脚尖可偏向中线10°，两脚间横向距离约3厘米；女士行走时两脚在一条直线上，脚尖稍外展。在行走当中，膝盖的内侧和脚踝内侧有摩擦感。

（3）**步长**。两步之间的距离以一步为宜，男士迈步时要大于自己的一个脚长，女士着裙装时步长要小于自己的一个脚长。

（4）**步速**。步速指一个人的行走速度。正常情况下，步速应自然舒缓，可显出人成熟自信。一般而言，行走的速度标准为：男士步速为108~110步/分，女士步速为118~120步/分。

（5）**步韵**。步韵指一个人行走时步伐有节奏感，富有韵律。这就要求膝盖和脚踝部位要富有弹性。脚步的强弱、轻重、快慢幅度及姿势，必须同出入场合相适应。当走在室内的时候，要轻而柔；走在没有地毯的地方，脚跟提起，脚掌着地，要轻而缓；走在高兴的场合要轻快；走在悲伤的场合，要沉重。

2. 走姿的训练

（1）**顶物训练**。将书本类物品置于头顶训练行走，可以纠正行走时低头、摇头、东张西望、脖颈不直、弯腰弓背的毛病。

（2）**掐腰训练**。手部掐腰，上身正直，可以纠正行走时摆胯、送胯、扭腰等动作。

（3）**步位和步幅训练**。在地上画一条直线，行走时按要求走出相应的步位与步幅，可以纠正"八字步"及步幅过大或过小的毛病。

（四）蹲姿

蹲姿是人的身体在低处取物，拾物时所呈现的姿势，是人体静态美和动态美的完美结合。

蹲姿

1. 蹲姿的基本要求

（1）**直腰下蹲**，当需要捡拾低处或地面物品时，要走到物品左侧；当面对他人下蹲时，要侧身相向；当需要整理鞋袜或在低处整理物品时可面朝前方，两脚一前一后，一般情况是左脚在前，右脚在后，目视物品，直腰下蹲。

（2）**弯腰拾物**，如图 2-13 所示。直腰下蹲后，方可弯腰捡低处或地面物品，以及进行整理鞋袜等低处工作。

（3）**直腰站起**。取物或工作完毕后，先直起腰部，使头部、上身、腰部在一条直线上，再稳稳站起。

图 2-13　弯腰拾物

2. 蹲姿的种类

1）高低式蹲姿

高低式蹲姿下蹲时右脚在前，左脚稍后，两腿靠紧向下蹲。右脚全脚着地，小腿基本垂直于地面，左脚脚跟提起，脚掌着地。左膝低于右膝，左膝内侧靠于右小腿内侧，形成右膝高左膝低的姿态，臀部向下，基本上以左腿支撑身体。如图 2-14 所示。

2）交叉式蹲姿

交叉式蹲姿即下蹲时右脚在前，左脚在后，右小腿垂直于地面，全脚着地。左膝由后面伸向右侧，左脚跟抬起，脚掌着地。两腿靠紧，合力支撑身体。臀部向下，上身稍前倾。如图 2-15 所示。

图2-14　高低式蹲姿

图2-15　交叉式蹲姿

3. 蹲姿注意事项

弯腰撅臀是日常生活中最常见的一种蹲姿，这种姿势对后面的人来说是一种失礼、不敬的行为，尤其女子穿裙装时不可采用此蹲姿。两腿左右分开、平行，即使是直腰下蹲，也有伤大雅，被称作"蹲厕式"，而且也是对他人的无礼，因此也不宜采用。

（五）形体美塑造

良好的仪表以形体美为基础。体型美的总原则就是——身体各部分之间的比例恰当。具体标准是：骨盆发育正常，关节不粗大凸出，肌肉发达均匀，皮下脂肪适当。五官端正，与头配合协调；双肩对称，男宽女圆；脊柱正视垂直，侧视曲度正常；胸部隆起，正、背面略成"V"形。

女性胸部轮廓丰满，有明显曲线；臀部圆满适度，腿型修长，大腿曲线柔和，小腿腓肠肌稍突出，足弓高。

1. 体形美的原则

1）胖瘦原则

时代、民族、地域、审美心理不同，对胖瘦的看法也不同。我国唐朝时期，统治阶级为显示富足，妇女以体胖为美。现代人则不论男女皆以苗条为美，那怎样才算胖瘦适宜呢？目前国际上常用的衡量人体胖瘦程度以及是否健康的一个标准，即身体质量指数（BMI），体质指数计算公式是：体质指数（BMI）＝体重（kg）/身高（m）^{2}

中国标准BMI值见表2-1。

表2-1　中国人BMI标准

BMI	组别
＜18.5	低体重
18.5~23.9	正常
≥24	超重
24~27.9	肥胖前期
≥28	肥胖

2）高矮原则

对于以高为美还是以矮为美也受民族、地区的影响。如美国人1.80 m属高矮合适，而因纽特人1.50 m就算高个子了。我国东北男士身高1.75～1.80 m算合适，而南方男士身高1.70～1.75 m就算合适了。所以这些标准也不是绝对的。

3）肤色原则

肤色的深浅一般与遗传、色素高低、气候因素、生活工作环境及年龄、体质等有关。中国人的皮肤呈白皙、白中带黄、黄褐色、黑褐色四种。如果你拥有你满意的肤色固然可喜，如果肤色欠佳也不必丧气，可以从饮食、按摩、淋浴、化妆以及调整自己的情绪等方面加以注意，得到较好的改善。

4）健壮原则

古代贵族女士足不出户，身若轻柳、指如葱根，以纤弱为美；男士则是玉树临风，以单薄清瘦为美。现代人由于工作、生活节奏的加快，纤弱病态或面有菜色的身体不再受欢迎。所以我们男士以健康强壮为美，女士以活泼健康为美。

5）线条优美原则

男士以肩宽，胸肌发达，肌肉线条明显结实，上体呈"V"形为美；女士以身体侧视呈"S"形为美。但由于不同民族的体质、文化传统、心理因素等有别，线条美的标准也不同。

以上就是形体美的原则。形体美有遗传性，但也可以通过后天的训练塑造出富有魅力的形体美的形象。

2. 形体美的塑造

塑造美的形体要根据自身身体发展的自然规律。首先要充分地认识和了解人体分为可改变的部分和不可改变的部分。由于人体身高发育受遗传因素影响，因而身高及身体各部位的长度比例是不可改变的。一般来说，男士长到23~25岁，女士长到20~22岁形体基本定型，不再长高。而体重虽然也受遗传因素影响，但通过下列科学的、有计划的、有针对性的方法，良好的仪表是可以养成和训练的。

1）自身锻炼

即通过身体锻炼，增强各器官的功能，优化外形的方法。人的形体"用进退废"，因而生命在于运动。人体时刻都在进行着新陈代谢，它是影响生命力的主要因素，是生命的特征。形体训练、体育运动是促进新陈代谢的最有效的刺激，它使人体骨骼和肌肉匀称而发达，器官的功能更加强化和稳定，具有生命活力。但值得注意的是，身体锻炼和形体锻炼要做到有效的统一。前者指的是体质，是人体生命的内在质量；后者指的是体形，是人体的外在形状。许多女士为了形体优美，过分地束胸勒腰或节食减肥，虽然一定时期体形瘦了下来，但同时也引起了内分泌失调、体质下降、健康状况下降等现象，这些是极不可取的。车尔尼雪夫斯基曾说过："生命是美丽的，对人来说，美丽不可能与人的健康分开"。因此，身体锻炼要和形体锻炼相结合，既要塑造美好的形体，又要增强健康的体质。

2）合理的饮食和休息时间

人体是先天的赋予与后天的合理饮食、休息、锻炼的"合金"。营养是保证人体正常生长发育和进行各种活动的重要因素。营养的好坏，直接影响着人体的健康水平。在形体训练中，合理选择食物、科学配餐、平衡膳食、充分摄取人体必需的营养素，是塑造形体美的物质保证。同时要保持合理的饮食结构和饮食习惯：早、中、晚一日三餐必不可少；尽可能少吃含脂肪、油、糖等热量高的食物，多吃蔬菜、水果、粗粮、豆类、鱼、牛奶、肉等对身体有益的食物；要做到不挑食、不节食、不吃零食等。

3）良好的行为习惯

一个人的仪表美不仅仅在于他的外在形体，更在于通过他的形体所展现出来的一个人的气质、气势和精神面貌而形成高雅的举止，大方的仪态。良好的行为习惯是实现这一点最重要的途径。世界著名的科学家富兰克林说："一个好的习惯，好比存在银行的一笔钱，你会不断收到利息；一个坏的习惯，好比欠了银行一笔债，你会不断地付出利息。"可见，一个人的行为习惯不仅仅关系到个人的礼貌修养，更关系到他所在的组织形象和利益。常言道：少年若天性，习惯成自然。人的成长和工作过程是一个形成习惯的过程，只有不断地征服不良的行为习惯才不会反之被它所征服。

4）借助形具

即借助各色衣服、饰物以及假发、假胸、假肢、假牙等物品来改变形体的方法。

虽然这种方法塑造的形象是短暂的、临时的、非本质性的，但它可以起到美化形象的作用，而且目前这方面的知识和内容极其丰富，有些知识如美容、服装等已经成为比较成熟的学问和技术，为美化人体形象所服务。

（六）常见的手势（如图2-16所示）

1. 请

（1）**横摆式**。手放于体侧，四指并拢，肘部微屈，腕低于肘。手从腹前抬起，以肘部为轴，轻缓优美地向一侧摆动，手掌慢慢翻转至掌心向上到身体一侧稍前的地方停住。手掌与前臂在一条直线上，腕部不可弯曲，且手部与地面呈45°，头部和上身微向前倾，目视对方，面带微笑，表示尊重和欢迎。

（2）**直臂式**。手放于体侧，将五指伸直并拢，掌心不可凹陷，肘部不可弯曲，腕低于肘。以肩部为轴向体侧摆动，手掌慢慢翻转至掌心向前，手臂与上身呈45°时停住，手部、腕部、臂部等均在一条直线上，目视对方，面带微笑，表示尊重和欢迎。

（3）**曲臂式**。手放于体侧，五指并拢，肘部不可弯曲，腕低于肘。以肘部为轴，前臂向前抬起至腰部高度，手掌慢慢翻转至掌心斜向上时，手臂接着转向体侧呈45°时停住，手掌和前臂在一条直线上，掌心向上，目视对方，面带微笑，表示尊重和欢迎。

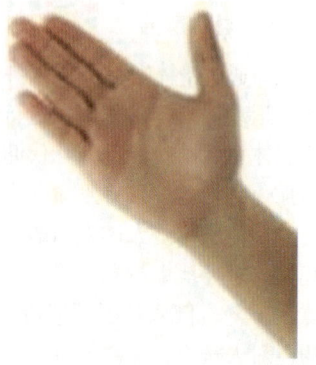

图2-16　手势

2. 招呼他人

手放于体侧，手臂伸直在一条直线上，向前向上抬起。掌心向下，在中国、欧洲的大部分地区以及拉丁美洲的许多国家都表示召唤人，掌心向上，则表示召唤动物。在美国、日本等国却恰恰相反。

3. 递接物品

在方便的情况下，一律双手递送、接取物品，不方便双手并用时，也可用右手，但绝不可单用左手。双方距离过远时，无论是递送还是接取物品，均应起身站立，主动走近对方。递送有文字、图案、正反面的物品时，要正面向上且文字朝向对方。递送带尖、带刃或其他易于伤人的物品时，应"授人以柄"（如图2-17所示）。

手势

图2-17　递接物品

六、技能训练

教师将学生分成小组（6~8人为一小组）进行技能训练。技能训练完毕之后，分组进行展示，互相评分，评出最佳表现小组。

技能训练1：微笑训练

1. 训练内容

（1）**寻找最佳微笑模式**：通过一些相似性的发音口型，找到适合自己的最美的微笑状态。如，"一""茄子""呵""哈"等。观察、比较哪一种微笑最美、最真、最善，最让人喜欢、接近、回味，同学之间可以互相评价，也可以借助镜子练习。

（2）**创造微笑环境**：教师启发学生假设一些场合、情境，绽放笑脸；每一次礼仪课前师生均早到一会儿，相互微笑示意，寒暄。

2. 注意事项

认识微笑的重要性和微笑的魅力。

技能训练2：仪容、仪表训练

1. 训练内容

要求女生着淡妆，男生选择最为得体的服饰来到实训室，教师对其进行指点评价，学生之间进行互评。

2. 注意事项

妆容自然大方，服饰搭配得体。

技能训练3：站姿训练

1. 训练内容

（1）身体背靠着墙，使后脑、肩、腰、臀部及足跟均能与墙壁靠紧。

（2）利用顶书的方法来练习，为使书不掉下来，颈部自然会挺直，下巴向内收，上身挺直。

（3）按标准要求站立时，用心体会三个要领：一是上提下压（指下肢、躯干肌肉线条伸长为上提，双肩保持平下、放松为下压）；二是前后相夹（指在腰部肌肉收缩的同时，臀部肌肉收缩且向前发力）；三是左右向中（指人体两侧对称的器官向正中线用力）。

2. 注意事项

身体挺直，调平双肩，微收下颌，目光平视，面带微笑。

技能训练4：坐姿训练

训练内容：

（1）入座（评价标准：从容不迫地慢慢坐下，动作轻；双脚摆放正确；裙子的处理动作优雅）。

（2）练习坐姿（评价标准：上半身挺直；挺胸、收腹、立腰，微收下颌，脊柱向上伸直；只坐座椅的 1/2 或 1/3；背部与臀部成直角）。

（3）坐时，双手、双脚的摆放训练。

（4）两个人并排坐，可以练习与人谈话时的动作。

（5）练习离座。

技能训练 5：走姿、蹲姿训练

走姿基本要领：双目平视，收颌，表情自然平和。两肩平稳，双臂前后自然摆动，上身挺直，收腹立腰，重心稍前倾。走姿是一种动态美，轻盈、稳健的走姿，反映出积极向上的精神状态。

蹲姿基本要领：下蹲时左脚在前，右脚在后，向下蹲去，左小腿垂直于地面，全脚掌着地，大腿靠紧，右脚跟提起，前脚掌着地，左膝高于右膝，臀部向下，上身稍向前倾，左脚为支撑身体的主要支点。

项目三 校园礼仪篇

礼仪典故

程门立雪

"见程颐于洛，时盖年四十矣。一日见颐，颐偶瞑坐，时与游酢侍立不云。颐既觉，则门外雪深一尺矣。"

——《宋史·杨时传》

这个典故叙述了在北宋时期，福建有个叫杨时的进士，特别喜好钻研学问，到处访友，为了丰富自己的学问，毅然放弃了高官厚禄，跑到河南颍昌拜程颢为师，虚心求教。后来程颢去世，他又跑到洛阳去拜程颢的弟弟程颐为师，在洛阳伊川书院求学。杨时那时候已经四十多岁，学问也已经很高了，深得程颐喜欢。有一天，他和

朋友游酢一块儿到程家去拜见程颐，但是正遇上程老先生在屋里打盹，杨时劝告游酢不要惊醒老师，于是两人静立门口，等老师醒来。这时候，外面下起了鹅毛大雪，这两人求师心切，便恭恭敬敬侍立一旁不肯离去。等程颐一觉醒来，才赫然发现门外的两个雪人，门外的雪已经积了一尺多厚了。程颐大受感动，更加尽心尽力地教杨时，杨时得到了老师的真传，之后回到南方传播程氏理学，且创立独家学派，世称"龟山先生"。后人用这个典故来赞扬那些诚心专志、尊师重道的学子。

一、知识目标

（1）了解校园礼仪的重要性和掌握校园礼仪的必要性；
（2）掌握校园里课堂礼仪、宿舍礼仪、典礼庆祝礼仪以及食堂礼仪的基本内容及基本要求；
（3）能够熟练运用各项礼仪。

二、能力目标

（1）能够遵守课堂礼仪，做到尊重老师和同学；
（2）能够掌握宿舍相处礼仪之道，与同学和睦相处、互相帮助；
（3）能够策划学校各项典礼和庆祝活动，并有较强的组织实施能力；
（4）能够掌握食堂用餐礼仪，并按照各项制度来严格要求自己，节约粮食、尊重他人；
（5）能够根据各项礼仪的基本要求把自己塑造成一个具有较高礼仪素质的现代大学生。

三、德育目标

（1）能够根据各项礼仪的基本要求把自己塑造成一个具有较高礼仪素质的现代大学生；
（2）培养学生明理于心、行礼于人，在校遵规守纪，走向社会做个遵纪守法、崇尚道德的好公民。

四、知识要点

本项目主要从课堂、宿舍、典礼以及食堂四个方面的礼仪对学生的校园礼仪提出要求。

课堂是学生在校园里的主要学习场所，同学们应该掌握最基本的上课、下课、提问、回答、擦黑板、服饰等礼仪要求，严格遵守基本规章制度，从而展现尊重学习、尊重老师的精神风貌。

宿舍是学生在校园里的主要休息场所，也是和同学们集体生活的一个重要场所。因此，在宿舍里要遵守作息礼仪、个人卫生礼仪、爱护公共财物礼仪以及串门和待客礼仪，做到尊重他人，与同学和睦相处，也从另一个角度培养现代大学生的团队协作精神。

典礼和庆祝是学生校园生活的重要组成部分，并且大部分典礼和庆祝需要同学的参与和配合。同学们要掌握开学典礼、毕业典礼、校会礼仪、升国旗仪式、运动会礼仪以及党员支部大会等常用的典礼礼仪，以拓宽知识面，提高活动策划能力。

食堂是学生在校园里的主要用餐场所，也是充分体现同学们文明素养的地方，同学们要做到尊重他人、排队就餐、节约粮食，体现当代大学生健康饮食、节约粮食的良好品德。

大学校园生活是同学们人生中非常重要的一段学习生活，遵守校园礼仪，对于同学们以后走上社会成为一个合格的职业技能人才打下了良好的基础。

五、任务实施

尊重老师是我们中华民族的传统美德，我们每一个人都不应该忘记。

——江泽民

项目三 校园礼仪篇

任务一　课堂礼仪

课堂是同学们在校园里的主要学习场所，是一个十分庄严的地方，遵守课堂纪律是学生最基本的礼貌。遵守课堂礼仪是尊重学习、尊重知识、尊重老师的主要表现形式。

（一）尊重师长

尊重师长，是每个学生最基本的道德。不单单因为尊师是中华民族的优良传统，更是因为学生越尊敬老师，就越能激发教师教的激情，把真才实学教给学生。这种教和学两方面的良好融合，是整个教学过程所需要的，同时也能把教学活动升华到情感的高度。

对待老师要有礼貌，这是尊师最基本的礼节。在古代，不论在什么地方，学生只要见到自己的老师必定要行礼或鞠躬。现在，学生见了老师不用行什么大礼，只要打招呼就可以了。在大多数情况下，喊一声"老师"，也可以说声"老师，您好"，或者问候一声"您好"，体现了相遇时的礼仪。千万不要视而不见，不理不睬，如在楼道、走廊等狭窄区域遇见老师，应向旁边让开一步，请老师先走。也不要觉得见了老师不好意思问候，悄悄躲到一边去，这是失礼的行为。

对老师的尊重，不仅体现在有礼貌、见面打招呼上，更要尊重老师的人格。有时，若干个同学聚在一起，背后称呼老师为"老张""大李""小高"，更有甚者，用老师的生理缺陷给老师起绰号。你可以喜欢某位老师，也可以不喜欢某位老师，但是不喜欢他，并不等于可以不尊重他，因为尊师不单指尊重个体的人，而是对他所承担的工作和所具有的知识的尊重。

尊重老师还体现在对老师劳动成果的尊重，韩愈在《师说》一文中指出："师者，所以传道授业解惑也。"在当今社会中，老师的责任依然如此。为了讲好每一节课，老师们都要精心备课，花费很大心血。因此，学生应以饱满的情绪，集中精力，积极思索，认真听好每一节课，这是对老师辛勤劳动的最大尊重。老师布置的作业，是课堂教学的继续和巩固，同样蕴含着老师的一片苦心。学生应该按时、认真、独立地完成各种作业，并且认真体会老师在作业上悉心批改之处，这同样是对教师的一种尊重。

礼仪故事 3-1　曾子避席

《曾子避席》出自《孝经》，是一个非常著名的故事。曾子是孔子的弟子，有一次他在孔子身边侍坐，孔子就问他："以前的圣贤之王有至高无上的德行、精要奥妙的理论，用来教导天下之人，人们就能和睦相处，君王和臣下之间也没有不满，你知道它们是什么吗？"曾子听了，明白老师是要指点他最深刻的道理，于是立刻从坐着的席子上站起来，走到席子外面，恭恭敬敬地回答道："我不够聪明，哪里能知道，还请老师把这些道理教给我。"在这里，"避席"是一种非常礼貌的行为，当曾子听到老师要向他传授时，他站起身来，走到席子外向老师请教，是为了表示他对老师的尊重。

（资料来源：本文来自百度百科，http://baike.baidu.com/view/439135.html）

（二）上下课的基本礼仪

课堂是老师为学生传道授业解惑的主要场所，学生在课堂上的礼仪直接体现了其对老师的尊重程度。

1. 上课

在学校里，铃声就是信号，就是命令。预备铃响了，学生应停止所有的游戏活动，准备好上课所需要的书和学习用品，端坐在教室里，等候老师的到来。走进教室时，如果老师已站在门口，不能一低头就进去，要主动向老师问好再进去。当老师宣布上课时，应由班长发出起立命令，全班应迅速起立，向老师问好，待老师答礼后，方可坐下。注意尽量不要让桌椅发出噪声。

学生应当准时到校上课，若的确因特殊情况，不得已在教师上课后进入教室，应在门外喊报告，得到教师允许后，方可进入教室。如果要去卫生间，最好在课间，课堂上实在忍不住了，也没有必要让整个教室的人听您跟老师打"报告"，您只要安静地走开就好了，但是课间休息时有必要向老师进行解释，表示抱歉。

不要在教室大声喧哗、制造噪声，尽量低声交谈，音量以双方听清为准。在课堂上，学生坐姿要端正，衣着要整齐，要认真听老师讲解，注意力集中，独立思考，重要的内容做好笔记。杜绝可能影响老师授课效果的行为，比如夏天上课"呼呼"地扇扇子，在课堂上吃东西、喝水发出声音等。

2. 下课

下课铃响时，若老师还未宣布下课，学生应当安心听讲，不要忙着收拾书本，或把桌子弄得乒乓作响，这是对老师极大的不尊重。下课时，全体学生仍需起立，与老师互道"再见"，当然也可向老师表示"辛苦了！"待老师允许后，学生方可离开。离开教室的时候，学生应该主动为老师开门，请老师先行离开。

课间不要追逐打闹，以免影响同学的学习和身心健康。课间休息时，在楼道内行走要靠右慢行，不要快速奔跑猛拐。

（三）其他课堂礼仪

1. 提问和回答的礼仪

老师上课提问，是检验教学效果的最快捷和最直接的方法。一方面可以了解学生对教学内容的理解程度；另一方面又可启发学生的积极思维。而学生的回答，反过来又能启发老师的教学思维活动。因此，老师提问是一种正当和必要的教学手段，学生也就要有礼貌地对待老师的提问。

老师发问之后，学生如要回答，应先举手，并要在老师点到自己的名字时，方可站起来答题。切不可坐在座位上，七嘴八舌地发言。当老师同意集体回答时，应尽量和同学们声音一致，切忌发出异调怪腔。

回答问题时，身体要立正，态度要认真，不要搔首弄姿或故意做出滑稽的举止引人发笑；声音要清晰响亮，以全班同学都听得见为宜，不要声音过低或吐字不清，并且应当使用普通话。

对提的问题答不出，也应先站起来，实事求是地向老师说明情况。在别人回答时，不应随便插嘴。别人答错了，也不应讥讽嘲笑。别人答不出来，自己能答，则可举手，得到老师允许，再站起来补充回答。当自己心中对答案有异议的时候，应课后找老师讨论，尽量不要打断老师

小知识
不要介意走"后门"

上课。

2. 课堂手机礼仪

随着通信手段的不断发展和普及，目前，大学生基本人手一机，这给我们的联系带来了极大的方便，但同时也给课堂教学带来了一些麻烦。课堂上常常会突然响起手机铃声，实际上不关手机是最失礼节的行为。

小知识
课堂回答"三字诀"

学生应该在课前把手机关掉或者调成震动，课后再回电话给对方。无论如何不要在课上接听电话。即使手机铃声再好听、再个性化，当它突然在课堂上响起，成了打扰别人学习的罪魁祸首时，也不会受到大家的欢迎。大家想一想，如果每个同学的手机都在上课的时候响起来，那么正常的教学工作就没有办法进行。因此，上课的时候关掉手机或调成震动是一种基本的课堂礼仪。

3. 师生服饰礼仪

尽管大部分课堂对学生的仪容仪表没有太多的要求，但依然以着装简单、大方、得体为准则，过于暴露的衣服不适合穿到教室，比如吊带装、超短裤、超短裙。衣着的主要色调最好不要超过三种颜色，化妆不要过于浓艳，浓妆艳抹并不适合青春洋溢的大学生。男同学在夏天的穿着要尤其注意，不可以穿拖鞋、短裤或者汗衫到教室来，大家想想如果老师穿着拖鞋、汗衫来到教室，你会不会觉得自己没有得到应有的尊重呢？

4. 教室卫生、板报标语礼仪

课前要提前打扫教室卫生，及时清理垃圾，学生桌面书籍摆放工整，地面无纸屑果皮等垃圾，不随地吐痰。讲桌保持整洁，课间休息的时候，主动为老师擦黑板，总能让人觉出温馨和情谊来。但别忘了主动擦黑板，还要先征求老师的意见。有一个老教师，谈起擦黑板的问题来，曾经有过这样的感慨："有的板书还想留着，结果被擦掉了，也不能批评学生，因为不能伤害他们的积极性。"所以擦黑板之前一定记得询问老师，否则礼貌就变成失礼了。不要在黑板、墙壁、课桌椅上乱写乱画，在教室里随时保持安静、整洁，维持教室的良好学习环境。

小知识
课堂礼仪禁忌

教室后面的板报要及时响应国家时政、学校重要活动以及学校的其他要求等，板报布局合理、图文并茂、字体要好看、具有艺术美感，内容要积极健康。教室四周的标语也要积极、健康、传播正能量。

任务二　宿舍礼仪

学生宿舍是住校生学习、生活的主要场所。宿舍的管理，是学校管理的一项重要内容。舍友不但是与自己一起学习、求知的人，更是和自己朝夕相处的人，与他们相处得如何，直接影响自己学习的进步与发展。如果关系融洽、和谐，就会感到心情愉快，有利于学习的顺利进行；反之，关系紧张，相互拆台，经常发生摩擦，就会影响正常的学习和生活，阻碍学业的正常进行。为了提高住校生的品德修养，也为了能够营造一个和谐愉快的宿舍氛围，同学们在大学期间要努力提高独立生活能力、自控能力，掌握必要的宿舍礼仪常识，确保有一个良好的学习、生活环境。

（一）宿舍基本礼仪

1. 遵守作息制度

为了保证同学们的学习和休息，学校在宿舍管理方面有一套作息制度，这个制度中规定了起床、早餐、午餐、午休、晚餐、就寝、熄灯等时间，大家要遵守这个时间表，按时作息。

在规定的休息时间里，不要高声说笑。如果要与同学商量问题，要将声音压低，不要影响别的同学休息。如果要收听广播，尽量戴上耳机，如果没有耳机或者不习惯戴耳机，就要将音量尽量调到最小。如果要看电视或使用电脑，要征得别的同学的同意，且将音量调到最低。若在床上用床头灯看书，要把灯光调暗，翻书的声音也要尽量降低。睡上下床铺的同学，要注意不要晃动床铺，以免影响他人或者发生危险。

如果有特殊情况必须在外面耽误一定的时间，必须与同宿舍的同学打招呼，让他们留门，以方便进出。在晚归宿舍的时候，一定要轻手轻脚，不要喧哗，不要吵闹，更不要故意将别的同学吵醒，耽误别人的休息。

在夜晚需要起床上厕所的同学，要准备一个小手电筒，尽可能不要开灯，因为灯光的刺激，会影响别人的休息，同时要注意轻手轻脚，不要吵到别人。在休息时间，要关掉手机，或者设置成震动，打电话时要走出宿舍，声音尽量放小。如果宿舍中装有电话，在告诉自己的亲友电话号码的同时，还要告诉他们自己的作息时间，告诉他们不要在休息时间打电话来，如果有急事，接电话的时候，声音要放低，并对室友表示歉意。

2. 讲究公共和个人卫生

宿舍是同学们共同生活的地方，是大家的"家"，为了使这个家舒适，为了使大家健康，一定要讲究宿舍里的卫生。个人卫生在宿舍这个公共空间中也已经演变成了公共卫生，因为一个同学的不卫生可能会影响到整个狭小空间的卫生。比如有一个人的袜子不洗，会使整个宿舍都有味道。因此，讲究个人卫生再也不是自己一个人的事情了。

要制定轮流值日制度，值日者负责整个宿舍的打扫，每天打扫宿舍卫生、扫地、拖地，及时倒垃圾。同学吃饭的时候，应该在餐厅里吃，以免把饭粒撒到宿舍的地上。

要勤洗澡、洗头、洗手，以保证卫生。要勤换衣服，勤换袜子，并及时清洗换下来的衣物，不要堆在宿舍中发臭，要保证鞋子的清洁。毛巾要挂整齐，并且不与别人的靠叠一起，以免交叉传染。脸盆等其他洗漱用具应整齐地摆放在一定地方；重要书籍、簿册等用品，不要随手乱放，要放在自己的书桌内；点心、食品和碗筷等，不仅要摆放整齐，还要注意密封、遮蔽和加罩，以确保卫生。对已变质的食物，要及时处理掉。自己生病的时候，要注意吃药。如果是传染病要及时通报学校，必要时要采取隔离措施，以免传染他人。

3. 爱护公共财物和他人财物

宿舍的很多东西都是公共财物，对公共财物爱护与否，反映了一个人的公德水准。

要随手关灯，节约用水；不要在宿舍、厕所等公共空间的墙壁上乱写乱画；不破坏宿舍中的任何设施，如床、桌子等。宿舍中同学的生活用品也应该得到大家的爱护。不要乱动别人的东

西，如果需要，要先征得别人的同意才能动。不要用脚踢别人的箱子、桶、盆等用具，如果别人放置得不好，就提醒他放好，放在他自己的位置上。

注意公共安全，进出宿舍不要拥挤，要按顺序进入。离开宿舍注意锁门，晚上睡觉要注意关门。不要乱拉电线、乱装电灯、乱接插座烧开水或给手机充电。不要在宿舍里生火，冬季不要用明火取暖。

4. 关心同学，先人后己

在同一个宿舍里生活，不仅是缘分，更是情谊。在宿舍中，就要互相关心、互相爱护、互相尊重。

同学生病的时候，应主动关心一下，帮助他打打开水，陪他去看看医生。不要歧视患有传染病的同学，而要主动地为他想办法，帮助他解决一些问题。在使用公共设施的时候，要有序、礼让。

礼仪故事 3-2　小方的困惑

小方是某校大一男生，性格活泼开朗，可是，居然在入校之后连续三次换宿舍，而且，被室友称为"一个不受欢迎的人"。小方非常困惑，他不知道自己哪里做错了。

第一个宿舍的人大多都喜欢躺在床上安静地阅读，而小方却与众不同，他喜欢大声朗读、引吭高歌，常常在其他室友静卧看书时，出其不意地激情大发，来上几嗓子，扰乱了宁静的气氛。可是小方觉得，沉闷闷的有什么意思，激情一点不好吗？

小方觉得压抑，换宿舍了，来到第二个宿舍里，一开始，小方就和大家有点小矛盾，因为小方坚持要住下铺，要求大家在当天把空着的下铺的杂物都收拾起来，本来新进来一个人，宿舍的人就觉得比较麻烦，使宿舍更加拥挤，于是一开始就不愉快，最后小方还是如愿以偿了，可是他忍受不了上铺的同学晚上总是翻身，只要他感觉到上铺的室友有动静，就会在下面吼道："你睡觉能不能老实点？"于是，和舍友关系很紧张。

到了第三个宿舍，小方终于觉得这个宿舍氛围比较适合他，因为大家性格都比较外向，互相之间比较亲热，但是时间久了，大家对小方都很有意见，因为，他不是"先斩后奏""斩而不奏"地随便拿室友的书籍、杂志，就是把室友的东西弄得一团糟；不是刨根究底地探问室友不愿意公开的个人隐私，就是趁室友不在时偷看室友的信件。

小方很困惑，自己到底哪里做错了，这么讨人嫌？难道又要换宿舍吗？

思考： 小方在每个宿舍里到底做错了什么？同学之间应该如何相处？

（资料来源：本文由编者根据校园里真实的事件改编而成）

（二）宿舍其他礼仪

1. 串门的礼仪

同学们不仅要保证和自己宿舍人搞好关系，也不能忽略了左邻右舍。所以常常串门可以沟通感情，增进同学间的情谊。但是要注意时间的选择，不要在已经熄灯休息的时候串门，如果确实有事情，或者得到别人的邀请串门的话，也要遵守串门的礼仪。

进入别人宿舍的时候，要与所有的同学打招呼、问好。应该坐在邀请者的床铺上，在得到允许后也可以坐在其他人的床铺上。不要随便翻看、移动别人的东西，要在得到许可以后再动。不要过长时间地串门，以免影响其他同学的休息。不要大声说话，谈话内容要健康。离开的时候要向所有的同学表示感谢，并道声"再见"。

2. 待客的礼仪

在学校的时候，难免有亲人来看望，有同学来串门。这时候，如果邀请亲友到宿舍的话，一定要告诉同宿舍的同学，最好提前告知。如果来不及，也应最少与一个同学打招呼，让他告诉其他的同学。将亲友带到宿舍，用自己的脸盆、水杯给亲友洗脸、喝水，不要动别人的东西。告诉亲友不要乱动别人的东西，不要在别的同学面前乱问、乱说。当同学进来的时候，要介绍同学与自己的亲友认识。

不要让亲友在宿舍待的时间过长，更不要留宿。一定要留宿的话，也一定要征得同学们的同意才可以，并且要向管理员报告。在别的同学的客人来的时候，一定要热情地问好，不要冷漠。且注意回避，让他们好好地交谈。

宿舍是同学们共同的家，它的功能是保证大家的休息，以便更好地学习。因此，遵守作息时间，尊重同学的休息权利，是保证自己休息好的前提，也是每一个学生最起码的礼仪修养。

任务三　学校典礼、庆祝活动礼仪

"修先王之典礼，践大圣之规模，德被品物，威加海隅。"

——宋·司马光《稷下赋》

（一）开学典礼礼仪

学校每学期都要举行开学典礼，开学典礼是学校为祝贺新生入学、新学期开学而举行的隆重的庆典仪式。1924年6月16日，黄埔军校举行开学典礼堪称是现代最早的开学典礼，来自全国的教官和学生，包括共产党和国民党人共500余人在黄埔军校举行了隆重的开学典礼，孙中山先生亲临主持，并致开学词，正式宣告黄埔军校成立。

举行开学典礼，是对学生进行入学教育的第一课，不仅可以使新生了解学校的历史、现状，而且可以使新生明确学校的培养目标和管理制度，明确学校学习、生活的特点，为尽快适应在校学习和生活做好思想准备。同时，对老生来说开学典礼也起到教育规范的作用，帮助学生总结上学期的成绩，明白本期的学习任务、学校的要求和本期开展的活动等。

开学典礼仪式程序一般是：先进行升国旗仪式；然后主持人宣布典礼开始并介绍在场老师、嘉宾；接着校长做开学典礼致辞，教师代表讲话，学生代表讲话；颁发各项奖励；主持人宣布开学典礼结束。

开学典礼是入学后参加的第一项集体活动，因此，不要无故缺席，不要迟到，应随班集体提前到达会场，到指定位置就座。在主持人宣布开学典礼开始或介绍学校各级领导和来宾时，在领导及教师、学生代表发言时，应适时地报以热烈掌声。奏《国歌》时，要听从主持人的指挥。原地起立，呈立正姿势。整个过程，要注意认真听讲，不要交头接耳地讲话，不要做与典礼无关的事情。不要随地吐痰、乱扔杂物，保持会场的清洁卫生。开学典礼结束时，应等主席台上的领导、来宾退席后再按顺序退场。

（二）校会礼仪

校会是学校里经常进行的一项集会，根据不同的目的有不同的会议主题。学校里召开集体大会，一般规模比较大，参加的班级多、人数多，每位同学是否都能够严格地遵守纪律、遵守礼仪，对大会能否顺利进行意义重大。

（1）开会不要迟到，最好能提前到场，以保证大会准时开始。到场后，迅速把队伍整理好，不得勾肩搭背、嘻嘻哈哈、相互打闹，保持良好的精神面貌。若迟到，应悄悄入场，坐在后排的座位上，而不可大摇大摆地走到前面。

（2）要严格按会场工作人员要求入座，不可以抢座位，各个班级之间要发扬风格，互相谦让。同学之间更应该互相关心，互相礼让。如果是涉及上车、劳动、游玩等集会活动，要做到老同学照顾新同学，大同学爱护小同学，男同学谦让女同学。

（3）会议开始后，与会者不可随便走动和发出声响，以免影响报告人或者主持人的情绪。开会时不要随意打哈欠，不要打逗、吵闹、讲闲话，要尽量避免分散别人的注意力。若因上厕所等原因必须暂时离开会场，应悄悄出去，尽量减少对别人的干扰。

（4）参加学校组织的会议或观看文艺表演时，要专心听讲或认真观看，不随便讲话。主讲人结束讲话或表演者结束表演后要热情鼓掌。台上的演讲者或表演者有时会出现一些失误，应以谅解的态度投以信任谅解的目光，不能喝倒彩。

（5）集会退场时，服从大会组织者的指挥调动，保持良好的秩序。切忌一哄而散，使门口拥挤堵塞，造成不必要的混乱或者安全事故。因故必须提前退场，应轻轻离开座位，向会议负责人低声简短地说明原因，经允许并说"谢谢"后再离开。离开时需要别人让一让，要说声"对不起，请让一让"。

（三）升国旗仪式

国旗是一个国家的象征，升降国旗是对青少年爱国主义教育的一种重要方式。无论中小学还是大学，都要定期举行升国旗的仪式。《中华人民共和国国旗法》第十三条第二款规定："举行升旗仪式时，在国旗升起的过程中，参加者应当面向国旗肃立致敬。"标准做法是：起身站立，目视前方，双手下垂，神态庄严，聚精会神。严格地遵守升国旗的礼仪是维护国旗尊严、增强公民国家观念的体现，我们所有人都要按国旗法的要求以规范、统一的礼仪参加升国旗仪式。

学校升国旗的一般顺序如下，如图 3-1 所示。

图 3-1　五星红旗迎风飘扬

1. 列队

在升国旗仪式开始之前,全体师生面向国旗列队站好。旗手、护旗手、主持人做好准备工作。

2. 出旗

主持人宣布全体肃立,旗手持旗,扛在肩上或者举至肩,护旗手在旗手两侧,齐步走向旗杆,悬挂完毕。

3. 升旗

《国歌》奏响,升旗手将国旗缓缓升至旗杆顶,全体师生行注目礼。

升国旗时的注目礼如图 3-2 所示,持刀礼如图 3-3 所示。

图 3-2 注目礼

图 3-3 持刀礼

升旗时,全体学生应列队整齐,面向国旗,肃立致敬。当升国旗、奏国歌时,要立正、脱帽、行注目礼,国歌奏响时,走动或经过现场的人员都应停步,面对国旗,自觉肃立,待升国旗完毕后,方可走动,直至升旗完毕。不能东张西望,交头接耳,嬉闹谈笑,接电话和吃东西等,这些都是对国旗的一种极大的不尊敬。升旗是一种严肃、庄重的活动,一定要保持安静,切忌自由活动、嘻嘻哈哈或东张西望。神态要庄重,当五星红旗冉冉升起时,所有在场的人都应抬头注视。仰视国旗冉冉升起。行注目礼时一定要注意自己的眼神,眼睛要始终望着国旗。这个时候每一个人心中都充满了自豪感和使命感。

4. 唱国歌

礼毕后,主持人宣布全体高唱《国歌》。

5. 演讲

可由校长、辅导员或其他人根据目的进行简短而又有教育意义的讲话。

(四)运动会礼仪

运动会是学校重要的活动之一。积极参加体育竞技,可以强身健体,也从另外一个角度展示了人类的文明和进步,同时体育比赛也是人们互相交流促进的一个重要形式,有助于传递友谊和尊重。在运动会上,无论观众还是运动员都要遵守纪律,注意礼仪。

运动会的程序如下。

1. 开幕式

大会主持人宣布开幕；运动员入场；奏国歌、领导致词；运动员裁判员发言；运动员退场；团体操表演。开幕式象征着运动会的开始，是激发、鼓舞运动员的热情和斗志的，是宣传吸引观众的，因此要按时进退场，不得随意中途离席。无论观众还是运动员都要听从大会指挥，严肃认真，使开幕式气氛隆重热烈。

小知识
古代奥运会的产生

2. 进行比赛

按秩序册比赛内容顺序进行。

比赛过程中运动员应严格按照大会要求到指定地点检录、比赛，保持良好的精神状态，不要过分计较得失，要尊重裁判判决，不与裁判直接发生争吵，正确对待输赢，观众要鼓舞选手志气，不偏袒己方，敌视对手，应以公平的态度观看比赛。

观众不要过分大声喧嚷，或施以嘘声讪笑、粗言辱骂之失礼行为，要适时、适度鼓掌，不起哄，不喝倒彩，不吃零食，要当文明观众。勿随意投掷空罐、纸屑、果皮、垃圾至比赛场地，影响比赛。也不要在观众台看书报，对比赛漠不关心。

3. 闭幕式

主持人宣布开始；运动员入场；领导讲话；宣布比赛成绩；颁奖；主持人宣布闭幕。

（五）发展新党员支部大会

《党章》规定："年满18岁的中国工人、农民、军人、知识分子和其他革命分子，承认党的纲领和章程，愿意参加党的一个组织并在其中积极工作、执行党的决议和按期交纳党费的，可以申请加入中国共产党。"大学生是国家的未来和希望，加强在大学生中发展党员工作，意义重大。同学们在校期间不仅要学习成绩优异，更应该有信仰、有追求、有一定的政治头脑，积极递交入党申请书，保持高度的政治觉悟。

发展新党员支部大会议程如下。

1. 全体起立，奏国际歌

2. 发展组织程序

（1）拟发展预备党员宣读志愿书或者申请人宣读转正申请书，汇报自己在预备期内的表现；

（2）入党介绍人介绍情况，并对其能否入党表明意见，或者预备期考察人介绍对申请人的综合考察情况，对能否按期转正表明态度；

（3）支委会介绍培养考察情况及政审情况，或者支委会介绍对申请人在预备期内的教育和考察情况，提出能否转为正式党员的意见；

（4）与会人员发表意见，对申请人能否入党或者转正进行讨论；

（5）申请人对大会讨论情况进行表态；

（6）正式党员根据讨论及表态情况举手表决；

（7）宣读支部大会决议草案征求意见（鼓掌通过）；

（8）书记讲话，代表支部提出要求。

（六）毕业典礼

毕业典礼是学校为毕业生举行的隆重的毕业庆典仪式，是学校对学生进行毕业教育的最后环节，通过毕业典礼，希望同学们牢记老师的希望和嘱托，信心百倍地投入到新的工作和学习环境中去。

毕业典礼仪式程序一般是：全体肃立，奏响国歌；然后主持人宣布典礼开始并介绍到场老师、嘉宾；接着校长做毕业典礼致辞；宣布优秀毕业生名单，颁奖；教师代表讲话，学生代表讲话；毕业生向母校赠送纪念品；共同唱起校歌；主持人宣布典礼结束。

毕业典礼是同学们在学校的最后一次大型集会，一定要认真对待，积极参加，不要无故缺席，切不可因为要离开学校了就随随便便，无所顾忌。在毕业生接过毕业证书以及荣誉证书时，在座的同学都要给予掌声表示祝贺。典礼结束后，主席台成员退席后，同学们即可按照秩序退场。

任务四　食堂就餐礼仪

悯　农

——李绅

锄禾日当午，
汗滴禾下土。
谁知盘中餐，
粒粒皆辛苦。

食堂是学生就餐的主要场所，也是充分体现同学们文明素养的地方。学校食堂卫生、经济、安全、和谐，对于经济上还没有独立的学生来说，是就餐的理想场所。与众多的同学一起就餐，能增进自己的食欲，能够体现学校大家庭其乐融融的生活氛围。人多的时候，自觉排一会儿队，几分钟就可以解决问题，也体现了大家互相谦让、彼此尊重的良好品德。同时，在食堂就餐会使同学们养成定时、定量进餐的习惯，而这种良好的习惯是保证身体健康的重要条件。因此，提倡同学们在食堂就餐，维护就餐秩序，讲究公共道德，营造一个良好的就餐环境。

（一）尊重食堂工作人员

要做到像尊重老师一样尊重食堂工作人员，包括打菜、盛饭的师傅们。他们的劳动，是为让同学们健康地生活而付出的，是为让同学们吃到品质更高的饭菜而付出的，他们的工作为同学们的健康成长、正常学习提供了重要保证。

在食堂买饭的时候，要向服务员问好，离开窗口的时候，向服务员表示感谢。在买菜前选好要吃的菜，以最简短、准确的语言报菜名，从而节约个人打饭的时间，不要让其他的同学长时间等待。在打饭的过程中准备好 IC 卡，不要临时翻找，耽误时间。当自己报菜名、刷 IC 卡出现错误的时候，要主动道歉，绝对不要与工作人员争吵。如果工作人员打卡出现误差，应该以礼貌的语气主动提醒他，切忌出言不逊。

项目三 校园礼仪篇

在餐桌上吃饭的时候，如果需要服务，不要高声叫喊，而应该等到工作人员到身边来的时候再提出来；或者走到工作人员面前，向他们讲清楚情况，请求得到帮助。比如当你一不小心打翻饭菜的时候，一定要及时地进行清理，否则会给其他同学的用餐带来极大的不方便，此时可以向食堂工作人员求助，要求他们及时用抹布、拖把一类的工具进行清洁，并一定要表示感谢。

不要随便评价服务员，不要把服务员看得比自己低一等，须知这个世界上的工作没有高低贵贱之分，劳动者都值得尊重。如果饭菜有问题，应心平气和地与服务员交流，不要争吵。如果这样不能解决问题，就要找学校有关部门解决。为提高食堂的服务质量，如果同学们有什么好的建议要提出来，直接与服务员沟通，沟通未能解决的，就向学校相关的管理部门反映。

（二）排队就餐，保持安静

在高峰期就餐，尤其是中午刚下课的时候，难免会人多。年轻人正在生长发育的时期，需要足够的营养，也很容易产生饥饿的感觉，因此对排队很厌烦。但是，就餐必须排队，一方面越是乱挤，就越没有秩序，速度反倒越慢；另一方面如果胡乱挤，容易产生安全隐患，比如容易被食物烫伤，也显得极其没有素质。

同学们应该按照规矩排好队，不要插队，如果有特殊情况，必须与前面的几个同学讲清楚，得到他们的同意才可以排到他们的前面。排队的时候，同学们一般都会通过交谈打发时间，这时不要大声喧哗，以免干扰别人，甚至干扰服务员的正常工作。更不要敲打手上的餐具；不要高声与远处的同学打招呼，如果需要，可以走到他的面前说话，或者饭后沟通。食堂是同学们就餐的地方，如果高声吆喝，喧闹嘈杂，同学们就不可能有一个安静幽雅的就餐环境。

排队时切忌替别人预先占位置，更不要在排队的时候打闹，以免影响别人打饭。

（三）个人举止礼貌

买好饭菜，自己寻找空位入座；如果餐桌上已有先到的同学，应先礼貌地问一声："请问，这里可以坐吗？"在得到肯定的答复后才可入座。入座时，抽出座椅的动作要轻巧，不要乱拉乱拖，乒乓作响，还要注意在自己的座位和邻桌座位间留出通道。

进餐时要特别注意自己的"吃相"和举止。吃饭时要细嚼慢咽；嘴里不要发出声音；不要往地上吐东西，可以把骨头、鱼刺等放在你的小盘里；如果在牙齿里塞有东西，可到卫生间去漱口，不应该当着别人的面剔牙，如果要剔，也要用左手挡着嘴，用右手剔，并注意不要边剔边吐。用餐中途，如果有学生想和自己同桌用餐，应表示欢迎，同时，不妨酌情移动一下座位，让后来者可以宽敞、舒服地入座。

（四）注意卫生

常言道："病从口入。"食堂是就餐的地方，为了减少疾病，保证同学们的健康，食堂会很注意卫生，定期消毒，消灭蚊蝇、蟑螂、老鼠，保持地面的干净、墙体的卫生和服务人员的个人卫生。因此，同学们也要积极配合食堂，共同搞好食堂的卫生。

不要把不干净的东西带到食堂，进门的时候，注意一下自己的脚上有没有脏东西，如果有，必须清理干净后再进去。饭前一定要洗手。

保持餐具的卫生，不仅是保证自己健康的需要，也是保证别人健康的需要，用过的餐具应该主动放到餐具回收处，不要把食物的残渣直接倾倒在桌面，保持餐桌的干净卫生，不要乱扔吃剩的食物，以免变质腐烂，污染环境。坐在座位上

小知识
论语·乡党第八

吃饭的时候，不要将脚放在座位上，以免弄脏了座位，影响他人就餐。

吃饭的时候不适宜高声谈笑，说话的时候，用手轻掩自己的嘴，以免唾沫溅到别人的餐具上或者身上；不要随便夹别人碗中的食物吃，以防止传染病的交叉感染；如果自己患有传染病，要主动回避，不要在食堂人员集中的时候进入，更不要大声咳嗽，咳嗽时要用纸巾捂住自己的嘴；纸巾不要随便丢，一定要丢到垃圾桶里。

（五）节约粮食

节约粮食，是我们每个公民应尽的义务。浪费是一种可耻的行为。只要存有节约的意识，其实做起来很简单：尽量按照自己的需要购买食物，如果实在吃不下，不要将食物随便乱扔，不能保存的食物，就扔到垃圾桶中，能保存的食物就留下来，下一餐再吃，或者给别人。不要大吃大喝，须知一粥一饭来之不易。不要暴饮暴食，注意身体健康。不要挑食，注意均衡营养。不要断断续续进食，一日三餐，集中进食，有益健康。以吃正餐为主，尽量不要吃零食。

任务五　同学相处礼仪

友谊需要用忠诚去播种、用热情去灌溉，用原则去培养，用谅解去护理。

——马克思

（一）校园内同学相处礼仪

（1）同学相遇，要主动打招呼，可以问好、点头、微笑、招手等。态度要热情、友善、诚恳。

（2）尊重同学人格。不给同学起绰号，不讥笑、辱骂同学，更不能歧视或取笑身患残疾或有心理疾病的同学。

（3）尊重同学的生活习惯、宗教信仰、风俗习惯。

（4）同学们之间说话态度要诚恳谦虚，语调平和，不可高高在上、盛气凌人。

（5）交谈中力求语言文雅，注意场合分寸，不可满嘴脏话、粗鲁不堪。

（6）开玩笑，不可触及同学的忌讳以及心灵伤痛。

（7）听同学说话时，要认真倾听，不得轻易打断别人的讲话，要插话或提问应选择适当的时机。若同学说得欠妥或说错了，应在不伤害同学自尊心的情况下，恳切、委婉地指出。

（8）同学之间应友好相处，吵架、骂人、说难听话是一种没有教养的行为及无礼的表现。

（9）同学相互之间借用东西，须谨记有借有还，借用同学物品，应打招呼，征得同意。

（10）当有同学需要帮助时，应分清是非，弄明情况，如果是正确的，应尽力帮助，不可视而不见、置之不理。如果是弄虚作假，或者是违法违纪的事情，就不可盲从，应尽力阻止并说服其做正确的事情。

（11）同学之间不应在背后说别人的闲话，挑拨离间，破坏团结。

（12）要有集体意识。在集体生活中要顾全大局，遵守规章制度。

（二）校园内男女同学相处礼仪

俗话说"男女搭配，干活不累"。在学校生活也有体现。没有女生参与，男生劳动时松松垮垮，有了女生参与时，男生会充满活力；同样，没有男生参与时，女生们会叽叽喳喳，相互计较，大大咧咧，而一旦男生参与，女生会变得温柔文静，保持淑女风范。

校园内男女同学交往，应该抱有正确的心态，建立健康的同学友情，为我们的学生时代留下美好的回忆。与异性同学相处同样要注意礼仪：

（1）校园内男女同学交往，应以礼相待，彼此平等，相互尊重，互相帮助。

（2）男同学应彬彬有礼，女同学应文雅大方。在公共场合，男女同学之间的接触要注意礼仪修养，不可勾肩搭背，过分亲昵，保持合理距离。

（3）不能起绰号，不讲粗话、脏话和庸俗的传闻，谈论的内容要健康。

（4）不宜长时间凝视对方，不能打打闹闹，身体的接触要有分寸。

（5）对异性同学的相貌、身材和穿着，不应评头论足，不伤害对方自尊心。

（6）对异性同学的缺点或残疾，不可进行嘲讽，而应热心帮助。

（7）在体力劳动等方面，男同学应该主动帮助和照顾女同学。

（8）学生在上学阶段应将主要精力用于学习上。男女同学之间恋爱时，应注意不要相互影响学习，更不应偷尝禁果，给身心造成伤害，相互之间应该自重及尊重对方。

小资料
小方的困惑：鹦鹉救火

六、技能训练

教师将学生分成小组（6~8人为一小组）进行技能训练。技能训练完毕之后，分组进行展示，互相评分，评出最佳表现小组。

技能训练1：课堂礼仪训练

1. 训练内容

把课堂交给学生：各组同学轮流负责一次课程的组织和讲授，每组20~30分钟为宜，讲解完之后，让扮演"学生"的同学和扮演"老师"的同学们就授课礼仪、听课礼仪进行互评。

授课礼仪评价指标：服饰是否得体；语言是否简洁流利；内容是否清楚明了；课堂言行是否尊重同学……

听课礼仪评价指标：坐姿是否端正；听讲是否认真；有没有人扰乱课堂秩序；回答问题是否遵循礼仪要求……

2. 注意事项

让同学们自己展开讨论，知无不言，言无不尽，教师不要对学生的言行做过多的评价，而让同学们自己来进行评价，这样不致挫伤同学们的积极性，而且也有助于学生改变自己的错误。

技能训练2：宿舍礼仪训练

1. 训练内容

（1）结合学生中一些不符合宿舍礼仪的行为，按照宿舍礼仪要求，各组内学生分别扮演客人、老师、邻室同学等角色，进行现场模拟，无展示任务的学生现场观摩。

（2）让每组学生为自己的寝室制定一份《文明寝室公约》，并在班里宣读，小组互评后形成一份最完善的《文明寝室公约》。

（3）鼓励同学们制作 DV、幻灯片、图片等影像作品，反映自己宿舍的精神文明风貌，在班级体内部进行评比展示。

2. 注意事项

在这项实训里要注重培养各个宿舍同学的集体凝聚力。

技能训练 3：典礼礼仪训练

1. 训练内容

（1）在教室举行主题班会，要求同学们按照礼仪规范参加班会，之后进行讨论和点评。

（2）在教室里举行主题庆祝活动，要求同学们自己进行策划，之后进行讨论和点评。

2. 注意事项

主题的明确性、活动的目的性。

技能训练 4：食堂礼仪训练

1. 训练内容

（1）要求每一位学生拟一条体现食堂礼仪的标语，写在准备好的白纸上，上交由老师批阅，并进行评比、奖励。获胜者的作品可由老师联系，张贴在食堂内。

（2）选出本班几位同学在食堂管理人员的带领下到食堂维持就餐秩序。

（3）鼓励同学们制作 DV、幻灯片、图片等影像作品反映食堂精神风貌的点点滴滴，也可以收集反面事例，在班级体内部进行评比展示。

2. 注意事项

在收集反面事例以及维持就餐秩序的时候，要求学生不能和其他同学发生冲突。

项目四 交际礼仪篇

礼仪典故

圯上敬履

留侯张良者,其先韩人也。良尝闲从容步游下邳圯上,有一老父,衣褐,至良所,直堕其履圯下,顾谓良曰:"孺子,下取履!"良愕然,欲殴之,为其老,强忍,下取履。父曰:"履我!"良业为取履,因长跪履之。父以足受,笑而去。良殊大惊,随目之。父去里所,复还,曰:"孺子可教矣。后五日平明,与我会此。"良因怪之,跪曰:"诺。"五日平明,良往。父已先在,怒曰:"与老人期,后,何也?"去,曰:"后五日早会。"五日鸡鸣,良往。父又先在,复怒曰:"后,何也?"去,曰:"后五日复早来。"五日,良夜未半往。有顷,父亦来,喜曰:"当如是。"出一编书,曰:"读此则为王者师矣。后十年兴,十三年孺子见我济北,谷城山下黄石即我矣。"遂去,无他言,不复见。旦日视其书,乃《太公兵法》也。良因异之,常习诵读之。

——节选自《史记·留侯世家》

> 　　本文选自《留侯世家》首段，描写张良少年时代为一个素不相识的故意把鞋丢到桥下的布衣老人捡鞋、穿鞋，又不顾老人几次刁难，与之相会，最终使老人高兴而得到《太公兵法》的故事。这表现了张良少年时代的为人谦恭及为成就大事所做的锲而不舍的追求，展现了张良少年时代不凡的气度和志向。作为当今的大学生，走上社会之前首先要学会的就是与人交际，交际的礼仪固然重要，但与人交往时前辈的态度和耐心也是非常重要的。读了此文后，同学们应该学习张良这种与人交际的谦恭态度，学习张良从小树立远大志向，并为实现理想而矢志追求的精神，努力学习，掌握专业技能，学成后报效祖国。

一、知识目标

（1）了解交际礼仪在现代礼仪活动中的重要性；
（2）掌握称呼、握手、介绍、递送名片等活动中礼仪的基本内容以及要求；
（3）掌握称呼、握手、介绍、递送名片等活动的基本技巧。

二、能力目标

（1）能够在各项交际活动中做到知礼、守礼；
（2）能够在社交场合展示自然、大方、合适的气质；
（3）能够在交际活动中运用合适的交际礼仪提高自身人际吸引力。

三、德育目标

（1）体会礼仪在人际交往的"润滑剂"的作用，树立良好的为人处世的习惯；
（2）明确以礼相处、以礼待人的理念，对交际对象表达自己的尊重、敬佩、友好与善意，增进彼此的了解与信任；
（3）切实营造和谐、融洽的人际关系氛围，制造宽松、愉快的生活环境和职场环境。

四、知识要点

　　交际礼仪在人们生活中如影随形，其中蕴含着丰富的交往信息，影响着交往的目的性。本项目主要从称呼礼仪、握手礼仪、介绍礼仪、名片礼仪四个方面对交际礼仪的技巧进行阐述。

　　见面礼仪是人与人交往的第一步，直接影响了第一印象的形成。本项目详细地讲述了称呼的基本要求、公务活动中的称呼以及称呼禁忌；自我介绍和他人介绍；握手的典型样式，行握手礼的技巧；递送名片、接受名片、存放名片的礼规；致意的基本规则及主要方式。

五、任务实施

任务一 称呼礼仪

称呼是指人们在日常交往中，所采用的相互之间的称谓语。在人际交往中，人与人见面、给他人写信及其他社交活动，都要选择正确、适当的称呼，这反映着自身的教养和对对方尊敬的程度，甚至还体现着双方关系发展和密切的程度，也反映着一定的社会风尚，因此掌握恰当的称呼方式是十分必要的。

（一）主要称呼方式

称呼是一种文化现象，具有复杂性和多样性的特点。

称呼礼仪

1. 公务活动中的称呼

（1）**称呼职务**。以交往对象的职务相称。一般在较为正式的官方活动、政府活动、公司活动、学术性活动中使用。以示身份有别，敬意有加，而且要就高不就低。这种称呼可分以下三种情况。

❶ 称职务。例如："市长""处长""主任"，等等。
❷ 姓氏＋职务。例如："王处长""张科长"，等等。
❸ 姓名＋职务。例如："王涛书记""孙成县长"，等等。这种方式仅适用于正式的场合。

（2）**称呼职称**。对于有专业技术职称的人，尤其是具有高级、中级职称者，可用职称相称。以职称相称有以下三种情况。

❶ 称呼职称。例如："教授""工程师"，等等。
❷ 姓氏＋职称。例如："王教授""李工程师"，等等。
❸ 姓名＋职称。这仅适用于正式的场合。例如："姜伟教授""李俊工程师"，等等。

（3）**称呼职业**。在工作中，有时可按行业进行称呼。对于从事某些特定行业或特定工作的人，可直接称呼对方的职业，如：老师、医生、会计等。也可以在职业前加上姓氏、姓名，如：王老师、李医生、张会计等。

（4）**称呼性别**。对于从事商界、服务性行业的人，一般约定俗成地按性别的不同分别称呼"女士""小姐""先生"。其中"小姐"是对未婚女性的称呼，"女士"是对已婚女性的称呼。

（5）**称呼姓名**。在工作岗位上称呼姓名，有以下三种情况。

❶ 直呼其名。一般是在年龄、职务相仿的人之间称呼，好同学、好朋友、好同事之间常用这种称呼方式。

❷ 只呼其姓，不称其名，但要在姓前面加上"老""大""小"，例如："老张""大李""小孙"，等等。

❸ 只呼其名，不称其姓。通常是上司称呼下级、长辈称呼晚辈。在亲友、同学、邻里之间也可使用这种称呼。

礼仪故事 4-1　　新人遇到老员工

晓玲进入单位的第一天，领导带她认识部门同事时，她非常恭敬地称对方为老师，不少同事欣然接受。当领导带她来到一个女同事面前，告诉晓玲将跟着这位女同事学习时，晓玲更加恭敬地叫人家一声老师。这位女同事连忙摇头："大家同事，你可别叫我老师，直接叫我名字就可以了。"晓玲觉得叫姓名不尊重，叫老师对方可能又觉得生疏。

分析： 新人刚到单位，要先问问同事或者留心听听别人怎么称呼，不要冒冒失失随便按照自己的想当然来称呼对方。如果实在不清楚该怎么称呼，第一次也可以客气地说："对不起先生，我是新来的，不知道我该怎么称呼您？"不知者不怪，一般对方就会把通常同事对他的称呼告诉你。

（资料来源：《不容小视的职场称呼》《新京报》，2010/09/19 http://www.sina.com.cn）

2. 生活中的称呼

（1）对比较熟悉的人称呼较为随便，不受限制。如，"老孙""小王"等。

（2）对陌生人和初次交往者，按照其身份特点进行称呼。如：称工人为"师傅"，非正式场合，根据年纪称"大叔""大妈"等。

（3）通用称呼。一般来说，在接待工作中，对于男士通常称"先生"，未婚女士称"小姐"，对于知道其婚姻状况的女子也统称"小姐""夫人"（尤其是在涉外场合）。

（4）敬称。

❶ 以代词"你"或"您"相称。对长辈、平辈，可称其为"您"，对待晚辈，可称为"你"。这种称呼可以适用于对任何朋友、熟人的称呼。

❷ 称"先生"。适用于对有身份的人或年纪大的人的称呼。

❸ 称"老师"。适用于对文艺界、教育界以及有成就、有身份的人的称呼。

❹ 称"公"或"老"。适用于对德高望重的人的称呼，如"秦公""王老"。被尊称的人名字是双音，将双名中的头一个字加在"老"之前，如称周培源先生为"培老"。

（5）亲近的称呼。用类似血缘关系的称呼，可令人感到信任和亲切，如"爷爷""奶奶""大爷""大妈""叔叔""阿姨"等。也可以在这类称呼前加上姓氏，如"王爷爷"等。这类称呼的适用范围较广泛。尤其适用于邻居、至交。

（6）称呼亲属。

❶ 对自己亲属的称呼。亲属，即本人直接或间接拥有血缘关系或姻亲关系的人。日常生活中，对亲属的称呼是约定俗成的。在与外人交谈时，对辈分或年龄高于自己的亲属，可以在其称呼前加"家"字，如"家父""家母"。对辈分或年龄低于自己的亲属，可在其称呼前加"舍"字，如"舍弟""舍侄"。对自己的子女，则可在其称呼前加"小"，如"小儿""小女""小婿"。

项目四　交际礼仪篇

❷ 对他人亲属的称呼。对他人的亲属，应采用敬称。对其长辈，宜在称呼前加"尊"字，如"尊母""尊兄"。对其平辈或晚辈，宜在称呼之前加"贤"字，如"贤妹""贤侄"。若在其亲属的称呼前加"令"字，一般可不分辈分与长幼，如"令堂""令爱""令郎"。

3. 外交中的称呼

国际交往中，因为国情、民族、宗教、文化背景的不同，称呼就显得千差万别。既要掌握一般性规律，又要注意国别差异。

（1）一般来说，对于任何成年人，均可以将男子称作"先生"，将女子称作"小姐""女士"。

（2）对地位高的官方人士，一般为部长以上的高级官员，按国家情况称"阁下"、职务或先生。如"部长先生""大使先生阁下"等。

（3）对军界人士，称军衔。如"将军""元帅""上校"。

（4）对宗教人士，称呼其神职。如"牧师""神父""传教士"。

（5）对于君主制国家的王公贵族，称呼上应尊重对方习惯，对国王、皇后称"陛下"，对王子、公主称"殿下"，对有爵位、封号者称其爵位、封号或简单称为"阁下"。

（6）区别国籍。不同国家，在称呼方面，有他们自己的称呼礼仪。

❶ 在英国、美国、加拿大、澳大利亚、新西兰等英语系的国家里，姓名一般由两个部分构成，通常名字在前，姓氏在后，如"乔治·布什"。女子结婚后，其姓名通常由本名与夫姓组成。如"希拉里·克林顿"，希拉里为本名，克林顿为夫姓。

❷ 俄罗斯人的姓名包括本名、父名和姓氏三个部分。妇女的姓名婚前使用父姓，婚后用夫姓，本名和父名通常不变。在俄罗斯，一般的口头称呼只采用姓或本名。

❸ 日本人的姓名排列和中国人一样，区别在于日本人姓名字数较多。妇女婚前使用父姓，婚后使用夫姓，本名不变。对日本人一般可只称姓，熟人间也可只称名。对男士为表示尊重，可在姓后加上"君"，如"山口君"等。

4. 几种称呼的正确使用

（1）**同志**。志同道合者称同志。如政治信仰、理想、爱好等相同者，都可称为同志。

（2）**老师**。该词原意是尊称传授文化、知识、技术的人，后泛指在某些方面值得学习的人。

（3）**师傅**。这一词原意是指对工、商、戏剧行业中传授技艺的人的一种尊称，后泛指对所有有技艺的人的称谓。

（4）**先生**。在我国古代，一般称父兄、老师为先生，也有称郎中（医生）、道士等为先生的。在某些地区，已婚妇女对自己的丈夫或称别人家的丈夫为先生。

 他该怎么做？

小刚和部门罗经理共事3年一直搭档得不错。可是最近由于罗经理的一次工作疏忽给公司造成比较大的经济损失，导致公司最高层决定撤掉部门经理的职位，具体安排什么新岗位还需要公司最高层研究后决定。在此期间，新的部门经理到岗。小刚作为罗经

理的老下属，觉得如果称罗经理原来的职位，新经理听到后会不高兴；直接叫罗经理姓名，罗经理刚刚进入职业低潮，正不痛快，你转口这么快大家又觉得你为人太势利。小刚进退两难，尤其是在新、旧经理同时在场时更尴尬。

（资料来源：《不容小视的职场称呼》《新京报》，2005/09/19.12：04 http://www.sina.com.cn）

（二）称呼禁忌

称呼时，要避免下面六种失敬的做法。

1. 错误的称呼

常见的错误称呼主要指误读或是误会。

（1）误读。误读是指念错对方姓名。在我国有许多汉字属于多音字。如"仇（qiú）"非（chóu）、"查（zhā）"非（chá）、"解（xiè）"非（jiě）、"盖（gě）"非（gài）等。也有些不常用的字，容易读错。为了避免这种情况的发生，对于不认识的字，事先要有所准备；如果是临时遇到，就要谦虚请教。

（2）误会。误会主要是对被称呼人的年纪、辈分、婚否以及与其他人的关系作出了错误判断。比如，将未婚妇女称为"夫人"，就属于误会。

2. 使用不通行的称呼

有些称呼，具有一定的地域性，比如山东人喜欢称呼"伙计"，而南方人认为"伙计"就是"打工者"。中国人把配偶一般称为"爱人"，在外国人的意识里，"爱人"就是"第三者"的意思。

3. 使用不当的称呼

工人之间可以称呼为"师傅"，学生之间称"同学"，军人之间称"战友"，道士、和尚、尼姑可以称为"出家人"。如果用这些来称呼其他人，就显得很不适当。有时候会让对方产生被贬低的感觉。

4. 使用庸俗的称呼

有些称呼在正式场合不适合使用。例如，"兄弟""哥们儿"等称呼，虽然听起来亲切，但显得档次不高。

5. 称呼外号

对于关系一般者，切勿自作主张给对方起绰号，更不能随意以道听途说来的绰号称呼对方，也不要随便拿别人的姓名或生理缺陷乱开玩笑。例如，"拐子""秃子""罗锅""四眼""傻大个儿""麻秆儿"等。

6. 对年长者称呼要恭敬，不可直呼其名

项目四 交际礼仪篇

任务二　握手礼仪

握手是社交场合中运用最多的一种交际礼节形式。除了是见面时的一种礼节之外，握手通常还用来表示欢迎、欢送、见面、相会、告辞、祝贺、感谢、慰问、和好、合作时使用的礼节。

握手礼仪

礼仪故事 4-3　握手帮助她成功

某商务咨询公司面试现场，不足 10 分钟，26 岁的徐小姐就从众多应聘者中脱颖而出，轻松胜任"项目策划及执行经理"一职。"似乎没问什么专业问题，就像很轻松地聊天"，徐小姐这样形容刚刚经历的面试过程。而主考官却写下了让人意外却又让人信服的评语：面试开始与结束时的两次握手，简短、有力，表现得诚恳且专业。

（资料来源：本资料根据招才猫招聘网相关信息整理，2007-07-04）

（一）场合及时机选择

（1）在被介绍与人相识、双方互致问候的时候，应与对方握手致意。

（2）对久别重逢的友人或多日未见的同事，相见时应热情握手以表示问候、关切和高兴之意。

（3）当对方获得新成绩和有其他喜事时，应握手以表示庆贺。

（4）自己领奖品时，要与发奖者握手。

（5）有人向自己赠送礼品时，与其握手以表示感谢。

（6）在参加宴请后告辞时，应握手表示感谢。

（7）在拜访友人、同事、同学等之后辞别，应以握手表示希望再见之意。

（8）邀请客人参加活动，在告别之时，主人应和所有客人握手表示感谢。

（9）参加友人、同事的追悼会，离别时，应和离世者的主要亲属握手，表示劝慰并节哀之意。

（二）握手样式

了解典型的握手样式，既可以帮助我们了解交往对方的性格、情感和态度，也能帮助我们学会在人际交往中根据不同的场合、不同的对象采用不同的握手样式。

1. 支配式握手

支配式握手也称"控制式"握手。掌心向下握住对方的手。以这种样式握手的人希望以此表达自己的优势、主动、傲慢或支配地位。他们做事干净利落、行动果断，较为主观，对于决定的事一般很难改变。另外，在交往中，交往双方地位差距较大时，也易采用这种握手方式。

2. 谦恭式握手

谦恭式握手也称"乞讨式"握手、顺从式握手或友善式握手。即用掌心向上或左上的手势与对方握手。以这种样式握手的人一般性格软弱，处于被动、劣势地位。这种握手样式传递着一种顺从的心态。这种人处世比较平易近人、民主、谦和，对对方比较尊重、敬仰或畏惧。

3. 双握式握手

双握式握手也称"手套式"握手（如图 4-1 所示）。用右手紧握对方右手的同时，再用左手加握对方的手背、前臂、上臂或肩部。使用这种握手样式的人是在表达一种热情真挚、诚实可靠，显得自己对对方的信赖与友谊。从手背开始，对对方加握部位越高，其热情友好的程度显得就越高。这种握手样式适用于亲朋好友之间，对于初识者和异性则不适用。在美国，这种握手样式也被称为"政客式"握手。

图4-1　双握式握手

4. 死鱼式握手

死鱼式握手是指握手时，伸出的手无任何力度，不传递任何信息，给人的感觉好像握住一条三伏天腐烂的死鱼。这种人不是生性懦弱，就是对人冷淡无情、待人消极傲慢。如图 4-2 所示。

图4-2　死鱼式握手

5. 捏手指式握手

捏手指式握手是指握手时，有意无意地只握住对方的几个手指或手指尖部。女性与男性握手时，为了表示自己的矜持与稳重，常常采用此样式。男性只需要轻轻握一下女方的四指就可以了。如果同性之间采用此样式握手，则显得冷淡与生疏。如图 4-3 所示。

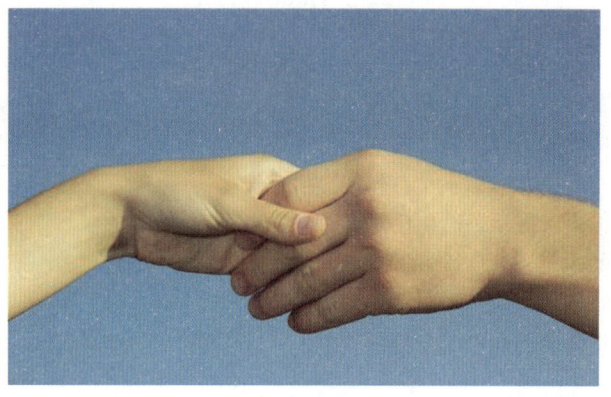

图4-3　捏手指式握手

6.抠（扣）手心式握手

抠（扣）手心式握手是指两手相握之后，不是很快松开，而是双手掌相互缓缓滑离，让手指在对方手心适当停留。但一般只见于恋人、情人之间，或心有灵犀的好朋友之间。

7.平等式握手

平等式握手是一种标准的、最常见的握手样式。这是标准的、合乎常规的握手方式。握手时，双方伸出右手，手掌垂直于地面，双方掌心相对。这是一种友好的、礼节性的握手方式。同事之间、朋友之间、社会地位相等的人之间，一般采用这种样式。如图4-4所示。

图4-4　平等式握手

（三）握手顺序

1.一般情况下的握手顺序

一般情况下的握手顺序按"尊者决定"的原则。

"尊者决定"原则，是指在两人握手时，各自首先应确定握手双方彼此身份的尊卑，然后以此来决定伸手的先后。由位尊者首先伸出手来，即尊者先行。位卑者只能在此后予以响应，而绝不可贸然抢先伸手。

握手时，双方伸手的先后次序大体应遵守如下规范：

（1）年长者与年幼者握手，应由年长者首先伸出手来。

（2）长辈与晚辈握手，应由长辈首先伸出手来。

（3）老师与学生握手，应由老师首先伸出手来。

（4）女士与男士握手，应由女士首先伸出手来。

（5）已婚者与未婚者握手，应由已婚者首先伸出手来。

（6）社交场合的先至者与后来者握手，应由先至者首先伸出手来。

（7）上级与下级握手，应由上级首先伸出手来。

（8）职位、身份高者与职位、身份低者握手，应由职位、身份高者首先伸出手来。

2. 特殊情况下的握手顺序

（1）一个人需要与多人握手，则握手时亦应讲究先后次序，先尊后卑，即先年长者后年幼者，先长辈后晚辈，先老师后学生，先女士后男士，先已婚者后未婚者，先上级后下级，先职位、身份高者后职位、身份低者。

（2）交际时如果人数较多，通常可以只跟相近的人握手，向其他人点头示意，或微微鞠躬即可。

（3）在接待来访者时，当客人抵达时，应由主人首先伸出手来与客人相握，表示"欢迎"。而在客人告辞时，则应由客人首先伸出手来与主人相握，表示"再见"。若这一次序颠倒，则极易让人产生误解。

应当强调的是，上述握手时的先后次序可用以律己，却不必苛求于人。若自己处于尊者之位，而位卑者先伸手要来相握时，尊者应该立即伸出自己的手与之相握。如果拘泥于礼仪，对其视若不见，也是失礼于对方的。

（四）握手规范及禁忌

1. 握手的姿态

行握手礼时，地位低的人迎向地位高的人或两个人同时迎向对方。通常距离受礼者约一步（75厘米左右）远，双方站立，两足立正，上身稍向前倾，伸出右手，手掌垂直于地面，四指并拢，手心高度大致与双方腰部上方齐平，拇指张开与对方相握，微微抖动3~4次，时间以3秒钟为宜。若是熟人，时间可稍长些，然后与对方手松开，恢复原状。如图4-5所示。

图4-5 握手时的姿态

项目四 交际礼仪篇

2. 握手力度

握手的力度要适中。一般地，为了向交往对象表示热情友好，应当稍许用力，不可用力过猛，也不可完全不用力或柔软无力地同人握手，大致力度以在两公斤左右。具体的交往过程中，可根据交往对象，掌握分寸。

（1）与亲朋好友握手时，用力可以稍大些。

（2）跟上级或长辈握手时，只需伸手过去擎着，不要过于用力。

（3）跟下级或晚辈握手，要热情地把手伸过去，时间不要太短，用力不要太轻。

（4）异性握手，女方伸出手后，男方应视双方的熟悉程度回握，但不可用力，一般只象征性地轻轻一握。

3. 握手时的表情和态度

（1）握手时的态度。与人握手要爽快，不可犹豫、迟疑。

（2）握手时的表情。与人握手时，要神态专注，热情、友好、自然、大方。面带微笑，目视对方，并口道问候，如："您好！""欢迎您！"等。

4. 握手禁忌

在行握手礼时应努力做到合乎规范，避免触犯下述失礼的禁忌。

（1）忌用左手相握，尤其是和阿拉伯人、印度人打交道时要牢记，因为在他们看来左手是不干净的。

（2）在和基督教徒交往时，要避免两人握手时与另外两人相握的手形成交叉状，这种形状类似十字架，在他们眼里这是很不吉利的。

（3）女士在社交场合戴着薄纱手套握手，是允许的。但一般在握手时忌戴手套、墨镜、帽子。

（4）在握手时忌另外一只手插在衣袋里或拿着东西。

（5）在握手时忌面无表情、不置一词或长篇大论、点头哈腰，过分客套。也不可目光左顾右盼或和别人谈话。

（6）不要在握手时仅仅握住对方的手指尖，好像有意与对方保持距离。正确的做法是握住整个手掌。

（7）在握手时忌把对方的手拉过来、推过去，或者上下左右抖个没完。

（8）与异性握手时忌用双手或长久地握住异性的手不放。

（9）在任何情况下，不要拒绝与别人握手；除非是长辈或女士，一般忌坐着与人握手。

（10）忌握手后立即擦拭自己的手。

介绍礼仪

任务三　介绍礼仪

介绍是社交活动最常见和最重要的礼节之一，是人际交往中相互了解的基本方式。现代人的交往日益广泛，经常会结识一些新的朋友，这就需要介绍。介绍是指经过自己主动沟通或者通过第三者从中沟通，从而使交往双方相互认识、建立联系、增进了解的一种交往方法。它是人与人相互沟通的出发点。

（一）自我介绍

在社交场合，许多情况下，人们需要作自我介绍。掌握自我介绍的礼规和技巧，就能有效地达到自我介绍的目的。

1. 自我介绍的技巧

进行自我介绍时，介绍者要充满自信，介绍时，一般保持站立姿势，应当举止庄重、大方，讲到自己时可将右手放在自己的左胸上，必要时，可向对方递上名片；表情坦然、亲切，目光向着对方或众人，热情友好，面带微笑。

小知识
古代的"介绍"

2. 自我介绍的顺序

自我介绍的标准化顺序是地位低的人先作介绍，主人应该首先向客人作介绍；长辈和晚辈在一起，晚辈先作介绍；男士和女士在一起，男士先作介绍。

3. 自我介绍内容

在社交场合，自我介绍的内容一般由三部分构成，即姓名、单位和职业（职务）。第一次介绍时单位名称要用全称，不用简称。自我介绍的内容既要真实，又要根据不同的社交模式灵活掌握。

（1）**寒暄式，又叫应酬式**。这种模式下，作自我介绍只是向对方表明自己的身份，所以，介绍内容简单，只介绍自己的姓名，如："您好！我叫×××。"

（2）**公务式（商务式）**。公务活动中，介绍的目的是进一步和对方交往。自我介绍的内容可详细，主要包括：单位、部门、职务和姓名，如："您好！我叫高原，是本市宏达电器公司销售部经理。"

（3）**社交式**。社交往往是人们在非公务中的私人交往，自我介绍的内容往往更具体、详细，主要包括：姓名、职业、籍贯、爱好、跟交往对象双方所共同认识的人等，如："我叫李江，是本市商业大楼的财务主管，我与您夫人是同学。"

4. 自我介绍的语言

自我介绍时，语言要简洁、清楚、流畅、准确、朴实，多用谦词，不应使用对自己过多的溢美和炫耀之词，语速要不快不慢，如："各位来宾，大家好，我叫王力，是北京大学的教师，今天给大家汇报以下自己在工作研究上的一些心得，有不当的地方请给予指正。"另外，自我介绍时，语言要简洁，介绍的时间应该限制在一分钟或者半分钟左右。

（二）他人介绍

由他人作介绍时，自己是被介绍者。被介绍者在被介绍时应当遵守下列礼规。

（1）应当表现出非常愿意结识对方，主动热情，面带微笑，面向对方。

（2）当介绍到自己时，一般应主动起立，面带微笑，如果是身份高者、年长者，应立即与

对方热情握手；如果是身份低者、年轻者，应根据对方的反应而作出反应（如对方伸手，应立即回握）。在会谈或宴会时，也可略欠身并面带微笑致意即可。

（三）第三方介绍

为他人介绍通常是为彼此不认识的双方相互进行引见，或把一个人引见给其他人的一种介绍方式。

1. 介绍的时机与场合

在下列情况下，有必要为他人作介绍：

（1）与家人外出，路遇家人不相识的同事或朋友；
（2）本人的接待对象遇见了其不相识的人，而对方又跟自己打过了招呼；
（3）打算推荐某人加入某一方面的交际圈；
（4）受到为他人介绍的邀请；
（5）陪上司、长者、来宾时，遇见了其不相识者，而对方又跟自己打过招呼。

2. 介绍人

不同场合有不同的礼仪规范。

（1）**家庭聚会**：女主人充当介绍人。
（2）**公务活动**：在公务活动中可充当介绍人的有办公室主任、秘书、前台接待、礼仪先生、礼仪小姐、公关人员等专门人士；双方的熟人；本单位职务最高者。
（3）**社交活动**：社交活动的东道主充当介绍人。

介绍人应当准确介绍被介绍人的基本信息，简明扼要，多用敬辞、谦词、尊称。如："请允许我向您介绍……"

3. 介绍的顺序

如果被介绍方有多人，应按"尊者有优先知情权"的要求，坚持"尊者居后"的原则，这是指把双方之中地位较低的一方首先介绍给地位较高的一方，即：先男士，后女士；先年轻，后年长；先地位低的，后地位高的；先客人，后主人；先晚到者，后早到者；女性之间，先未婚，后已婚。

在上述顺序中，如果被介绍者之间符合其中的两个以上的顺序，一般应按后一顺序进行介绍。如：某女学生拜访某某著名学者张先生，此时，就应先将该学生介绍给张先生。

4. 介绍人的表情、姿势

介绍人应当举止优雅，面带微笑。介绍时，应手心朝上，四指并拢，拇指张开，胳膊略向外伸，指向被介绍一方，并向另一方点头微笑，上身稍前倾。切忌伸出手指，指向对方或指指点点。

5. 为他人介绍时应注意的问题

（1）介绍时，应注意自己的体态，不能背对任何一位，并应面带微笑，目视对方，举止应端庄得体。

（2）应先向双方打招呼，使双方有思想准备。

（3）语言应清晰明了，以便让双方记住对方的姓名及简单资料。

（4）要记住加上被介绍者的职务或职称，在介绍时头衔应冠在姓名之后。

（5）被介绍者双方应起身或欠身，以表示相互尊重。介绍后，双方应趋前主动伸手与对方握手，可寒暄几句，并相互交换名片。

（6）介绍结束后，应引导双方交谈后再离开。

（四）集体介绍

集体介绍是指为两个或两个以上的人所作的介绍。

1. 集体介绍的场合、时机、介绍人和被介绍人

（1）大型报告会、演讲会或比赛活动等，通常由主持人在会前向与会人员介绍报告人、演讲人和主要参赛人员的情况。

（2）有许多单位参加的会议，主持人在会前要向与会人员介绍主席台上就座的人员，以及主要来宾和参加会议的单位。

（3）在宴会或晚会上，一般由主人介绍主要来宾，然后再一一介绍其他来宾。

（4）当新加入集体的成员初次与集体其他成员见面时，负责人要先将其介绍给集体，再向其介绍集体的主要领导人。

2. 集体介绍的顺序

（1）先少数人，后多数人。若被介绍者双方地位、身份大致相似，或者难以确定时，应当使人数较少的一方礼让人数较多的一方，先介绍人数较少的一方或个人，后介绍人数较多的一方或多数人。

（2）先卑后尊。

❶ 若被介绍者在地位、身份之间存在明显差异，特别是当这些差异表现为年龄、性别、婚否、师生以及职务有别时，则地位、身份为尊的一方即使人数较少，甚至仅为一人，仍然应被置于尊贵的位置，最后加以介绍，而先介绍另一方人员。

❷ 若被介绍双方皆不止一人，则可依照礼规，先介绍位卑的一方，后介绍位尊的一方。

（3）整体介绍。若需要介绍的一方人数不止一人，可采取笼统的方法进行整体介绍，例如可以说："这是我的几位朋友""他们都是我的同学"，等等。

（4）人数较多各方的介绍。被介绍的有多方，就需对被介绍的各方进行位次排列。应由尊而卑进行介绍。排列的具体依据如下：

❶ 以其负责人身份为准；

❷ 以其单位规模为准；

❸ 以单位名称的英文字母顺序为准；

❹ 以抵达的时间的先后顺序为准；

❺ 以座次顺序为准；

❻ 以距离介绍者的远近为准。

任务四　名片礼仪

人们在社会交往、公关活动中交换名片越来越普遍。交换名片成为社交场合中一种重要的自我介绍的方式。恰到好处地使用名片，可以显示自己的涵养和风度，有助于人际交往和沟通。同时，名片也是个人形象和组织形象的有机组成部分。

名片礼仪

（一）名片种类

在现代社会交往中，名片一般有社交名片、职业名片和商务名片三种类型。不同类型的名片，显示的信息不同，发挥的作用也不同。在正式的社交场合，人们可以根据不同的交往对象，使用不同的名片进行交往。

1. 社交名片

社交名片又称本名式名片。社交名片上一般只显示个人信息：姓名、地址、邮政编码、电话。不印办公地址，以示公私分明。一般在以下场合中使用：拜会他人时说明身份，馈赠时替代礼单，以及用作便条或短信。

2. 职业名片

职业名片上一般显示个人信息和与职业有关的信息：姓名、地址、邮政编码、电话、单位、职称、社会兼职。

3. 商务名片

商用名片上一般显示个人信息和单位信息：姓名、地址、邮政编码、电话、单位、职称、社会兼职、单位名称、单位业务、经营项目。

在名片上，可以根据需要，酌情提供个人的如下信息：E-mail、传真、手机、私宅电话。

（二）递接名片礼规

1. 递送名片礼规

1）尊卑有序

地位低的人首先把名片递给地位高的人。比如男士先递给女士，晚辈先递给长辈，下级先递给上级，主人先递给客人等。

2）由近而远

如果需要将名片同时递送给多个人，通常按照职务高低进行，也可以由近而远递送，不能跳跃式；在圆桌上就餐，则从自己左侧以顺时针方向依次递上。

3）态度谦恭

（1）递送名片时应呈站立姿态，面对对方，以双手食指和拇指执名片的两角，或以右手持名片，以左手辅助（不要压住名字），眼睛正视对方，微微鞠躬，以文字正对对方，一边自我介绍，一边递上名片。并附有"这是我的名片，请多多关照"等寒暄语，切忌目光游离、漫不经心。

（2）手持名片的高度不能低于腰部以下。

（3）对于对方递过来的名片，应该用双手去接，以示尊重和礼貌。

（4）如果差不多同时递过名片，自己的名片应从对方的稍下方递过去，同时以左手接过对方的名片。

2. 接受名片礼规

接受对方的名片时，要遵守以下礼规。

（1）**恭敬接受**。当对方向自己递名片时，自己要立即停止正在进行的工作，起身迎接，目视对方，面带微笑，用双手接过名片，并表示谢意。

（2）**浏览名片**。接过名片后，不能置之不理，或马上放入口袋，而是要以认真的态度，迅速浏览名片上的信息。对于名片上不认识的字可向对方请教。

（3）**回敬对方**。在拿到对方的名片之后，要及时地回赠对方一张自己的名片。若名片用完了或者没有带，要向对方说明并致歉。

（4）**收藏到位**。接过对方的名片后，不可随意乱放，或在手中玩、折、捏。而是要放在自己的名片包（夹）里、上衣口袋或办公室的抽屉里等。不能将名片放在裙子（裤子）的口袋里或随意性地夹在书本中、扔在桌面上。也不可因为不慎，将对方的名片掉在地上或自己离开时，将名片留下。

（三）索要名片技巧

在一般的社交场合中，当事人通常不主动找人索要名片，如果确实有必要索要名片，一般可采用以下办法。

1. 交易法

"将欲取之，必先予之。"当事人把自己的名片首先递给对方，并说："非常高兴认识你，这是我的名片，请多指教。"对方一般会回赠一张名片。

2. 明示法

明示法即明确表示。如果当事人跟对方比较熟，又担心他联系方式有变动，想要他的名片，可以明说，如："老李，好久不见，我们交换一下名片吧，以后方便联系。"

3. 谦恭法

如果当事人跟长辈、名人或有地位的人交往，就可以采用谦恭法索取名片，如："×老师，以后该如何向您请教？"对方通常会给一张名片。

（四）使用名片注意事项

人际交往中，名片使用要注意下列问题。

1. 不宜采用的递送名片方式

（1）**开枪式**。用食指和中指夹着名片递送给对方。

（2）**投弹式**。把名片投向别人。

（3）**布雷式**。将名片放到桌子上，而不是递送到对方手中。

（4）**自助式**。将名片夹递上，让对方从中取出名片。

2. 正确存放名片的做法

名片应放在随手可取的地方，一般是西装右胸内侧衣袋或名片夹中。同时，要将自己的名片和别人的名片分开存放。

3. 出示名片的最佳时机

出示名片的时机主要有以下选择：交谈开始前；交谈融洽时；握手告别时；初次见面且希望认识对方时；被介绍给对方时；对方向自己索要名片时；希望获得对方的名片时；通知对方自己变更情况；等等。名片一般不向陌生人出示，也不出示给经常见面的人和与自己地位、身份、年龄差别较大的人。不要随意散发名片。

4. 保持名片的平整干净

不能在名片上面乱涂乱改，保持名片干净。名片上也不能有折痕或因损坏而缺角，要保持名片的平整、完好。尤其和外商打交道，宁肯不给名片，也不要给他一张涂改过的或破损的名片，否则会破坏个人的形象。

5. 商务交往不提供私宅电话

商务交往中，提供的名片一般是办公室电话，不提供私宅电话。

6. 名片上不印两个以上的头衔

如果你头衔比较多，应该印一两个最重要的。否则，会给人一种炫耀、不真实甚至蒙人的感觉。

六、技能训练

教师制作身份卡片若干张，卡片上附有详细的人物的姓名、职业、岗位、职称、性别、年龄等信息（例如：王亮，女，31岁，已婚，上海明讯电子科技有限公司副经理，任职五年，曾经做过销售），将身份卡片分发给学生，而后进行技能训练。

技能训练：称呼、握手、介绍、递接名片

（1）学生分组，4～5人为一小组。

（2）学生根据自己的身份卡片制作名片。

（3）小组在课堂上练习递接名片、互相称呼以及握手介绍等内容。

（4）教师点评各小组的训练情况。

（5）小组可以不断地重新组合，进行不同的交际礼仪训练。

项目五 公共礼仪篇

礼仪典故

朝，与下大夫言，侃侃如也；与上大夫言，訚訚如也。君在，踧踖如也，与与如也。

——《论语·乡党第二》

译文： 孔子在上朝的时候，（国君还没有到来）同下大夫说话，温和而快乐的样子；同上大夫说话，正直而公正的样子；国君已经来了，恭敬而心中不安的样子，但又仪态适中。

子见齐衰者，冕衣裳者与瞽者，见之，虽少，必作；过之，必趋。

——《论语·子罕第十》

译文： 孔子遇见穿丧服的人、当官的人和盲人时，虽然他们年轻，也一定要站起来，从他们面前经过时，一定要快步走过。

评析： 以上两篇分别表达了孔子交谈的技巧和对待他人的礼仪。与人交谈的方式并非一成不变的，和不同的对象交流运用不同的交谈方式，才是比较得体的交谈技巧；个人在公共场合的言行举止直接影响公共场合的秩序，也反映出对他人的尊重程度，因此要遵守公共场合礼仪，从而做到尊重他人，也更加展现了自己的个人风范。

一、知识目标

（1）理解交谈、排队和不同场合公共礼仪在公共场所活动中的重要性；
（2）掌握交谈礼仪、不同公共场所礼仪的基本内容和基本要求；
（3）掌握交谈、乘车、排队等礼仪的训练方法。

二、能力目标

（1）培养自身良好的公共利益素养，提升自身的综合水平和能力；
（2）能够熟练将社交礼仪的规范和细节应用到实际生活当中；
（3）能够运用社交礼仪技巧在与人交往的过程中表现得庄重大方、彬彬有礼。

三、德育目标

（1）结合公共场所礼仪内容明确培养学生遵守社会公德，树立德品先行的思想；
（2）培养学生换位思考的服务意识，提高学生的社会责任感、奉献精神和服务能力；
（3）在公共场合要树立集体意识，能够与他人和谐共处，弘扬团队协作，合作共赢。

四、知识要点

公共礼仪是大学生走入社会必须要掌握的礼仪规范，通过本项目的学习可以使学生了解公共场所的礼仪规范，掌握并运用礼仪技能，提升自身处理公共关系的总体能力和水平。在求职、工作、与人交往的过程中，能够迅速、及时、正确地认识、把握对方；能够适时、准确地运用公共关系和社交礼仪的有关知识进行分析、判断和评价交往过程中的行为；能够在处理公共关系或人际交往中实现双赢，达到理想的预期目的。公共礼仪一般包括交谈礼仪和公共场所礼仪两个方面。

（一）交谈礼仪

交谈礼仪主要包括交谈的原则、交谈的内容、交谈的方式和交谈的语言技巧。

（二）公共场所礼仪

（1）一般公共场所的礼仪规范，主要包括行进礼仪、乘电梯礼仪、乘交通工具礼仪、递物与接物礼仪、使用公共卫生间礼仪、公共场所吸烟礼仪和使用手机礼仪。
（2）特定公共场所的礼仪规范，主要包括图书馆、影剧院、宾馆饭店、舞会、体育比赛场馆、医院就诊场所、购物场所和公共娱乐场所的礼仪规范。
（3）排队的礼仪规范，主要包括排队的注意事项和不同场合排队的礼仪要求。

五、任务实施

任务一　交谈礼仪

交谈是人们日常交往的基本方式之一，是表达思想及情感的重要工具，是人际交往的主要手段。美国著名的语言心理学家多罗西·萨尔诺夫曾说道："说话艺术最重要的应用，就是与人交谈。"

交谈在人际关系的"礼尚往来"中有着十分突出的作用，可以说，在各种各样的社交礼仪形式中，交谈礼仪占据主要地位。所以，强化语言方面的修养，学习、掌握并运用好交谈的礼仪，是至关重要的。

交谈礼仪

交谈礼仪，即人们在一般场合与人交谈时应当遵循的各种规范和惯例，主要包括交谈原则、交谈方式、交谈内容和交谈中的语言技巧四个方面。

（一）交谈原则

交谈的原则是人们在与他人交谈时需要遵循的准则，遵守这些原则，将使交谈得以顺利进行，并取得良好的效果。

1. 尊重对方原则

交谈是双方思想、感情的交流，是双向活动。要取得满意的交谈效果，就必须顾及对方的心理需求。交谈中，来自对方的尊重是任何人都希望得到的。交谈双方无论地位高低，年纪大小，辈分高低，在人格上都是平等的。切不可盛气凌人、自以为是、唯我独尊。

所以，谈话时，要把对方作为平等的交流对象，在心理上、用词上、语调上，体现出对对方的尊重。尽量使用礼貌语，谈到自己时要谦虚，谈到对方时要尊重。恰当地运用敬语和自谦语，可以显示个人的修养、风度和礼貌，有助于交谈的成功。

> **礼仪故事 5-1**　"五里"和"无礼"
>
> 　　一位年轻人准备去青海湖风景区旅游。那天天气炎热，他下车后已走得筋疲力尽、口干舌燥了，不知距目的地还有多远，举目四望，不见一人。正失望时，远处走来一位老者，年轻人大喜，张口就问，"喂，离青海湖还有多远呀？"老者目不斜视地回了两个字："五里"。年轻人精神倍增，快速向前走去。他走呀走，走了好几个五里，也不见青海湖的踪迹，他恼怒地骂起了老者。
> 　　（资料来源：本案例根据豆丁网礼仪课程教学案例整理，http://www.docin.com/p-49381944.html）

2. 坦率真诚原则

真诚是做人的美德，也是交谈的原则。交谈双方态度要认真、诚恳，有了直率诚笃，才能有融洽的交谈环境，才能奠定交谈成功的基础。认真对待交谈的主题，坦诚相见，直抒胸臆，不躲不藏，明明白白地表达各自的观点和看法。"出自肺腑的语言才能触动别人的心弦"，真心实意的交流是自信的结果，是信任人的表现，只有用自己的真情激起对方感情的共鸣，交谈才能取得满意的效果。

3. 明确的目的性原则

只有目的明确了，才知道应该准备什么话题和资料，采取何种谈话风格、运用哪些技巧，从而做到有的放矢，临场应变。坚持"有意而言，意尽言止""话由旨遣"的原则，明确谈话目的，是取得成功交谈的前提条件。如果谈话目的不明确，漫无边际，不仅浪费了时间，而且也是失礼的。所以谈话之前，预先想一想要获得的效果并为之努力，做好充分的准备工作是交谈成功的必备条件。

4. 文明礼貌原则

言谈要合乎礼仪，重要的是言语及谈话时的动作、表情要讲究文明礼貌。一些谈话场合，既不能喋喋不休，也不能一言不发；交谈时，既不能不痛不痒，也不能尖酸刻薄；既不能吞吞吐吐、遮遮掩掩，也不能无所顾忌，过于放肆；既不能拿腔拿调，也不能没轻没重。做到文明礼貌，就是既要注意谈话内容，又要讲究谈话方式；既要注意言谈本身的问题，又要注意伴随言谈的表情动作。

同时，也要把握好谈话的分寸，认清自己的身份，适当考虑措辞，哪些话该说，哪些话不该说，哪些话应该怎样说才能达到更好的交谈目的，是讲究谈话礼仪应注意的事项。此外，还要注意讲话尽量客观，实事求是，不夸大其词，不断章取义。讲话尽量真诚，要有善意，尽量不说刻薄、挖苦人的话，不说刺激、伤害别人的话。

> **礼仪故事 5-2**　　**几角钱，还想买态度？**
>
> 在某地一辆公共汽车上，一位乘客与乘务员之间发生了争吵：
> 乘务员：往里走，塞在门口为哪样？
> 乘　客：同志，态度好一点嘛！
> 乘务员：态度？态度多少钱一斤？
> 乘　客：刚才我不是跟你说了嘛，我到下一站就下车。
> 乘务员：我不也跟你说了吗，你花几角钱，还想要买什么态度？
> 乘务员是为乘客服务的人员，但是在与乘客交谈的过程中，却没有遵循文明礼貌原则，给乘客留下了不好的印象，甚至会遭到乘客投诉，从而影响个人形象。
>
> （资料来源：本案例根据豆丁网礼仪课程教学案例整理，http://www.docin.com/p-49381944.html）

5. 对象清晰原则

谈话要有强烈的对象意识，适应语言表达的环境，即适应语境，话题要因人而异，根据谈话对象的年龄、性别、职业、社会地位、文化知识水平及思想状况区别对待。《汉书·艺术志·邓析》中有文："夫言有术，与智者言，依于博；与博者言，依于辩；与辩者言，依于要；与贵者言，依于势；与富者言，依于豪；与贪者言，依于利；与勇者言，依于敢；与愚者言，依于说。"话讲得好不好，不仅要看话语是否恰到好处地表达了自己的思想感情，尤其还要看谈话内容是不是符合谈话对象的需要，对方是否乐于接受。

> **礼仪故事 5-3　新老局长的尴尬**
>
> 某局新任局长宴请退居二线的老局长。席间端上一盘油炸田鸡，老局长用筷子点点说："喂，老弟，青蛙是益虫，不能吃。"新局长不假思索，脱口而出："不要紧，都是老田鸡，已退居二线，不当事了。"老局长闻听此言顿时脸色大变，连问："你说什么？你刚才说什么？"新局长本想开个玩笑，不料说漏了嘴，伤及了老局长的自尊，顿觉尴尬万分。席上的友好气氛尽被破坏，幸亏秘书反应快，连忙接着说："老局长，他说您已退居二线，吃田鸡不当什么事。"气氛才有点缓和。
>
> （资料来源：本案例根据豆丁网礼仪课程教学案例整理，http://www.docin.com/p-36149884.html）

"莫对失意人谈得意事"，在随意交谈的时候，也是需要随时注意的。

如好朋友碰到了不顺心的事，正在烦恼之中，这时即使开一个很小的玩笑，也可能引起不快，因此应该向其表示同情，多加劝导；与残疾人相处，更不宜说有伤对方自尊的话；喜庆场合，谈些天灾人祸、某人去世等话题更不会受人欢迎；遇到正办丧事的人，只应讲些节哀的劝慰话。总之，交谈过程中应该多谈些对方喜欢听的、感兴趣的话题，而在提建议、提出批评时更要讲究方式、讲究艺术，注意环境与场合，让对方心悦诚服地采纳、接受。

6. 忌谈话题回避原则

每个人都有自己忌讳的话题，因此在交谈时务必要注意回避对方的忌讳，以免引起误会。例如，不干涉对方的私生活、不询问对方的私事等。

交谈礼仪中切忌传播小道消息。人家不打听的消息，别随口乱提，人家不提的问题，别信口分析，这也是谈吐礼仪要遵循的原则。交谈时，一般不要涉及疾病、死亡、灾祸等不愉快的事情，如果对方主动谈起自己的往事，应诚意地表示关心、同情，说些有节制的劝慰语。不谈那些荒诞离奇、黄色淫秽的传闻。由于中外生活习惯的差异，许多国内司空见惯的话题往往是触犯外国人禁忌的敏感内容，在与外国人打交道时，尤其要注意回避对方忌讳的话题。例如，过分地关心他人的行踪去向，询问他人年龄、婚姻、收入状况，询问他人身高、体重等，都被外国人视为对其个人自由的粗暴干涉，是交谈所不宜涉及的，不经意之间一旦提出对方反感的问题应表示歉意或立即转移话题。

交谈时还应注意不直接批评长辈和身份高的人，注意亲疏有度，"交浅"不"言深"，是一种交际艺术。

（二）交谈方式

交谈方式，是指人们在与他人进行交谈时所采用的具体形式。

交谈方式选择得恰当与否，对于能否正确进行人际沟通、恰当表达个人思想、友善传递敬人之意都起着相当关键的作用。在这里，我们总结了以下六种交谈方式。

线上交流礼仪

1. 畅通式交谈

畅通式交谈，就是无所不言，言无不尽，将自己的所有想法和见解统统讲出来，以便让对方较为全面、客观地了解自己的内心世界。其基本特征就是以我为主，积极主动，也就是"打开窗户说亮话"。

采用畅通式交谈，比较容易赢得对方的信任，而且可以因势利导地掌握交谈主动权，控制交谈走向。

但此种交谈方式会给人比较不稳重的感觉，有套近乎的嫌疑。

2. 引导式交谈

引导式交谈，就是交谈一方主动与那些不善言谈的谈话对象进行交流，在话题的选择或谈话的走向上对对方多方引导、循循善诱，或者抛砖引玉，鼓励对方采用恰当方式阐述己见。现在各大电视节目上的谈话类节目，都是采用的引导式交谈方式。

3. 倾听式交谈

倾听式交谈，是指在交谈时以听为主，需要有意识地主动配合别人，通过倾听别人的倾诉，了解对方思路，厘清头绪，再给出自己的见解。

我国有句谚语："用十秒讲，用十分钟听。"据研究，人们日常语言交往活动（听、说、读、写）中，听的时间占55%，说的时间占29%，读的时间占7%，写的时间占9%。这说明，听在人们的交谈中居于非常重要的地位。

采用倾听式交谈，可以表示谦恭之意，亦可后发制人，变被动为主动。但此种方式要求以自己的只言片语、神情举止去鼓励、配合对方。否则就会给人以妄自尊大、自命不凡之感。

4. 评价式交谈

评价式交谈，是指在交谈的过程中适时发表自己的看法，需要注意的是一定要听取他人的观点之后，通过恰当的方式来阐述。此种方式的主要特征是在当面肯定、否定或补充、完善对方的发言内容。

采用此方式的关键是要注意适时与适度。同时要尊重对方，不可不负责任地信口开河，对他人的见解妄加评论。

5. 跳跃式交谈

跳跃式交谈，是指在交谈中，倘若一方或双方对某一话题感到厌倦、不合时宜、无人呼应或难以回答时，另一方需要及时地转而谈论另外一些较为适当的、双方都感兴趣的话题。

此种方式的优点在于避免冷场的尴尬，或者转移话题走向。但是需要注意的是交谈者不能单凭个人兴趣选择话题，要兼顾对方的兴趣和感受。

6. 延伸式交谈

延伸式交谈,是指大家围绕着共同关心的问题,进行由此及彼、由表及里的探讨,以便开阔思路、加深印象、提高认识或达成一致。延伸式交谈的目标在于使各方各抒己见,交换意见,以求集思广益。

延伸式交谈方式能使参与交谈的有关各方统一思想,达成共识,或者交换意见,完善各自观点。在进行延伸式交谈时,需要注意的是要以理服人,注意听取他人的意见,不能武断和强词夺理。

另外,在交谈的过程中,也需要特别注意面部表情的表达,要表现出对对方谈话内容的关注,随着谈话的内容而有所反应。

 法国商人的抱怨

一个法国商人向他的中国朋友抱怨:"我的中国合作伙伴和我谈话的时候,总是不看着我,不是看着别人,就是眼神游移不定。且不说对我尊重不尊重,我简直不知道他在想什么,这常令我感到担心和不知所措。"

(资料来源:本案例根据互联网文章《肢体语言的秘密》整理,http://www.360doc.com/content/10/0226/19/139151_16919230.shtml)

目光是最富于表现力的一种身体语言。正如诗人泰戈尔说的:"眼睛的语言,在表情上是无穷无尽的。像海一般深沉,碧空一般清澈,黎明的黄昏,光明与阴影,都在这里自由嬉戏。"

心理学家做过实验表明,人们视线相互接触的时间,通常占交往时间的30%～60%。如果超过60%,表示彼此对对方的兴趣可能大于交谈的话题;低于30%,表明对谈话没有兴趣。而视线接触的时间,除关系十分密切的人外,一般连续注视对方的时间在3秒左右,过长时间的视线接触会让对方感到不适。注视的时间是有一个范围的,在这个范围内,对方可以明显感觉到你对他的尊重和重视,同时你也不会感到拘谨和不自然。

(三)交谈内容

交谈应该说是一门综合艺术,与个人的知识修养、道德修养、审美修养、礼仪修养以及社会阅历、气质风度等有直接关系。

而与人谈话最困难的,就是应讲什么内容和话题。一般人在交际场中,第一句交谈是最不容易的。因为你不熟悉对方,不知道他的性格、兴趣和品性,又受时间的限制,不容许进行多的了解或考虑,而又不宜冒昧地提出特殊话题。

因此,交谈的内容是关系交谈成败的决定性因素。人们所选择的交谈内容,往往被视为一个人品位、志趣、教养和阅历的集中体现,而交谈内容的选择也需要注意以下五个方面。

1. 符合交谈场景和情境

交谈情境即交谈者交谈时所处的客观现场环境,包括时间、地点、目的以及交谈双方的身份等内容。交谈内容应符合交谈情景,要遵循以下两个原则。

（1）遵守"TPO"原则。T即时间（Time），P即地点（Place），O即场合（Occasions）。交谈内容务必要与交谈的时间、地点与场合相对应，否则就有可能犯错误。

（2）符合交谈者身份。交谈者的身份也是语境的构成要素之一，一定要谈论与交谈者身份相关或者明确知道的事情。

2. 交谈内容要因人而异

所谓因人而异，即指在交谈时要根据交谈对象的不同而选择不同的交谈内容。

（1）换位思考。谈话的本质是一种交流与合作，因此在选择交谈内容时，就应当多站在谈话对象的角度着想，根据对方的性别、年龄、性格、民族、阅历、职业、地位而选择适宜的话题。如果完全不考虑这些因素，交谈就难以引起对方的共鸣，难以达到沟通和交流的目的，甚至出现对立的情况。

（2）求同存异。由于交谈各方性别、年龄、阅历和职业等主观条件的差异，交谈中经常会发现彼此有不同的兴趣爱好、关注话题等。遇到此种情况，应当本着求同存异的原则，选择大家都感兴趣的话题作为谈话内容，使各方在交谈过程中有来有往、彼此呼应、热情参与、皆大欢喜。如果选择了双方都不感兴趣或者只有一方感兴趣的话题，交谈只能是不欢而散。因此，交谈必须"求同"。

如果交谈各方在交谈中对某一问题产生了意见或观点的分歧，可以进行适度的辩论，但这种辩论是建立在理性基础上的，如果谁也不能说服谁，就应当克制自己的情绪，保留分歧。切不可为了强行说服别人而争得面红耳赤，导致不欢而散。因此，交谈必须"存异"。

3. 适度选择轻松的内容

适度幽默，轻松活泼。恩格斯说："幽默是具有智慧、教养和道德的优越感的表现。"在交谈时要有意识地选择那些能给交谈对象带去开心与欢乐的轻松的话题，除非必要，切勿选择那些让对方感到沉闷、压抑、悲哀、难过的内容。

幽默是智慧、爱心和灵感的结晶，是一个人良好修养的表现。日本心理学家多湖辉把幽默称作"语言的酵母"，创造出幽默，就创造出快乐及令人回味的思索。幽默能表现说话者的风度、素养，使人在忍俊不禁之中，借助轻松活泼的气氛赢得对方的好感，完成公共关系任务。

4. 选择熟悉或者擅长的内容

交谈的内容应当是自己或者对方所熟知甚至擅长的。选择自己所擅长的内容，就会在交谈中驾轻就熟，得心应手，并令对方感到自己谈吐不俗，对自己刮目相看。选择对方所擅长的内容，则既可以给对方发挥长处的机会，调动其交谈的积极性，也可以借机向对方表达自己的谦恭之意，并可取人之长，补己之短。应当注意的是，无论是选择自己擅长的内容，还是选择对方擅长的话题，都不应当涉及对方一无所知的内容。否则便会使对方感到尴尬难堪，或者令自己陷入尴尬。

5. 交谈话题要合适

开启话题是交谈的第一个步骤。寻找共同点是一个切实可行的好办法，如共同的爱好、共同感兴趣的事等。这样的话题会使大家都有话说，从而使交谈能够顺利进行。话题的选择需要注意以下两个方面。

（1）话题应尽量避开个人隐私和一些不宜在友好交谈中出现的事情，应尽量符合交谈双方的年龄、职业、思想、性格、心理等特点。比如，同是40岁的女士，一位安于现状，不思进取；另一位不甘落后，仍在努力拼搏，你如在第一位女士面前夸奖第二位女士，肯定会引起此女士不快，谈话亦无法继续下去。

（2）应尽量寻找双方都感兴趣的话题，引起大家的共鸣，使谈话富有活力，始终在趣味盎然的氛围中进行。所谓"道不同不相为谋"，志同道合是双方走到一起交谈的前提。

（四）交谈中的语言技巧

文艺复兴时期英国喜剧作家本·琼生曾经说过："语言最能表现一个人，你只要一张口，我就能了解你。"

语言是交谈的载体，交谈过程即语言的运用过程。人际交往中，如果不注意语言的礼仪规范，用错了一个词，多说了一句话，或选错话题等都有可能影响人际关系。"良言一句三冬暖，恶语伤人六月寒"，因此，在交谈中必须遵从一定的礼仪规范，掌握一定的语言技巧，才能达到双方交流信息、增进友谊、加强团结的目的。

1. 交谈的语言要求

1）使用文明、礼貌用语

交谈时要讲究礼节礼貌。知礼会为你的交谈创造一个和谐、愉快的环境。讲话者，态度要谦逊，语气要友好，内容要适宜，语言要文明；听话者，要认真倾听，不要做其他事情。这样就会形成一个信任、亲切、友善的交谈气氛，为交谈获得成功奠定基础。

日常交谈虽然不用严肃庄重，但是也需要使用礼貌用语，需要注意以下三点。

首先，在交谈中，要善于使用一些约定俗成的礼貌用语，如：您好、请、谢谢、对不起、打搅了、再见，等等。一般见面时先说："早安""晚安""你好""身体好吗？""夫人（丈夫）好吗？""孩子们都好吗？"对新结识的人常问："你喜欢这里的风景吗？""你喜欢我们的城市吗？"分别时常说："很高兴与你相识，希望有再见面的机会。""再见，祝你周末愉快！""晚安，请向朋友们致意。""请代问全家好！"等。即使在交谈中有过争执，也应不失风度，切不可来上一句："说不到一块儿就算了！""我就是认为我对！"等。

特别提醒：在交谈中要避免"我"字，千万别把"我"变成你语言中最大的字。

其次，交谈中应当尽量避免一些不文雅的语句和说法，不宜明言的一些事情可以用委婉的词句来表达。例如想要上厕所时，宜说："对不起，我去一下洗手间。"

再次，多用肯定语言。当你经常说出"不是这样""不太好呀"等字眼，假如对方用同样的语气与你交谈，你是不是会感到和那个人说话早已厌烦了？因此，使用肯定的语言表现形式总比使用否定的表现形式令彼此间的气氛更为融洽。

当然，为了使谈话进展顺利，适时夸奖对方几句也会起到很好的作用。"老前辈的建议，确实起了作用，太谢谢了""您的新发型太漂亮了"，这对于对方来说也会起到积极的作用。

2）交谈要有实质内容

交谈的双方都想通过交谈，获得知识、拓宽视野、增长见识、提高水平。因此，交谈要有观点、有内容、有内涵、有思想，而空洞无物、废话连篇的交谈是不会受人欢迎的。没有材料作根据，没有事实作依凭，再动听的语言也是苍白的、乏味的。我们在交谈时，要明确地把话说出

项目五 公共礼仪篇

来，将所要传递的信息准确地输送到对方的大脑里，正确反映客观事物，恰当地揭示客观事理，贴切地表达思想感情。

3）交谈要主次分明

根据讲话的主题和中心设计讲话的次序，安排讲话的层次，即交谈要有逻辑性、科学性。刘勰的《文心雕龙》曾说："使众理虽繁，而无倒置之乖；群言虽多，而无棼丝之乱。"有些人讲话，一段话没有中心，语言支离破碎，想到哪儿就说到哪儿，东一榔头西一棒槌，给人的感觉是杂乱无章、言不及义，不知所云。所以，交谈时，先讲什么，后讲什么，思路要清晰，内容要有条理，布局要合理。

4）语言要简洁、明确、流畅

在交谈时所使用的语言应当力求简单、明了，言简意赅地表达自己的观点和看法，切忌喋喋不休、啰啰唆唆。交谈时最基本的一点，就是要让他人准确无误地听懂自己的发言，这里的"明确"，应当包含以下两层意思。

（1）**发音标准，吐字清晰**。交谈时起码的一点是要让对方听清自己的话，否则就根本谈不上交流。因此，普通话是交谈场合所必须使用的语言方式，切忌在公共场合使用方言或者家乡话。

（2）**含义明确**。所说的内容不可产生歧义，模棱两可，以免产生不必要的误会。

2. 交谈中的语言技巧

交谈礼仪中优化语言的方法和技巧也有很多种，可以因人、因时、因地而异，主要有以下四种方法：委婉法、幽默法、模糊法和暗示法。

1）委婉法

委婉法是指为了策略或礼貌起见，使用温和的、令人愉快的、不伤害人的语言来表达令人厌恶的、伤心的或不宜直说的事实的一种修辞手段。委婉是一种谈话艺术，其显著特点是"言在此而意在彼"，诱导对方去领会话中之意。从心理学的角度来看，委婉含蓄的话，不论是提出自己的看法还是向对方劝说，都能比较适应对方心理上的自尊感，使对方容易赞同，接受你的说法。

不同的表达方式带给人的感受有很大差别，如："谁"较之于"哪一位"，"不行"较之于"对不起"，"什么事"较之于"请问你有什么事"，前者太直白，语气很冲，后者语气婉转，让人容易接受。例如来访者停留时间过长，从而影响本人，需要请其离开，不宜直接说"你该走了"，而应当说"我不再占用你的宝贵时间了"等，均属委婉语的具体运用。

2）幽默法

幽默是在一定的语言条件下，通过语言反常组合来实现的。说到笑，人们自然会想到幽默，它是笑的精华，而幽默又不仅在于博人一笑，它是一个人智慧的表现，它充满着敏锐、机智、友善和诙谐，幽默有折射和引申，有喻世的针砭和讽刺，在会心的笑声中启人心智，让人在笑声中反省自己，感悟真谛。

莎士比亚说："幽默和风度是智慧的闪现。"幽默之所以有力量，是因为幽默本身与智慧密切相关。有幽默感的人大都是知识修养高、机智、聪慧的人。幽默的语言能够化解人际交往中的紧张、矛盾和尴尬。幽默是一种境界、一种能力、一种处世的态度。

在交谈过程中，幽默的表达主要依靠语言的修辞技巧，如比喻、双关、反语、拈连、仿拟、飞白、颠倒等，由语言的不谐调构成喜剧性矛盾冲突，使读者或听众因意外而产生联想，忍俊不禁。

但是，幽默是生活中的调味品而非食物。幽默多一分便成为油滑，少一分则成为做作。

礼仪故事 5-5　林肯的幽默

美国前总统林肯在做律师时，有一次步行到城里去。当时他很穷，没钱坐车，但又要赶时间出庭。这时，一辆汽车从他身后开来，他扬手让车停下来，对司机说："能不能替我把这件大衣捎到城里去？""当然可以，"司机说，"可我怎样将大衣交还给你呢？"林肯回答说："哦，这不难，我打算裹在大衣里头。"司机被他的幽默所折服，笑着让他上了车。

（资料来源：本案例根据百度文库《名人幽默》整理，http://wenku.baidu.com/view/351f2cea81c758f5f61f67cf.html）

3）模糊法

模糊法是运用不确定的或不精确的语气进行交际的办法。模糊性是语言的基本特征之一。在自然语言中，句子所使用的词大部分是模糊词，如汉语中的概数词：上下、左右、前后、多少、多日、多次等，副词：马上、非常、刚刚、永远、略微等。

礼仪故事 5-6　周总理的智慧外交

周总理举行记者招待会，介绍我国建设成就。一个西方记者说："请问，中国人民银行有多少资金？"这位记者提出这样的问题，有两种可能性：一个是嘲笑中国穷，实力差，国库空虚；一个是想刺探中国的经济情报。结果周总理委婉地说："中国人民银行的货币资金吗？有18元8角8分。"当他看到众人不解的样子，又解释说："中国人民银行发行的面额为10元、5元、2元、1元、5角、2角、1角、5分、2分、1分的10种主辅人民币，合计为18元8角8分……"

周总理在高级外交场合，显示出机智过人的外交策略，让人折服。

（资料来源：本案例根据百度知道相关资料整理，http://zhidao.baidu.com/question/89791089.html）

4）暗示法

暗示法是通过语言、行为或其他符号把自己的意向传递给他人，并引起反应的方法，是作为辅助口头交流的一种方法。暗示是一种信号化的刺激，表示"不公开地、隐蔽地给人以启示"。从社会心理学角度来看，暗示是在无对抗的条件下用含蓄、间接的方法对人的心理和行为产生影

项目五 公共礼仪篇

响。如某处挂一个标牌：此处放自行车将被放气拔气门芯。用幽默的语言暗示人们此处不能存放自行车。

暗示法可以通过人的语言形式、表情来施授，也可以通过情境（视觉符号、声音符号）施授。比如在草坪上竖立一个牌子："青青小草，踏之何忍。"简单的几个字，就会让人明白不能践踏草坪。

任务二　公共场所礼仪

公共场所礼仪，是指人们在公共场所所需要遵循的礼仪规范，是每个人对周围事物关爱的体现，正因为有了这些礼仪，我们的社会才能和谐，人们的生活才能更加幸福。

（一）公共交通场所礼仪

身处不同的公共场所，只有懂得相应的礼仪规则，才能表现得体。下面介绍的就是在公共场所中的常用礼仪规则。

行进礼仪

1. 行进礼仪

上学、上班、外出办事、上街购物、消遣散步，人们每天都离不开行走，在路上行走时应该约束自己的行为，遵循应有的礼仪规范，讲究文明礼貌。

1）严格遵守交通规则

行路时务必要遵守交通规则。在大街上行走时，要走人行道。横穿马路时，要走人行横道（斑马线）、天桥或地下通道。途经路口时，要注意观看交通信号灯，绿灯亮时过马路，红灯亮时停止通行，黄灯亮时警惕慢行。切不可在马路中央逗留、嬉戏、接打手机，也不可翻越护栏，横穿马路，闯红灯，甚至与车辆争时间、抢速度。遇到交通拥挤的状况，要听从交警指挥。

2）自觉自律，彼此谦让

在能同时容纳多人行走的道路上行走时，应自觉靠右通行，以方便急于赶路的其他行人。如几个人同时行走，不宜并排，不要勾肩搭背、打闹嬉戏，以免妨碍其他行人。

在人多拥挤处，应尽量为老弱病残让路，让负重的人或孕妇、儿童先行，循序而行，不挤不抢，相互礼让。不小心碰到别人时，要立即道歉，不可装作若无其事，或借题发挥，大吵大嚷。

3）并排行走，讲究位置

在较宽敞的道路上与尊长者或者是女性并排行走时，若是两人并排，应请尊长者或者女性走右边，以示尊重；若是三人并行，应请三人中最尊者走中间，自己走左侧，以示礼遇。与女性同行时，男性应走在外侧，让女性走较安全的一侧。在只能容一人行走的道路上与他人一同行走时，应请几人中地位最尊者或女性走前面，自己走后面，但与其他人的距离不宜拉得过大。

4）路遇熟人，热情礼貌

路遇熟人，应礼貌热情，主动打招呼，不应视而不见；若需交谈，应靠边站立，不要妨碍交通并注意安全；交谈时，应轻声慢语，不喧哗，不影响他人；对于其他不相识者，如正面接触，也应主动打招呼，以示礼貌。

5）爱护交通设施，讲究卫生

在路上行走时，要爱护交通设施，不要倚靠或跨坐在交通护栏和隔离墩上，不要扭转道路指示牌，不要用身体撞击路旁灯箱，更不能对各种交通设施进行人为破坏。

同时，还应注意行路卫生。不要随地吐痰，不乱丢果皮、纸屑、烟头以及其他杂物；吃完口香糖，应用纸包好后扔进垃圾桶；看见地面上有杂物，应随手捡起；用过的包装纸、塑料袋应集中起来丢进垃圾桶。此外，切勿边走边吃东西，这样既不卫生，又不雅观。

6）问路礼貌，助人热情

问路时，首先应根据对方的性别、年龄、身份等选用适当的称谓和敬语，如"劳驾、请问"等，然后再以请求的语气向对方发问。无论对方是否给你指明道路，都要诚恳致谢。切不可因为对方未能解决你的问题就心生埋怨，甚至对其指责谩骂。

他人向你问路时，应热情指点，尽力帮忙，必要时可亲自为其带路。如确实不知道，应向对方表示歉意，或转问他人，切不可态度冷漠或表露出不耐烦的神情，甚至不理不睬。

2. 上下楼梯

上下楼梯均应靠右单行行走，不应多人或并排行走。为人带路上下楼梯时，应走在前面。上下楼梯时不应进行交谈，更不应站在楼梯上或楼梯拐弯处进行深谈，以免有碍他人通过。

男性与长者、异性一起上下楼梯时，如果楼梯过陡，应主动走在前面，以防对方有闪失。上下楼梯时，既要注意楼梯，又要注意与身前、身后的人保持一定距离，以防碰撞。不管自己有多么紧急的事情，都不应推挤他人，也不要快速奔跑。

3. 搭乘电梯礼仪

乘电梯时，先按一下电梯口的上下按钮，站到电梯的一侧。等候电梯时，不应挡住电梯门口，以免妨碍电梯内的人出来。

电梯到达后，应先出后进，不要争先恐后，要遵循"尊者为先"的原则，晚辈礼让长辈，男士礼让女士，职位低者礼让职位高者。如果与尊长、女士、客人同乘电梯，要视电梯类别，尽量把无控制按钮的一侧让给尊长者、女士和客人。

电梯礼仪

进入电梯后，应面朝电梯口，以免造成面对面的尴尬；尽量站成"凹"字形，挪出空间，以便让后进入者有地方站；不应高声谈笑，不能吸烟，不能乱丢垃圾。在电梯内，即便电梯中的人都互不认识，站在开关处者，也应做好开关的服务工作，为他人提供方便。

搭乘电梯需要特别注意安全，电梯关门时，不要扒门，不要强行挤入；电梯人数超载时，不要强行进入；如发现突然偏梯或其他事故，不要惊慌失措，应立即通知检修人员检修。

在商场、机场或娱乐场所乘自动扶梯，要自觉站在右侧，给有急事的人留出一条通道。

4. 乘坐交通工具礼仪

乘坐交通工具已经成为现代社会人们日常生活的重要组成部分。无论是乘坐轿车、公共汽车，还是乘坐火车、轮船、飞机，都应遵守一定的礼仪规范。

1）乘坐公共汽车礼仪

公共汽车作为城市中较为便捷的交通工具之一，一直是普通百姓出行的首选。乘坐公共汽车时遵守一定的礼仪规范，不仅体现个人素质，也是交通秩序畅通无阻的重要保障。学生作为高素质群体，更应做到文明乘车，具体应注意以下几方面的礼貌礼节：

乘车礼仪

（1）**上下车遵守秩序**。乘坐公共汽车时，应有秩序地上下车，待下车的乘客下车完毕后再自觉排队上车，切忌出现插队、拥挤或争前恐后上下车的不文明行为。若提着零件物品上车，应避免撞到他人。雨天上车前应收好雨具，雨伞尖顶朝下，以防戳伤或弄湿他人。对老弱病残孕乘客，可让其先上车，后下车，以方便照顾和提供帮助。

（2）**就座礼貌谦让**。上车后，不要强占自己喜欢的座位或多占座位，不要与别人争抢座位，更不要抢占他人的座位。如车上没有座位，应尽量站在公车两侧稍宽裕的地方，不要站在过道中间。对妇女、儿童、老弱病残及怀抱小孩的乘客应当主动、自觉让座。别人给自己让座时，应主动致谢。

（3）**文明乘车**。在乘坐公共汽车时，必须自觉地讲究社会公德，遵守公共秩序。切勿携带违禁物品；切勿在车上当众更衣、脱鞋或是吸烟、吐痰；切勿乱扔废弃物，破坏车内环境卫生；切勿在车内大声喧哗、狂呼乱叫。

乘车时，要注意自己的仪表。男生不宜穿过短的短裤或打赤膊；女生不宜穿领口过低、下摆过短或过薄、过露、过透的衣服，不宜当众化妆或整理衣裙。

乘车要自觉购票。在无人售票的公共汽车上，应事先准备好零钱，以免造成不必要的麻烦。在有人售票的车上，要自觉配合乘务人员的工作，并给他们适当的尊重。

行车时，切忌将头和手伸出窗外，以免发生危险；不要将身体倚靠在车门上，防止车门意外开启而发生危险；不要与驾驶员闲聊，以免分散其注意力，发生意外事故。

2）乘坐轿车礼仪

日常生活中，轿车也已成为常用的交通工具之一，了解乘坐轿车的礼仪，对出入一些重要场合，十分必要。

（1）**上下车有礼**。如果陪同客人同乘一辆轿车，主人应请客人先上车，具体而言，主人应首先为客人打开右侧后门，并以手挡住车门上框，以防客人发生碰撞，待客人坐好后，方可关闭车门，谨防车门夹伤客人的手，然后主人再从左侧后门上车。到达目的地后，主人应先下车，为客人打开车门，同样要注意防止客人碰撞车门上框。此外，男士和晚辈应注意照顾女士和长辈。

女士上车时不要一只脚先踏入车里，也不要爬进车里。最得体的方法是，站在座位边上，把身体降低，让臀部坐到位子上，再将双腿一起收进车里，双膝一定要保持合并的姿势。下车时，要双脚同时着地，不可一前一后，否则有失礼貌。

（2）**座位安排得体**。轿车上的座次有一定的尊卑长幼之分，切勿造次，给他人留下不好的印象。

由主人亲自驾驶时，以驾驶座右侧为首位，后排右侧次之，左侧再次之，而后排中间座位为末席，前排中间座位则不宜再安排客人。当客人只有一位时，应坐在主人旁边。若同坐多人，中途坐前座的客人下车后，在后面坐的客人应改坐前座，此项礼节切勿疏忽。

主人夫妇驾车时，则主人夫妇坐前座，客人夫妇坐后座，男士要服务于自己的夫人，宜开车门让夫人先上车，然后自己再上车。

有司机驾驶时，以后排右侧为首位，左侧次之，中间座位再次之，前座右侧居后，前排中间为末席。

（3）**文明乘车**。在轿车行驶过程中，可进行简单交谈，但有关车祸一类的话题最好免谈。如客人显得疲惫，则不宜交谈。车内禁止吸烟，也不宜放音乐或听收音机。

3）乘坐火车礼仪

候车时应自觉遵守公共秩序，要保持安静，不要大声喧哗，不要随地吐痰，不要乱扔废物，检票时排队依次进行，不要拥挤、推搡。

上车后要持票就座，不要见座就坐，甚至抢座。若未持有坐票，就座前应礼貌地征求邻座的同意后再坐。使用行李架时，不要独占太多的空间；当移动别人行李时应征得同意；往行李架上放行李时，不要穿鞋直接踩踏座位，行李安放好后，应礼貌地向邻座的乘客打招呼点头示意。

坐定后，待时机成熟后再与邻座交谈。在交谈时，不要打听对方隐私；不要冒失地索要对方地址、电话；也不要旁若无人地嬉笑打闹。

在卧铺车厢，不要盯视他人的睡前准备和睡相，自己脱衣就寝时，应背对其他乘客。

当乘务员来打扫卫生和提供其他旅途服务时，应主动予以配合，提供方便并表示谢意，必要时应给予帮助。

当看到不良行为、不法行为时，要协助乘警、乘务员制止、抵制不法行为。

4）乘坐轮船礼仪

上下船时，应按先后次序排队，不要拥挤、加塞。与长者、女士、儿童一起上下船时，应请他们走在前面，或者以手相扶，必要时应给予照顾和帮助。

在上下船时应注意安全，走跳板或小船时，不要乱蹦乱跳，要小心翼翼，不要去不宜前往的地方，如轮机舱、救生艇以及桅杆之上；不要一个人在甲板上徘徊；不要擅自下水游泳等。

登船时，应自觉接受有关人员对人身和行李的安全检查，要积极配合，不要加以非议或拒绝。乘船时，应对号入座；若自己买的是不对号的散席船票则要听从船员的指挥、安排，不要任意挪动或选择地方。

若自己周围的人晕船、生病，应给予力所能及的帮助，不应对其另眼看待或是退避三舍。

待时机成熟后再与同船乘客交谈。在交谈时，应保持一定的距离，理性地交往，不要过分亲密；不要打听对方隐私；不要冒失地索要对方地址、电话；也不要旁若无人地嬉笑打闹。

乘船旅途中，如果发生了难以预料的天灾人祸，要听从指挥，尽心尽力地先救助其他人，不要惊慌失措、不择路或是夺路而逃、跳水逃走。

5）乘坐飞机礼仪

当上下飞机时，空中小姐会站在机舱的门口迎送，并热情问候乘客，乘客应向他们点头致意或问好。

登机后应对号入座。在机舱内谈话声音不可过高，尤其是其他乘客闭目养神或阅读书报时，不要喧哗。

无论对中国人还是外国人都应一视同仁，以礼相待。如果别的乘客主动向你打招呼或想找你攀谈，你若非十分疲倦，则应当友好地应对。若你打算休息一下而不想交谈，则应向对方说明并

项目五　公共礼仪篇

表示歉意。

不要随地吐痰，不能在飞机上吸烟。

遇到班机误点或临时改降、迫降在机场，不要惊慌失措，而要镇静地与乘务人员配合。

6）骑自行车礼仪

要严格遵守交通规则。不要闯红灯，骑车时不撑雨伞，不互相追逐或曲折竞驶，不骑车带人。遇到老、弱、病、残、动作迟缓者，要给予谅解，主动礼让。

（二）公共文化场所礼仪

公共文化场所是人们获取知识、陶冶情操的理想场所。学生在公共文化场所更应注重礼仪规范，这不仅是遵守社会公共秩序的需要，也是自身良好文化修养的体现。本节主要介绍学生在图书馆、博物馆、艺术厅、影剧院、体育场等有代表性的公共文化场所应注意的礼仪规范。

1. 图书馆礼仪

图书馆、阅览室是公共的学习场所，大家应自觉遵守下列有关礼仪。

（1）保持安静。进门入座时动作要轻，走动时脚步要轻，不要高声谈话，以免影响他人。

（2）爱护书刊。图书馆的书刊资料属于公共财产，不要在图书上随意圈点、涂抹、折页，或是把自己需要的资料图片撕下来。图书馆一般都备有复印、照相等业务，若需要可与工作人员联系。

（3）碰到熟人可点头致意，如要交谈，应离开阅览室找一个不影响他人的地方，不可在室内谈笑。

（4）不要为他人抢占座位，不要在座位上躺卧，也不要在阅览室内吸烟。

2. 博物馆、艺术厅礼仪

博物馆、艺术厅是高雅的文化殿堂，高雅的环境要求参观的观众具备文明、科学的参观素质和习惯；这也与广大观众为提高自身文化素质和道德素养而来参观博物馆的初衷相一致。因此，观众在参观博物馆、艺术厅过程中应注意言行，时刻保持文明的参观秩序，重视以下礼仪规范：

1）衣着整洁得体

参观博物馆、艺术厅等文化场所，应穿戴整洁，穿着过于随便显然不符合这些场所的文化氛围。

2）举止文明

参观博物馆、艺术厅时要保持安静，切忌大声喧哗。应当按顺序边走边看，不要拥挤，不宜在一件展品前停留时间过长，以免影响他人观赏。观赏时，应尽量避免挡住其他观赏者的视线，如因拥挤给其他观赏者造成不便，应及时道歉。在有讲解员的情况下，要给其留有一定空间，切忌过于簇拥。听讲解时要专心认真，提问要围绕展品展开，切忌出言不逊，妄加评论，哗众取宠。

博物馆陈列的展品，大多具有很高的艺术价值，极其珍贵。因此，参观时不要吸烟，不要随便触摸展品，不要任意使用闪光灯拍照，以免给展品带来损害。

3. 影剧院礼仪

看电影、戏剧是常见的文化、娱乐活动，学生经常出入影剧院，应格外注重自己的仪表和礼节。

1）提前入场

去影剧院看节目，观众应尽早入座。如果自己的座位在中间，应当有礼貌地向已就座者示意，请其让自己通过，而且，此时男士应在前开道。

2）衣着得体

在国外，人们把到影剧院看戏、参加晚会视作颇为隆重的活动，通常要盛装出席。在我国，虽然没有这种习俗，但出入影剧院也要讲究衣冠整洁、得体。切不可穿短裤、背心、拖鞋入场，更不可袒胸露背。戴帽者入座后，应脱帽，以免影响后排观众的视线。

3）举止文明

观看电影或戏剧时，最好不要食用有壳或咀嚼声音过大的食物，要协助影剧院工作人员保持室内卫生。

不要交头接耳，毫无顾忌地发表"高见"，对电影或戏剧妄加评论。不要喝倒彩、吹口哨或向台上投掷杂物。

情侣间举止要文明。借电影院谈恋爱无可厚非，但毕竟是在公共场所，行为要端庄，不要有过分亲昵的举止，以免造成不良影响。

打喷嚏、吐痰要悄悄进行。中途需要离位去卫生间应该向两旁观众致歉。

在观看电影或戏剧的过程中，手机应调为振动状态，以尽量减少对别人的干扰。

4）礼貌退场

中途离场，应尽量避免弄出声响或挡住他人视线。

电影或戏剧接近尾声时，观众不要抢先起身离开，应待影片或表演彻底结束后再有秩序地退场。退场时不要争先恐后，应礼貌地让女士和长者先行。

（三）公共场所社交礼仪

1. 递物与接物礼仪

递物与接物是生活中常用的举止，在公共场所尤其要注意。

递物时须用双手，表示对对方的尊重。接物时也必须用双手，并向对方点头致意。

例如递交名片时，双方经介绍相识后，常要互相交换名片。递交名片时，应用双手恭敬地递上，且名片的正面应对着对方。在接受他人名片时也应恭敬地用双手捧接。接过名片后要仔细看一遍或有意识地谈一下名片的内容，不可接过名片后看都不看就塞入口袋，或到处乱扔。

2. 排队礼仪

排队是一个民族文明程度最明显的表现之一。在公共场合，不管有没有明文规定或是他人监督，都应该主动排队。因为排队在很多情况下对全体人员来说是效率较高的解决问题的方式之一。

项目五 公共礼仪篇

任何人没有特权不排队,你唯一要做的就是接在队伍的末端。

排队,简单来说,就是人们按照先来后到的顺序一个挨一个地排列成队,以便依次从事某事。俗话说:没有规矩,不成方圆。我们在车站、机场、医院、影剧院等公共场所,都要增强秩序观念,主动排队。在排队时,应当遵守以下礼仪规范。

1)主动、自觉排队

遇到需要排队的事项和地方,应该主动上前排队。

排队的时候,要保持耐心。不要起哄、拥挤、夹塞或破坏排队。即使前面有你熟识的人,也不要去插队。是否自觉排队,也能从侧面反馈出一个人的基本素质。

礼仪故事 5-7　周总理排队

1966 年 8 月的一天上午,周总理忙完工作,已经快 12 点了。工作人员准备为他安排午饭,他却笑着说:"走。到你们职工食堂吃饭去。"来到食堂,工作人员要替周总理排队,周总理坚决不让。他和其他职工一样排队、交餐券、买饭、用餐,吃完后主动把碗、筷送到洗碗处,一切都是自己动手,不要别人代劳。

(资料来源:本案例根据锦州教育网《排队的礼仪修养》整理,http://news.tenglong.net/czyz/lyjw_view_87.html)

2)遵守排队秩序

排队应该遵守的基本秩序是先来后到、依次而行。遇到熟人也要做到不让自己的熟人插队。

假如排队过程中因故需要短暂离开,请向身后的人说明情况:"不好意思,我马上回来,请帮我保留这个位置。"如对方同意,返回后可在原处继续排队;如对方不同意,则应从队伍末端重新排起。

假如有人插队,可以礼貌提醒对方:"不好意思,请按秩序排队。"

现在比较流行一种"小团体排队法"引起公众的反感,比如五个朋友一起去超市购物,结账的时候,各自站到一队的队尾,看谁最快,快排到时,大家就"呼啦"一下集中到最快的那一队去结账,这样原来站在"最快者"后面的那个排队者通常都会很生气和恼火,因为前面一下子多出来四个人,这样的排队方式与插队无异,会引起其他人的反感,比较合适的做法是大家按照先来后到,各自排各自的。

3)排队间距要适当

排队时,人与人之间最好保持 0.5 米左右的间隔,不能前呼后拥,一直往前推挤,会影响到公共秩序。

特别是在金融窗口、取款机等涉及个人隐私的场合,前后之间的距离应适当增大。凡标有"一米线"的,应在"一米线"后依次排队;没有"一米线"的地方,最前排也应留出足够的操作空间。

4）绕队而行

如果别人排好了队，就不要从别人的队伍里横穿过去。不得已的情况下，需要先说声"对不起"，待别人让出空间后横穿。

5）不同场合的排队礼仪

银行：在银行办理相关业务时，应按照银行划定的区域按顺序排队。在前人临近窗口办理业务时，后者应在1米线后等待。

车站：等候公共汽车时应按顺序排队。上车时不要拥挤占座，有秩序地礼让乘车。在机场、火车站等场所，等候出租车时应该到指定区域排队上车。

餐厅：餐厅或食堂都是公共场所，排队等候需要有一定的耐心，不要敲击碗筷，制造不安的气氛。

卫生间：在卫生间排队时，应当从入口处开始排队。假如大家都站在里面，照准某个"单间"来排，因为不知道哪个"单间"的人会最先出来，所以最先到的人不一定会最先使用。比较合理的做法是：大家都从门口开始排，每出来一个就进去一个，这样最为科学合理。

医院：排队时不要大声喧哗，不要偷窥他人的处方或化验单，更不要随意询问陌生人的病情，或者站在诊室门口倾听、观看别人的检查结果。

罗素曾说："没有公德，社会就会灭亡；没有个人道德，人类的生存也就失去了价值。"孔子也曾说过："不学礼，无以立。"那么就让我们从排队做起，从身边的小事做起，自觉遵守公共秩序，将中华民族礼仪之邦的美德传扬天下，这不仅是个人修养和社会公德的集中体现，也尊重了他人、尊重了自己，更有助于维护国家的形象、促进社会的和谐与进步。

（四）其他公共场所礼仪

1. 使用公共卫生间礼仪

出门在外，公共卫生间为我们提供了方便，每个人都懂得，一个干净、清洁的空间能给我们带来愉悦的心情，这需要我们每个人的努力。

进入公共卫生间时，如遇人多，在卫生间门外排队等候。使用时关好小门，使用后冲水。

一般情况下，母亲可以带男幼童一起上女厕，父亲则不可以带女幼童上男厕。

在关着的门前，先敲两下，确认没有人之后再开门进入。

坐式马桶用完后请盖上马桶盖。弄脏了马桶座，一定要自行清理，方便之后使用的人。

在梳洗台边洗完手或者补妆梳理之后，请检查一下，是否弄脏了周围，如看到头发、水渍、妆粉等，请用纸巾清理干净，并把纸巾扔进垃圾箱。

走出洗手间之前，必须整理好仪容仪表。不能一边擦手，一边整装或一边梳理头发就走出洗手间，湿手更不能边走边甩。

2. 公共场所吸烟礼仪

吸烟有害健康。原国家卫生部妇社司司长杨青于2010年5月10日在卫生部例行新闻发布会上，根据世界卫生组织《烟草控制框架公约》的要求提出了我国对禁烟的目标："自2011年5月起，中国内地将在所有室内公共场所、室内工作场所、公共交通工具和其他可能的室外工作场

所完全禁止吸烟。"

有吸烟习惯的人应特别注意文明吸烟,自觉遵守吸烟有关礼仪,并注意以下三个方面。

1)区分适合吸烟的场合

凡是在贴有"禁止吸烟"或"无烟室"等字样的地方和有空调的房间、没有摆放烟灰缸的房间,以及公共场合(如车、飞机、船、影剧院、展览馆、医院病房等),应自觉禁烟,遵守社会公道。

在工作、参观、谈判和进餐中,一般不应吸烟或少吸烟。

与长者或女士共处一室时,最好不要吸烟,要吸烟也应先征得别人同意。在私人住宅,如果主人不吸烟,又未请客人吸烟,客人最好不要吸烟。

2)文明吸烟

吸烟时,不应把烟灰、烟蒂、火柴棒到处乱丢,而应放入烟灰缸内。找不到烟灰缸时,应请主人拿给自己。丢烟头时,应将烟掐灭放入烟灰缸内,不要让烟头在烟灰缸里继续冒烟。

吸烟时,不应一直吸到烧手或吸到滤嘴边缘;不应将烟雾向别人直喷过去;不应从鼻孔里往外吐烟;不应当众吐烟圈;不应使劲吸并发出声响;不应叼着烟与人谈话;不应走路时吸烟,不应把烟夹在耳朵上;也不应在电扇和空调的上风吸烟。如果对方不吸烟,而向你敬烟,此时最好不要吸烟。

3)注意礼节

敬烟时先敬长者,如女士中有吸烟者,应先敬女士。敬烟时,手不应碰到过滤嘴,不可用手取出一支递给对方,更不可将烟扔给对方,而应把数支烟抖出烟盒递给对方,请对方自取。敬烟时,如对方谢绝,则不应勉强。对外宾不必敬烟,外国人通常没有敬烟的习惯。

点烟时,应先给对方点。若用火柴点烟,划着火柴后,一手护火挡风,一手递火,为对方点着香烟。如有女士吸烟时,男士应主动为女士点烟。当别人为自己点烟时,应躬身相迎,烟点完后,应向对方致谢。

3. 公共场所使用手机礼仪

公共场所不适宜大声喧哗,因此不要旁若无人地大声通话。信号不良时,可改换通话位置或改用其他通信方式,不能大声呼叫。

会场、影院、剧场、音乐厅、图书馆、展览馆等需要保持安静的场所,应主动关机或将手机设置为振动、静音状态;如果接到来电,应到不妨碍他人的地方接听。

不要在驾驶汽车时或飞行过程中使用手机。不可在加油站使用手机。

4. 宾馆饭店礼仪

1)尊重服务人员

与门卫、服务人员相处应注意平等相待,尊重其人格。当门卫为自己开启大门,或向自己问好时,应表示感谢,或予以回应。

在总服务台登记客房或咨询问题时,不能颐指气使,咄咄逼人,也不必低声下气,当得到对方服务和帮助后应表示感谢。

搭乘有人服务的电梯时,应清晰地报出自己欲去的楼层,并随后道一声"谢谢"。

当行李员到自己房间送行李，或取行李时，应对其表示谢意。

当客房服务员进入客房，打扫卫生、送开水和报刊时，应表示欢迎，并且道谢。在走廊里遇上了客房服务员，尤其是对方首先向自己打招呼时，应向对方问好。

在宾馆饭店进餐时，应尊重服务员的劳动，对服务员应谦和有礼，当服务员忙不过来时，应耐心等待，不可敲击桌碗或喊叫。对于服务员工作上的失误，应善意提出，不可冷言冷语，加以讽刺。

2）与他人同处一屋，应和睦相处

与同屋其他客人相处一间客房时，应注意相互适应，相互理解。切勿以我为尊，目中无人。与同事一起住宿，最重要的是应互谅互让，尊重对方。有事应彼此商量，作息时间大体保持一致。

因特殊原因与不相识者或不太熟悉的人同住一室时，应主动与对方打招呼，相互关心，不可冷漠。同时要特别注意，不因自己的原因而妨碍对方休息。

3）宾馆饭店待客和访客礼仪

最好不要在客房内接待普通关系的异性客人。确有必要，最好不关闭房门，时间也不宜超过半小时，以防被人误会。

不要请刚认识的客人到自己客房里做客，自己也不宜前去打搅别人。有必要前去时，应先按门铃，不要推门而入，应该在得到允许后再入内。夜晚 10 点之后，早上 8 点之前，通常不应前去打扰；午休时刻，也不要登门拜访对方。

在拜访客人时，若已先有他人在座，应改时再去，不要主动介入，免得有碍主人的交际。

5. 舞会场合礼仪

舞会是以跳交际舞为主要活动方式的一种轻松愉快的文娱性活动，是现代社会中一种高雅而又重要的交际联谊活动。参加舞会时，应注意以下三点。

1）仪容仪表和举止文明

舞会是比较正式的场合，因此需要穿着一些比较正式、华丽的服装，做到庄重典雅，整洁大方，保持风度；舞会上不应当众更衣或脱掉外衣。

参加舞会前不得吃葱、蒜、醋等带强烈刺激气味的食品，不喝烈性酒，不大汗淋漓或疲惫不堪地进入舞场；患有感冒者最好不要进入舞场。

维护舞场秩序，不吸烟、不扔果皮、不高声谈笑、不随意喧哗，杜绝一切粗野行为。

2）上下舞场时，应讲究规矩，有礼貌，尊重舞伴

上场时男士应主动跟在女士后面走到选择的跳舞之处。一曲终了，方可停舞；女士拒绝男士的邀请时，应委婉而客气；男舞伴应把女舞伴送至席位，并致谢意，女舞伴则应点头还礼。

在正式场合上邀请舞伴，不能单凭个人好恶，还须兼顾交际面。一般情况下，男士应主动有礼貌地邀请女士跳舞，如果是上下级的关系，不论男女，下级都应主动邀请上级跳舞。

3）跳舞时，应舞姿端正，把握好与女伴跳舞的分寸

在跳舞时，男女双方不应目不转睛地凝视对方，也不应该表情显得不甚自然；不小心触碰舞伴的脚部或冲撞别人，应有礼貌地向对方致歉。

跳舞时舞姿应端庄，身体应保持平、直、正、稳，切忌轻浮鲁莽；男士动作应轻柔文雅，应谦和而有分寸，不应因动作不当引起别人反感；不宜将女士拢得太紧或距离过近；不准把女士的手捏得太紧；不可把整个手掌掌心完全向内贴在女士的腰上；不应在旋转时把女士抱来飞去；女士不应把双手套在男士的脖子上，也不应把头部主动靠在对方的肩上。

尚不会跳舞者最好不要现学现跳，应当学会后再进舞场。

6. 医院就诊礼仪

在医院这种特殊的场所，无论是门诊检查还是住院治疗，都应讲究文明，自觉遵守有关礼仪，应注意以下细节：

（1）**在门诊看病应排队挂号**。如有特殊情况，先看急诊应向前面的人说明原因，求得谅解和同意。不应在候诊室里喧哗吵闹、随意走动、大声呻吟、吸烟、随地吐痰、乱丢杂物等。

（2）**尊重和信任医生**。如对医生的诊断有怀疑，可委婉、礼貌地向医生说明原因，请医生再作考虑。如果自己认为医生对疾病作了不当处理，应认真询问处理依据，不可纠集亲友寻事，而应通过法律的途径来解决问题。

7. 购物场所礼仪

购物是我们生活中极为普通的事情，作为顾客，在购物的过程中也应注意自己的文明举止，自觉遵守有关礼仪，应注意以下细节：

（1）**礼貌客气**。当需要营业员提供服务时，应礼貌客气地提出请求，不应用命令的语气说话，更不可盛气凌人。

（2）**慎重挑选物品**。在挑选商品时，应该事先考虑一下，不应在选购时过分挑剔、换来换去，如由于某些原因需要调换已买好的商品时，应耐心地向营业员说明原因。如理由正当而遭拒绝，可向商店领导反映，不应与营业员争吵。

到超市购物，可随意挑选自己满意的商品。没选中的，应放回原处，不应乱放。

（3）**排队结账**。在需要排队结账的地方，不能夹塞排队，对于老、弱、病、残及妇女、儿童，应有礼让精神。在离开柜台时，对营业员所提供的服务应表示谢意。

8. 公共娱乐场所礼仪

公共娱乐场所主要包括公园、广场、游乐场等，是属于人群比较密集的场所，因此在公共场所活动应讲究社会公德，遵守有关公共娱乐场所礼仪，主要包括以下五点：

（1）**妆容**。在一些公共娱乐场所的着装主要以休闲装为主，可穿着牛仔服、运动服、夹克衫等服装，还可以穿背心、短裤，戴上棒球帽和太阳镜等。在装饰上应当以淡妆、简单为主，也可以不化妆，不佩戴饰物。

（2）**文明礼貌**。在参加娱乐活动时，应当自觉排队，讲究先来后到，服从工作人员的管理，不应一拥而上，给工作人员增添麻烦。

在拍照、摄像时应相互谦让，按照先后次序进行。不能争路先行或争抢拍照景点。对文物建筑等不准拍照或不得使用闪光灯时，应严格遵守不应违反。不进入"请勿入内"的草地或鲜花丛中拍照，也不应到危险或不宜攀登的地方照相。合影时，如需别人帮忙，应礼貌地提出请求并表示谢意。

在公共娱乐场所，若有人向自己微笑、打招呼，应立即予以回答，不可不予理睬。不应尾随他人，或是悄悄旁听其他人的介绍与交谈。

在公园进行练歌、唱戏、跳舞等活动时，应尽量避免干扰其他人。

（3）**爱护公共设施**。在公共娱乐场所对公共设施应倍加爱惜，不应乱写、乱刻、乱画，对树木花草应爱护，不应随意在树木、雕塑、建筑上攀高、乱摸、乱碰，肆意践踏破坏。

公园和其他一些旅游景点所设置的长椅长凳，是供游人作短暂休息用的，不可只顾自己，不能一个人长时间占用。许多公园的儿童游艺场，是专为儿童设计的，应注意爱护，成年人不可自己去玩以防造成损坏。

（4）**保护环境卫生**。不应随地吐痰，不乱扔果皮、纸屑、烟蒂、塑料袋、包装盒、易拉罐、饮料瓶等。

（5）**注意安全**。在湖滨、河畔游览或登船旅游时，不应肆意地打斗追逐，以防翻船落水。不应只身独闯危险地段。不应在公园里从事攀岩、跳岩等比较危险的运动。在拍照、摄像或观看动物时，应足下留神，头脑清醒，防止发生意外的事故。

六、技能训练

技能训练 1：交谈礼仪之面部表情训练

1. 训练内容

（1）目光训练。点上一支蜡烛，视点集中在蜡烛火苗上，并随其摆动，坚持训练可使目光集中、有神，眼球转动灵活。

（2）微笑训练，方法如下：

❶ 情绪记忆法，即将自己生活中最高兴的事件中的情绪储存在记忆中，当需要微笑时，可以想起那件最使你兴奋的事件，脸上就会流露出笑容。注意练习微笑时，要使双颊肌肉用力向上抬，嘴里念"一"音，用力抬高嘴角两端，注意下唇不要过分用力。

❷ 对着镜子，做最使自己满意的表情，到离开镜子时也不要改变它。

❸ 当一个人独处时，深呼吸、唱歌或听愉快的歌曲，忘掉自我和一切的烦恼，让心中充满爱意。

2. 注意事项

交谈时的微笑是需要发自内心的，切不可皮笑肉不笑。

技能训练 2：乘公交车礼仪训练

模拟场景：乘公交车

训练内容：乘公交车注意事项

（1）每 5~6 个人一组，一起去乘公交车，分别扮演不同的角色：老人、小孩、学生等。

（2）公交车到来之前排队。

（3）公交车到来之后，开始上车。

（4）上车之后，让座、交谈。

（5）到站下车的准备。

技能训练3：搭乘电梯礼仪训练

模拟场景： 搭乘电梯

训练内容： 搭乘电梯的注意事项

（1）每5~6个人一组，一起搭乘电梯，分别扮演不同的角色，有下电梯的，有上电梯的。

（2）在电梯门口等候需要注意的事项（不应挡住电梯门口，以免妨碍电梯内的人出来）。

（3）电梯门打开之后（先下后上）。

（4）进入电梯之后（应面朝电梯口，尽量站成"凹"字形，挪出空间，以便让后进入者有地方站）。

技能训练4：排队礼仪训练

模拟场景： 火车站售票处

训练内容： 排队时遇到的状况

（1）每8~10个人一个小组，5个人模拟在售票处排队。

（2）一个人过来想要插队，其他排队人员的反应。

（3）一个人想从队伍中间穿过，该如何做。

（4）一个人走过来让排队的人帮忙代买火车票而不自己排队，该如何做。

项目六 拜访、接待篇

礼仪典故

孔子问礼老子

公元前 518 年的一天，孔子对弟子南宫敬叔说："周之守藏室史老聃，博古通今，知礼乐之源，明道德之要。今吾欲去周求教，汝愿同去否？"南宫敬叔欣然同意，随即报请鲁君。鲁君准行。遣一车二马一童一御，由南宫敬叔陪孔子前往。老子见孔子千里迢迢而来，非常高兴，教授之后，又引孔子访大夫苌弘。苌弘善乐，授孔子乐律、乐理；引孔子观祭神之典，考宣教之地，察庙会礼仪，使孔子感叹不  已，获益不浅。逗留数日。孔子向老子辞行。老聃送至馆舍之外，赠言道："吾闻之，富贵者送人以财，仁义者送人以言。吾不富不贵，无财以送汝；愿以数言相送。当今之世，聪明而深察者，其所以遇难而几至于死，在于好讥人之非也；善辩而通达者，其所以招祸而屡至于身，在于好扬人之恶也。为人之子，勿以己为高；为人之臣，勿以己为上，望汝切记。"孔子顿首道："弟子一定谨记在心！"

行至黄河之滨……

项目六 拜访、接待篇

稍停片刻，老子手指浩浩黄河，对孔子说："汝何不学水之大德欤？"孔子曰："水有何德？"老子说："上善若水：水善利万物而不争，处众人之所恶，此乃谦下之德也；故江海所以能为百谷王者，以其善下之，则能为百谷王。天下莫柔弱于水，而攻坚强者莫之能胜，此乃柔德也；故柔之胜刚，弱之胜强坚。因其无有，故能入于无间，由此可知不言之教、无为之益也。"……孔子道："先生之言，出自肺腑而入弟子之心脾，弟子受益匪浅，终生难忘。弟子将遵奉不怠，以谢先生之恩。"说完，告别老子，与南宫敬叔上车，依依不舍地向鲁国驶去。

回到鲁国，众弟子问道："先生拜访老子，可得见乎？"孔子道："见之！"弟子问："老子何样？"孔子道："鸟，我知它能飞；鱼，吾知它能游；兽，我知它能走。走者可用网缚之，游者可用钩钓之，飞者可用箭取之，至于龙，吾不知其何以？龙乘风云而上九天也！吾所见老子也，其犹龙乎？学识渊深而莫测，志趣高邈而难知；如蛇之随时屈伸，如龙之应时变化。老聃，真吾师也！"孔子对老子博大精深的哲学思想做了最精辟的概述。

评析： 在我国许多古籍中，都记载着"孔子问礼于老子"一事。关于孔子向老子问礼的次数以及老子与孔子之间的关系，研究学界存在很大的分歧。但搁置分歧，有一点毋庸置疑，那就是每一次两个圣人之间的碰面都是一个相互切磋、相互增进的过程，都是中国思想史上空前绝后的一大盛事，也必然闪耀着两个伟大思想碰撞的光辉。

一、知识目标

（1）了解各种不同形式的接待礼节；
（2）掌握拜访与接待的礼仪规范和要求；
（3）掌握馈赠的时机把握、地点的确定，馈赠时的礼品选择；
（4）掌握打电话的基本要求和基本原则。

二、能力目标

（1）能够在商务接待中完成接待工作，掌握具体接待礼仪规范；
（2）掌握礼品赠送的相关礼仪；
（3）掌握打电话的基本要求，养成礼貌接打电话的习惯。

三、德育目标

（1）遵守拜访接待礼规，营造良好的人际交往圈子，与他人和谐相处；
（2）要有大局意识，潜移默化培养学生文化修养和职业素养，勇于承担责任。

四、知识要点

拜访又叫拜会、拜见，是指前往他人的工作单位或住所去拜会、探望对方，进行接触。通过拜访，人们可以交流信息、统一意见、发展友情。不能只在有求于人的时候才想到拜访。拜访前要做好准备，注意自己的仪表和言谈举止，告辞要有礼。

接待工作的好坏，将对本单位的形象起着至关重要的作用。接待过程中应一视同仁、以礼相待、热情友善。

得体的馈赠，恰似无声的使者，不仅能达到大方得体的效果，还可增进彼此之间的感情，给交际活动锦上添花。

电话礼仪是在通信方式不断发展的背景下必须掌握的一种交际礼仪，打电话要讲究语言艺术、要有礼貌；声音清晰柔和，姿态端正，做好打电话前的准备，遵循接电话的基本礼仪能够彰显一个商务人员的素质和风度。

五、任务实施

拜访礼仪

任务一 拜访礼仪

拜访是人与人之间、组织与组织之间学习交流、促进工作、联络感情、增进友谊的一种有效形式，是人际交往活动中一种经常性的活动。在公关活动中的拜访分为三种类型，即事务性拜访、礼节性拜访和私人拜访。其中，事务性拜访又分为业务商谈性拜访和专题交涉性拜访等。不论什么形式的拜访，都应该从礼节上多多注意，以免有损自己和单位的形象。

（一）拜访前的准备

1. 预约在先，不做不速之客

拜访前应事先用电话或信件等形式进行预约，尽量不做不速之客，不请自到。因为对于被拜访者来说，可能会由于不速之客的到来而打乱了全部既定安排。对于很多人而言，未曾约定的拜会是不受欢迎的。

（1）**时间的选择**。这应该是对方是否接受拜访的首要条件。如果是公务性拜访应该选择对方上班时间；如果是私人拜访，就以不影响对方休息为原则，尽量避免在吃饭、午休或者晚间的 10 点钟以后登门。一般情况，上午 9—10 点钟，下午 3—4 点钟或晚上 7—8 点钟是最适宜的时间。

（2）**地点的选择**。通常上班时间会选在办公室；私人拜访会是在家中，也可能是公共娱乐场所，比如茶楼、咖啡厅等。

（3）**预约的方式**。预约的方式有电话预约、当面预约或者书信预约等。无论是哪种预约形

式，口气和语言一定是友好、请求、商量式的，而不能用强求或命令式的口气要求对方。在交往中，未曾约定的拜访，属于失礼的表现，很不受欢迎。如果有要紧的事必须前往时，一定要表示歉意并解释清楚。

2. 着装得体，不做邋遢之客

整洁的着装能反映你对受访者的尊重程度，因此出门拜访之前，应根据访问的对象、目的等，对着镜子将自己的衣物、容貌适当修饰一下：头发要梳理好；面容要干净并且应作适当的装饰；手、脚指甲要修剪好，以免到拜访地后出状况；衣帽应整洁，该扣的衣裤扣子应扣好，鞋带应系好。蓬头垢面、衣冠不整的形象不但给别人不愉快的感觉，而且是不尊重主人的表现。

与恋人幽会，探访远方至亲，一般人都会讲究自己的衣饰打扮，但在其他社交访问中，尤其是在访问客户、老熟人、老同事时，这一点却往往容易被许多人忽视。即使到再好的朋友、再近的邻居家做客，也不应穿背心、拖鞋或者睡衣、裤衩，因为倘若你访问时只有你的朋友一个人在场，你穿得随便点，他不会在意，但假如他的家人都在，或正好有其他的亲朋好友来访时，就会引起主人和其他来宾的难堪，当然就是对主人的不礼貌。

（1）非销售人员私宅拜访的着装要求：穿着要整洁得体，但不用太隆重，不要给人一种拘谨的感觉。拜访者还应注重一些细节的修饰，如面容的清洁、鞋袜的清洁等。

（2）办公区域拜访的着装要求：如拜访的地点设在对方的办公区域，则应着正装或拜访者所在单位的制服，因为你的拜访在很大意义上代表的是你单位的形象，这样着装可以传递出"你很重视这次拜访"的友好信息；而制服作为你所在单位的公关识别系统的重要组成部分，能让被访者感受到你所在企业的良好的企业文化，进而留下良好的印象，愿意与你的单位合作。

礼仪故事 6-1

郑伟是一家大型国有企业的总经理。有一次，他获悉有一家著名的德国企业的董事长正在本市进行访问，并有寻求合作伙伴的意向。于是他想尽办法，请有关部门为双方牵线搭桥。

让郑总经理欣喜若狂的是，对方也有兴趣同他的企业进行合作，而且希望尽快与他见面。到了双方会面的那一天，郑总经理对自己的形象刻意地进行了一番修饰。他根据自己对时尚的理解，上穿夹克衫，下穿牛仔裤，头戴棒球帽，足蹬旅游鞋。无疑，他希望自己能给对方留下精明强干、时尚新潮的印象。

然而，事与愿违，郑总经理自我感觉良好的这一身时髦的"行头"，却偏偏坏了他的大事。郑总经理的错误在哪里？

（资料来源：金正昆．《涉外礼仪教程》，中国人民大学出版社，2005）

评析： 根据惯例，在涉外交往中，每个人都必须时刻维护自己的形象，特别是注意自己正式场合留给初次见面的外国友人的第一印象。郑总与德方同行的第一次见面属国际交往中的正式场合，应穿西服或传统的中山装，以示对德方的尊重。但他没有这样做，德方会认为此人着装随意，个人形象不合常规，给人的感觉是过于前卫，尚欠沉稳，与之合作之事当再作他议。

（二）拜访礼仪

1. 按时到达，不做失约之客

约定了会面的具体时间，作为访问者应该守约守时如期而至。在很多国家，准时赴约是判断对方可信、可靠度的一个最基本的原则。迟到、失约会动摇一个人的信誉基础。人们的时间都是一样宝贵。因故不能赴约必须提前通知对方，以便别人安排其他事务，如果估计要迟到一定要及时通知对方，告诉对方自己预计到达的时间，并对自己的迟到表示歉意。到达时，不要再喋喋不休地解释原因。早到容易打乱别人的安排，提前3~5分钟赴会是最佳时间。

2. 进行通报，不做冒失之客

进行拜访时，倘若抵达约定地之后，未与拜访对象直接见面，或是对方没有派员在此迎候，则在进入对方的办公室或私人居所的正门之前，应先轻轻敲门或按门铃，当有人应声允许进入或出来迎接时方可入内。敲门不宜太重或太急，要弯曲食指，用食指关节敲门，力度适中，间隔有序地敲三下，等待回音。如无应声，可再稍加力度，再敲三下；如有应声，再侧身隐立于右门框一侧，待门开时再向前迈半步，与主人相对。切不可不打招呼擅自闯入，即使门开着，也要敲门或以其他方式告知主人有客来访。

3. 登门有礼，不做失仪之客

切忌不拘小节，失礼失仪。当主人开门迎客时，务必主动向对方问好，互行见面礼节。拜访者随身带来的外套、雨具等物品应搁放到主人指定的地方，不可随意乱放。对室内的人，无论认识与否，都应主动打招呼。如果你带孩子或其他人来，要介绍给主人，并教孩子如何称呼。倘若主人一方不止一人时，则对对方的问候与行礼，在先后顺序上应合乎礼仪惯例。标准的做法有两个：其一，先尊后卑；其二，由近而远。在此之后，在主人的引导下，进入指定的房间，切勿擅自闯入，在就座之时，要与主人同时入座。倘若自己到达后，主人这里尚有其他客人在座，应当先问一下主人，自己的到来会不会影响对方。为了不失礼仪，在拜访外国友人之前，要随身携带一些备用的物品，主要是纸巾、擦鞋器、袜子与爽口液等，简称为"拜访四必备"。"入室后的四除去"是指进入要访问的主人家里后，帽子、墨镜、手套和外套要摘下，并放在指定位置。

4. 举止文雅，谈吐得体，不做粗俗之客

古人云："入其家者避其讳。"人们常说，主雅客来勤；反之，也可以说客雅方受主欢迎。无论是到办公室还是到寓所拜访，一定要做到彬彬有礼，衣冠整洁，谈吐得体。与主人或其家人进行交谈时，要慎择话题，切勿信口开河，出言无忌。与异性交谈时，要讲究分寸。对于在主人家里遇到的其他客人要表示尊重，友好相待。不要在有意无意间冷落对方，置之不理。若遇到其他客人较多，既要以礼相待，也要一视同仁。切勿明显地表现出厚此薄彼，而本末倒置地将主人晾在一旁。在主人家里，不要随意脱衣、脱鞋、脱袜，也不要大手大脚，动作嚣张而放肆。当主人上茶时，应欠身双手相接，并致谢。喝茶应慢慢品饮，不要一饮而尽。不要随便抽烟并把烟灰、纸屑等杂物随意扔在地上或茶几上。未经主人允许，不要在主人家中四处乱闯，随意乱翻或乱动、乱拿主人家中的物品。不要翻动别人的书信和工艺品。冒失邋遢的客人都是不受欢迎的。

5. 适时告辞，不做难辞之客

在拜访他人时，一定要注意在对方的办公室或私人居所里进行停留的时间长度。总体上讲，应当具有良好的时间观念。不要因为自己停留的时间过长，从而打乱对方的既定的其他日程。在一般情况下，礼节性的拜访，尤其是初次登门拜访，应控制在一刻钟至半小时之内。最长的拜访，通常也不宜超过两个小时。有些重要的拜访，往往需由宾主双方提前议定拜访的时间和长度。在这种情况下，务必要严守约定，绝不能单方面延长拜访时间。自己提出告辞时，虽主人表示挽留，仍须执意离去，但要向对方道谢，并请主人留步，不必远送。在拜访期间，若遇到其他重要的客人来访，或主人一方表现出厌客之意，应当机立断，知趣地告退。

起身告辞时，要向主人表示"打扰"之歉意。如有必要，还应根据对象和实情说"请您以后多指教""希望以后多合作"等。若主人的长辈在家，应先向长辈告辞；若主人处还有其他客人，也要礼貌地道别。

出门后，回身主动伸手与主人握别，说："请留步。"待主人留步后，走几步，再回首挥手致意："再见。"

（三）拜访的礼规

1. 初次拜访的礼规

如果是第一次登门拜访或主人的会客厅、门面等刚经过装修，就应对主人的办公室或客厅等有一个概括性的夸赞。如"您的办公室真整洁"，"您家客厅布置得很典雅，很别致"等，不能对主人家的布置麻木不仁；要善于及时发现在上次拜访之后所发生的一些细小的变化，再予以真诚恰当的"捧场"，主人一定会因为你对他的生活和情趣的细致的关心与尊重，对你产生进一步的好感。如果接待你的是女主人，一定不要忘了对女主人的勤劳、贤惠、持家、审美力、雅兴等方面给以适当的崇高的评价。

需要特别注意的是，无论是对人或物的赞美，应当尽可能具体一些；特别是对熟人的访问，更应该注意不要每次赞赏同一样东西，同一件事情，也不要每次都是"你们的房间布置得真漂亮"这样过于抽象的话，因为这样主人很可能以为你是在说客套话，或者以为像没话找话。这不仅不会引起主人的好感，有时，只会引起他们的反感。假如你觉得确实没什么特别之处，甚至房间显得比较凌乱，不太整洁，也应当体谅主人，切忌"快人快语"，有话"直说"。遇到这种情况，主人往往也比较尴尬，你不妨说一点"一看你们的房间，就知道你们平时一定很忙"之类的话，效果也一定不错。

2. 私人拜访中的礼规

（1）要守时守约，约定一个时间，以免扑空或打乱对方的日程安排。约定时间后，不能轻易失约或迟到。如因特殊情况不能前去，一定要设法通知对方，并表示歉意。

（2）讲究敲门的艺术：要弯曲食指用指关节敲门，力度适中，间隔有序敲三下，等待回音。如无应声，可再稍加力度，再敲三下，如有应声，再侧身隐立于右门框一侧，待门开时再向前迈半步，与主人相对。

（3）进门后，拜访者随身带来的外套、雨具等物品应搁放到主人指定的地方，不可任意乱放。

（4）对室内的人，无论认识与否，都应主动打招呼。如果你带孩子或其他人来，要介绍给主人，并教孩子如何称呼。

（5）主人不让座不能随便坐下：如果主人是年长者或上级，主人不坐，自己不能先坐。主人让座之后，要口称"谢谢"，然后采用规矩的礼仪坐姿坐下。主人递上烟茶要双手接过并表示谢意。如果主人没有吸烟的习惯，要克制自己的烟瘾，尽量不吸，以示对主人习惯的尊重。主人献上果品，要等年长者或其他客人动手后，自己再取用。即使在最熟悉的朋友家里，也不要过于随便。

（6）跟主人谈话，语言要客气：和主人交谈时，应注意掌握时间，有要事必须要与主人商量或向对方请教时，应尽快表明来意，不要东拉西扯，浪费时间。

（7）道别：起身告辞时，要向主人表示："打扰"之歉意。出门后，回身主动伸手与主人握别，说："请留步"。待主人留步后，走几步，再回首挥手致意："再见"。主人送你出门时，应劝主人留步，并主动伸手握别；然后看好门外第一个拐弯处，当走到该处时，一定要再回头看看主人是不是还在目送。如果主人还未返回，应挥手向主人示意，以示最后的谢意，并请主人快回家去。如果主人站在门口，发现你"一去不回头"，那你就失礼了，主人也会很失望。

3. 事务性拜访中的礼规

（1）首要规则是准时，让别人无故干等无论如何都是严重失礼的事情。如果有紧急的事情，不得不晚，必须通知你要见的人。如果打不了电话，请别人为你打电话通知一下。如果遇到交通阻塞，应通知对方要晚一点到。如果是对方要晚点到，你将要先到，要充分利用剩余的时间。例如，坐在汽车里仔细想一想，整理一下文件，或问一问接待员是否可以在接待室里先休息一下。

（2）当你到达时，告诉接待员或助理你的名字和约见的时间，递上你的名片以便助理能通知对方。冬天穿着外套的话，如果助理没有主动帮你脱下外套或告诉你外套可以放在哪里，你就要主动问一下。

（3）在等待时要安静，不要通过谈话来消磨时间，这样会打扰别人工作。尽管你已经等了二十分钟，也不要不耐烦地总看手表，你可以问接待或助理约见者什么时候有时间。如果你等不到那个时间，可以向助理解释一下并另约一个时间。不管你对要见的人有多么不满，也一定要对接待或助理有礼貌。

（4）当你被引到约见者办公室时，如果是第一次见面，就要先做自我介绍，如果已经认识了，只要互相问候并握手就行了。

4. 拜访礼品赠送的礼规

古今中外的交往几乎都离不开送礼这个内容，虽然公共关系或人际关系并不完全是用物质手段维系的，但绝离不开礼品，它是情感的象征和媒介。

1）要搞清对象，注重效果

首先，置办礼物前，要搞清楚赠礼对象是单位还是个人，和拜访者是什么关系。其次，要对送礼的性质有清醒的认识。搞清送礼的性质，对于赠礼目的的达成至关重要。其三，要掌握一些与赠礼有关的禁忌。

搞清了这些内容，我们赠送的礼品才能帮助我们的拜访达到沟通关系、联络感情、增进了解、互相关心的目的。

2）抓准时机，注意场合

从时间上讲，赠礼贵在及时、准确。毫无理由的过早赠送或"马后炮""雨后送伞"等赠送行为不但没有好结果，而且可能失礼。

从地点上讲，赠礼要考虑场合。一些高雅而清廉的礼品适宜送到办公室，而生活用品或价值较高的礼品则应送至私宅。

向受礼者呈送礼品，一般在相见时或分手道别时。

3）挑选礼品要精心包装

礼品选好后，应检查一下是否有价签，如果你不想让受礼者知道价格或价格偏低则应取下，如果你的礼品价格较高则可保留。送礼前的最后工序就是对礼品进行包装。认真地对礼品进行包装既可以表达出你的诚意，又可以提高礼品的艺术性，进而更有利于交际。

礼仪故事 6-2　　拜访馈赠的尴尬

小王的同事小李刚刚生下小宝宝，小王从家里找出自己三年前生孩子时朋友送的宝宝衣服饰礼盒，既没检查也没包装就送到小李家去了，送给小李时还说是她才买的。小李及其家人看着又脏又破的礼盒，顿时阴沉下了脸。

【分析提示】案例中的小王拜访前未做充分的准备：她没有认真思考拜访的意图，没有诚心诚意地准备礼品。虽然她所送礼品是适宜的但又破又旧，而且小王又没精心包装，所以其拜访的结果是很糟糕的。

任务二　迎接礼仪

子曰"有朋自远方来，不亦乐乎"。问题是我们如何表达自己的这种感情。从公关礼仪角度看，我们对来宾的尊重、友善、关心等，统统都需要落实在自己所从事的接待工作的各个具体环节上。

接待礼仪

（一）接待的类型

1. 以接待对象为标准划分

（1）**公务接待**。是为完成上下级之间、平行机关之间的公务活动而进行的接待。

（2）**商务接待**。是针对一定的商务目的而进行的接待活动。

（3）**上访接待**。是指政府部门对上访群众的接待。

（4）**朋友接待**。是指朋友之间为增进友谊、加强联系而进行的接待。

2. 以接待场所为标准划分

（1）**室内接待**。是指机关团体的工作人员在自己的办公室、接待室对各种来访者的接待。

（2）**室外接待**。是指对来访者到达时的迎接、逗留期间的陪访及送行时的接待。

（二）接待的原则和形式

虽然接待的类型不同，但是其讲究的礼仪、遵循的原则大致相同。

（1）接待原则。一定要遵循平等、热情、礼貌、友善的原则。

（2）接待形式。日常接待、会议接待、参观游览接待、家庭接待等形式。

（三）接待礼仪

1. 迎候礼仪

"出迎三步，身送七步"是我们国家迎送客人的传统礼仪。接待客人的礼仪要从平凡的举止中自然地流露，这才能显出主人的真诚。客人在约定的时间按时到达，主人应该视具体情况去迎接。

1）针对异地客人

对前来访问、洽谈业务、参加会议的外国、外地来的客人，主人应驱车或派车到车站、机场、码头去迎接。接站应弄清客人所乘车次、班次及到达时间。接客一定要提前到达，使客人一出站，就可以见到迎接的人，这会使他十分愉快。绝不可迟到，客人出站，若找不到迎接的人，必定会给客人心里留下阴影，觉得对方不守信誉。对身份较高的贵宾，应进站迎接，并安排到贵宾室稍事休息；对一般来客，要在出口处迎接。由于出口处人多拥挤，接站的人可以举一个牌子，上写"欢迎×××同志"。如果是会议性的，一趟车到站人数较多，可以写"××××会议接待处"。接到客人后要先致以问候，作自我介绍，并帮助客人拿行李。要帮助客人拿较重的行李，客人随手提的公文包则不要代劳了，一方面公文包不重；另一方面公文包一般是放较重要的文件或证件、现金等贵重物品的，客人不喜欢轻易离手。

请客人乘车，也应讲究礼节，注意座次的关系。开车以后，要主动与客人寒暄，可以介绍一下这次活动的主要内容、日程安排，此前到达的已有哪些客人，有哪些人员参与活动等，还可以介绍一下当地的风土人情，问一下客人有什么私事要办，需不需要帮助等，不要使客人受到冷落。到了驻地，接待人员应先下车，给客人打开车门，说一声"请下车"，招呼客人下车。

将客人送到住处后，主人不要立即离去，应陪客人稍作停留，热情交谈，但是不宜久留交谈，要让客人早点休息。分手时将下次联系的时间、地点、联系方式等告诉客人。

2）针对本地客人

对于来访的本地客人，主人可根据情况亲自或派人到大门口、楼下、办公室或所住门外迎接。来访者若是预约的重要客人，则应根据来访者的地位、身份等确定相应的接待规格和程序。

如果是在自己家里接待来客，就比较简单了，但礼仪仍应周到。到了约定时间，主人应去门口恭候客人，室外室内要打扫干净，主人衣着要整齐，只穿汗衫背心是很不礼貌的。客人入房后，主人应递烟、倒茶、递糖果等，热情接待客人，在炎热的夏天，要打开电扇、空调等制冷设

备，客人有汗，要递上一块湿毛巾，请客人擦一擦。如有女客，女主人应出面与女客攀谈，如带有小孩，女主人要给孩子拿些玩具、画报之类物品让其玩耍。

礼仪故事6-3　倒屣相迎

"粲徙长安，左中郎将蔡邕见而奇之。时邕才学显著，贵重朝廷，常车骑填巷，宾客盈坐。闻粲在门，倒屣迎之。粲至，年既幼弱，容状短小，一坐尽惊。邕曰：'此王公孙也，有异才，吾不如也。吾家书籍文章，尽当与之。'"

译文： 东汉时期的大学问家蔡邕，是蔡文姬的父亲，文史、辞赋、音乐、天文无不精通，官任皇室右中郎将，他才学显著，贵重朝廷，常车骑填巷，宾客盈座。但他从不摆架子，从不傲慢，很善于和人交往，好朋友很多。有一次，蔡邕正睡午觉，他的好朋友王粲来访，家人告诉他说：王粲就在门外等着，蔡邕听到后迅速起身跳下床，急急忙忙穿上木鞋子就往外跑，由于太慌乱，竟把右脚的鞋子穿到了左脚上，把左脚的鞋子穿到了右脚上，并且两只鞋都是倒穿着。当王粲看到蔡先生这般模样时，便抿着嘴笑了起来。王粲年纪又轻、形貌又矮小，家人都为蔡邕如此敬重一个貌不惊人的年轻人而感到吃惊。蔡邕介绍说："这就是王公子，有奇才，我都比不上，我家的书籍文章都应当给他。"由此便有了"倒屣相迎"之说，借以比喻对朋友的热情与诚意。

评析： 以热情有礼、周到妥帖的态度做好迎客工作，让客人有"宾至如归"之感。与客人见面时，应着装得体，并向客人表示欢迎、问候、握手致意。日常，我们只知道衣装不整待客实乃无礼之举，这个故事告诉我们谦逊、热情与诚意才是礼仪的内核，没有了这些，即便衣装款款，也微不足道，不值一提。

（资料来源：《三国志·魏书·王粲传》）

2. 乘车礼仪

出于方便来宾的考虑，迎接客人应提前为客人准备好交通工具，不要等到客人到了才匆匆忙忙准备交通工具，那样会因为让客人久等而误事。当来宾自备交通工具时，则应提供一切所能提供的便利。

在比较正规的场合，乘坐轿车时一定要分清座次的主次，而在非正式场合，则不必过分拘礼。

礼仪故事6-4　周总理给将军们上礼仪课

20世纪50年代的一天，周恩来总理前去机场欢送西哈努克亲王离京，前往送行的还有罗瑞卿、刘亚楼等高级将领。巧的是，飞机起飞之际，先农坛体育场正有场事关中国足球队能否出线的比赛，是中国队对印尼队。这些送行的高级将领便有些心神不宁，

一心想着送客千万别耽误了自己看球。

大家一阵笑容可掬、毕恭毕敬地亲切握手、拥抱、告别，又目送着西哈努克进了舱门。门还没关上，罗瑞卿和刘亚楼就一递眼色，像解脱了一样，立刻笑了，迫不及待地往机场门口走。早已心不在焉的将军们一看有人带头，便三三两两都往门口赶，有点像电影散场前的劲头。

周恩来本来是满面春风地站立着，静等飞机升空，可突然发觉周围气氛异常，左右望望，再回头一看，勃然变色。但他马上镇定了自己的情绪，显出一副若无其事的样子，不喊不叫，只向身边的秘书轻语："你跑步去，告诉机场门口，一个也不许放走，谁也不准离开，都给我叫回来。"

秘书听后赶紧跑到门口，吩咐警卫不许放走一个人。心情早已飞奔到足球赛场的这些高级将领们有的惋惜地说："哎呀，开场是看不上了。"有的还安慰说："没关系，精彩的还在后面。"有的发表议论说："有时候越往后越精彩，有时候越往后越没意思，要看比分咬得紧不紧……"

将军们你一言我一语说说笑笑地返回来，齐刷刷地站在周恩来身后。周恩来始终立正站立，看着飞机起飞，在机场上空绕一圈，摆摆机翼，然后渐渐远去，渐渐消失……将军们也站在那里目送着飞机离去。

随后，周恩来转过身来，并不看那些将军们，自顾和前来送行的外交使节告别。直到外交使节全离开了，才面对那些将军："你们都过来。"刘亚楼是有名的乐天派，走到哪儿，哪儿就有一片欢笑声。他们说说笑笑地走近总理时，猛听一声喝问："你们学过步兵条例没有？"欢声笑语突然间停止了。将军们发现总理面色冷峻，立刻都屏气静声，就地立正站好，恢复了典型的军人姿态。"步兵条例里哪一条规定，总理没有走，你们就可以走了？你们当将军能这样？在部队里，首长没有走，下边全走了，行吗？"机场上静悄悄的，将军们再没人敢去想看球的事了。

"客人还没走，机场已经没人了，人家会怎么想？你们是不是不懂外交礼节？那好，我来给你们上上课！"周恩来声音不高不低，讲话不紧不忙，就那么讲起了基本的尽人皆知的外交礼节："按外交礼仪，主人不但要送外宾登机，还要静候飞机起飞，飞机起飞后也不能离开，因为飞机还要在机场上空绕圈，要摆动机翼……"

刘亚楼是空军司令员，他能不明白这种礼仪？罗瑞卿等高级将领参加外事活动都很多，也全明白，但现在周恩来不厌其详、不厌其烦地亲自讲，反复讲，他们也只能老老实实地反复听。周恩来讲了足有15分钟，才缓缓抬腕看一眼表，缓缓说："我知道你们是着急想看足球赛，我叫住你们，给你们讲这些你们早就知道的道理，我讲15分钟，为什么？就是要让你们少看点球赛才能印象深一些。好吧，现在咱们一起去吧，还能看半场球。"周恩来就用这种少看半场球的办法，"惩罚"了失礼的将军们，使将军们都留下了深刻印象。

（资料来源：本文根据百度知道相关资料整理而成）

3. 引导礼仪

1）引导者的身份

来宾的引导，指的是迎宾人员在接待来宾时，为来宾亲自带路，或是陪同对方一道前往目的地。一般情况下，负责引导来宾的人，多为来宾接待单位的接待人员、礼宾人员、专门负责此事者，或是接待方与来宾对口单位的办公室人员、秘书人员。如果是在家中接待朋友，引导者往往由主人担当。

2）引导中的注意事项

（1）引导手势要优雅。接待人员在引导访客的时候要注意引导的手势。

男性引导人员的正确手势应该是：当访客进来的时候你只需要行个礼，鞠个躬，当你的手伸出的时候，眼睛要随着手动，手的位置在哪里眼睛就跟着去哪里。如果访客问你"对不起，请问经理室怎么走"，千万不要口中说着"那里走"，手却指着不同的方向。

女性接待人员在做指引时，手要从腰边顺上来，视线随之过去，很明确地告诉访客正确的方位；当开始走动时，手就要放下来，否则会碰到其他过路的人，等到必须转弯的时候，需要再次打个手势告诉访客"对不起，我们这边要右转"。打手势时切忌五指张开或表现出软绵绵的无力感。

（2）注意危机提醒。在引导过程中要注意对访客进行危机提醒。比如，在引导访客转弯的时候，熟悉地形的你知道在转弯处有一根柱子，这时就要提前对访客进行危机提醒；如果拐弯处有斜坡，你就要提前对访客说"请您注意，拐弯处有个斜坡"。

对访客进行危机提醒，让其高高兴兴地进来、平平安安地离开，这是每一位接待人员的职责。

（3）上下楼梯的引导方式。引导客人上楼梯时，假设你是女性，穿的是短裙，那么你千万不要自告奋勇地说"请跟我来"，而要尽量真心诚意地跟对方讲"对不起，我今天的服装比较不方便，麻烦您先上楼，上了楼右转"，很明确地将正确方位告诉客人就可以了。

在上楼梯时引导者（限女性）走在后面，客人走楼梯里侧，引导者走在中央，配合客人的步伐，如图 6-1 所示；在下楼梯时引导者走在客人的前面，客人走在里侧，引领者走在中间，边下楼边注意客人，如图 6-2 所示。

图 6-1 上楼梯引导

图 6-2 下楼梯引导

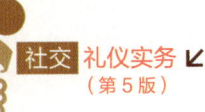

（4）如何开启会客室大门。会客室的门一般分为内开门和外开门，在打开内开的门时不要急着把手放开，这样门会碰到后面的客人；如果要开外开的门，就更要注意安全，一旦没有控制好门，很容易伤及客户的后脑勺。所以，开外开门时，一定要用身体倚住门板，并做一个请的动作，当客人进去之后再随手将门轻轻地关上，这是在维护客人的安全，接待人员一定要注意。

（四）电话接待礼仪

在通电话的过程中，接听电话的一方显然是被动者，尽管如此，我们在接听电话时，也需要专心致志，彬彬有礼。

1. 电话基本礼仪

1）面带微笑，声音清晰柔和

笑是可以通过声音来感觉到的，拿起电话，应该面带微笑。要像对方就在自己面前一样，带着微笑接听电话。

通话时，声音应当清晰悦耳，温和有礼，吐字准确，语速适中，语气亲切、自然。讲话声音不宜太大，让对方听清楚即可。

2）姿态端正

在通话过程中，应该保持端正的姿势，或站或坐，都要保持身体挺直，不要东倒西歪，弯腰驼背。打电话过程中不能吸烟、喝茶、吃零食，也不要对着电话打哈欠。话筒与嘴的距离保持在3厘米左右。通话结束后，应轻放话筒，不要用力摔。

3）正确进行自我介绍

接通电话后，通话者首先向对方正确介绍自己，即"自报家门"。电话中自我介绍的方式是：在私人电话中，报本人的姓名；在公务电话中，报本人所在的单位全名和职务。

4）尊者先挂电话

在结束电话交谈时，一般应当由打电话的一方提出，然后彼此客气地道别，说一声"再见"，再挂电话，不可只管自己讲完就挂电话。交际礼仪的规则是地位高者先挂电话。

（1）工作中，上级先挂电话。

（2）单位与单位之间，上级单位先挂电话。

（3）在商务交往中，客户是上帝，无论是投诉，还是做生意，客户先挂电话。

（4）地位高者先挂电话。

（5）一般求人的事，被求的人先挂电话。

（6）如果自己有重要的事情，不宜继续通话，应该说明原因，并告诉对方"有空时，我马上打电话给您"。

5）尊重隐私

当别人打电话或接听电话时，要做到不偷听、不旁听。当代别人接听电话时，要做到不随意传播，也不可当着众人的面，大声转述电话的内容。

小知识
打电话礼仪

2. 电话接待注意事项

1) 注意自己的态度与表情

虽然说通电话是一种"未曾谋面"的交谈，表面上看，我们接电话时的态度与表情对方是看不到的，但是实际上对于这一切，其实对方完全可以在通话过程中感受到。电话铃声一响，受话方就应及时接听电话。在国外，接电话有"铃响不过三遍"一说。但现实生活中，有人明明就在电话边上，偏偏要"沉住气""摆摆谱"，让电话铃声先响上一通再说。这种态度，无疑是怠慢对方的。如果因特殊原因，致使铃响许久才接电话，应在通话之初就向打电话人表示歉意。在日常生活和工作中，正常情况下，不允许不接听他人打来的电话，尤其是如约而来的电话，因为这关系一个人的诚信问题。接电话时，态度应当殷勤、谦恭。在办公室里接听电话，尤其是有外来的客人在场时，最好是走近电话，双手捧起话筒，以站立的姿势，面带微笑地与对方友好通话。不要坐着不动，把电话抱在怀里，夹在脖子上通话。更不要拉着电话线，边走边接听通话；更不要坐在桌角、趴在沙发上或是把双腿高抬到桌面上，大模大样地与对方通话。接听电话时，速度快、态度好、姿势雅，才是合乎礼仪的。

2) 注意自己的语言和语气

拿起电话后，要热情问候对方并主动自报家门。问候对方是礼貌，自报家门则是为了让对方验证是否拨错了电话，找错了人。日常生活中，很多人接听电话的第一句话就是以"喂，谁呀"或"你找谁呀"作为"见面礼"。更有甚者一张嘴就毫不客气地查一查对方的"户口"，一个劲儿地问人家"你找谁""你是谁"，或者"有什么事儿呀"，这是不合乎规范的。规范的做法是："您好，我是×××，请问您是哪位？""您好！马丽娅，请讲。"在办公室中，接电话时拿起话筒所讲的第一句话，也有一定的规矩。接听电话时所讲的第一句话，常见的有两种形式。第一种，是以问候语加上单位、部门的名称以及个人的姓名。此种形式最为正式。例如："您好！林安集团公司人事部姜超，请讲。"第二种，是以问候语加上单位、部门的名称，或是问候语加上部门名称。此种形式适用于一般场合。例如："您好！惠仟佳公司广告部，请讲"，或者"您好！人事部。请讲"。后一种形式，主要适用于由总机接转的电话。万一对方拨错了电话或电话串了线，也要保持应有的风度，切勿发脾气"耍态度"。确认对方拨错了电话，应先自报一下"家门"，然后再告之电话拨错了。对方如果道了歉，不要忘了以"没关系"回应，而不要训斥对方。如有可能，不妨问一问对方，是否需要帮助他查一下正确的电话号码。如果你真的这样做了，不是"吃饱了撑的"，而是借机宣传了自己以礼待人的良好形象。在通话过程中，不要对着话筒打哈欠，或是吃东西，也不要同时与其他人闲聊，否则会让对方感到自己在受话人的心中无足轻重。

3) 遵守惯例

在通话时，接听电话的一方不宜率先提出中止通话的要求，按照惯例应由打电话者先挂断电话。如果对方还没有讲完，你就挂断电话，是很不礼貌的。尤其在与位尊者或女士通话时，一定要等对方先挂电话，以示对对方的尊重。如果你确实有急事需要挂断电话，可向其略微说明原因，表示歉意，并再约一个合适的时间，届时由自己主动打电话过去。约好了时间，须牢记并遵守。在下次通话时，还要再次向对方致以歉意。如果遇上不识相的人打起电话没完没了，非得让其"适可而止"不可的话，语言也应当委婉、含蓄，不要让对方难堪。比如，不宜说："你说完了没有？我还有别的事情呢。"而应当讲："好吧，我不再占用您的宝贵时间了。""真不希望就此道别，不过以后真的希望再有机会与您联络。"

4）正确处理代接电话

代接电话时，讲话要有板有眼。被找的人如果就在身旁，应告诉打电话者"请稍候"，然后立即转交电话，倘若被找的人不在，应在接听电话之初立即相告，并礼貌地征询对方是否自己可以"代为转告"。不过应当先讲"某人不在"，然后再问"您是谁"或"您有什么事情"，切勿"本末倒置"。以免让打电话者疑心：他要找的人正在旁边，可就是不想接电话。代接电话时，对方如有留言，应当场笔录下来。电话记录的内容一般为6W要素：Who（谁来的电话）、Whom（打电话找谁）、What（来电内容）、Why（来电原因）、Where（来电中提到的地点）、When（来电的时间和电话中提到的时间）。

3. 移动电话使用技巧

1）注意安全

不用手机传送重要信息，开车不打手机，乘飞机要关机，加油站、病房中不使用手机。一般情况下，不要借别人的手机，尤其是陌生人。

2）文明使用

使用手机时，一定要讲究社会公德，避免使自己的行为干扰到其他人。在公共场所活动时，尽量不要使用手机。当其处于待机状态时，应使之静音或调为振动。需要与他人通话时，应寻找无人之处，而避免影响他人。在参加宴会、舞会、音乐会，前往法院、图书馆，或是参观各类展览时，尤须切记此点。

在工作中，亦应注意不使自己的手机有碍于工作、有碍于别人。在写字间里办公时，尽量不要让手机响个不停。尤其是在开会、会客、上课、谈判、签约以及出席重要的仪式、活动时，必须要自觉地提前关机或调成静音。这样做，表明对有关交往对象的尊重和对有关活动的重视。

3）正确使用个性化铃声

随着手机使用的普及，个性化的手机铃声也迅速走俏。这些个性化的铃声为生活增添了色彩，人们选择它无可非议。但是应该注意在办公室和一些严肃的场合正确使用个性化的铃声，不合适的铃声不断响起的话，对周围的人是一种干扰。铃声要和身份相匹配。相对来说，过于个性化的铃声与年轻人的身份比较匹配，一些长者或者有一定身份的人如果选择与自己身份不太匹配的铃声，会损害自己的形象。

> **礼仪故事 6-5　如此铃声要慎用**
>
> 在广州市，曾经发生这样一件令人啼笑皆非的事。巡警在经过一辆豪华旅游车时，突然听到一阵急迫的呼救声："救命呀，抢劫呀！"便忙忙将这辆旅游车拦住，可上车一看，乘客们全都在呼呼大睡。忽然，"救命呀……"的"喊声"再次响起。巡警寻声找去，原来这"呼救声"是从一名熟睡的乘客手机里传出的。可想而知，如果这样的铃声到处都是的话，公众秩序一定大乱。
>
> （资料来源：卢新华，康娜.《社交礼仪》，北京大学出版社，2007）

4）注意携带

手机的使用者，应当将其放置在适当之处。大凡正式的场合，切不可有意识地将其展示于人，如把手机握在手中，放在自己身边，或是有意当众对其进行摆弄。按照惯例，外出之际随身携带手机的最佳位置有两个：一是公文包；二是上衣口袋。穿套装、套裙时，切勿将其挂在腰带上。否则撩衣取用或察看时，即使不使自己与身旁之人"赤诚相见"，也会因此举而惊吓到对方。

5）不频繁更换电话号码

不可频繁更换手机号码，如果更换，应及时通知重要的亲朋好友和重要的合作伙伴。

任务三　馈赠礼仪

（一）馈赠的含义

人们相互馈赠礼物，是人类社会生活中不可缺少的交往内容。中国人一向崇尚礼尚往来。《礼记·曲礼上》说："礼尚往来，往而不来，非礼也，来而不往，亦非礼也。"

馈赠礼仪

馈赠是人们在社交过程中通过赠送给交往对象一些礼物来表达对对方的尊重、敬意、友谊、纪念、祝贺、感谢、慰问、哀悼等情感与意愿的一种交际行为。馈赠作为一种非语言的重要交际方式，以礼品作为媒介，能够与交往对象建立很好的沟通渠道，充分表达对对方的友情与敬意。馈赠的目的在于沟通感情和保持联系，在这里需要注意的是，我们要把馈赠礼物、正常交往中的送礼与收买贿赂、腐蚀拉拢区别开。所以在现代人际交往中，礼物是人们往来的有效媒介之一，它不仅是一种行为方式，更为重要的是通过这种方式可以体现馈赠者的人品和诚意。

（二）礼品的选择

1．礼品选择的原则

1）轻重原则——礼轻情意重

注重情谊，是馈赠礼品应遵循的首要原则。馈赠的礼品是情谊的载体而不是商品，商品的价值反映在价格上，而情义无价。礼品虽然也有贵贱厚薄、善恶雅俗之分。但是礼品的贵贱与其价值并不总是成正比。因为礼物是用于言情、寄意、表礼的，是人们情感的寄托物，人情无价而物有价，有价的物只能寓情于其身，而无法等同于情。

也就是说，就礼品的价值含量而言，礼品既有其物质的价值含量，也有其精神的价值含量。"千里送鹅毛"正是强调了礼品的情谊性，淡化了礼品的功利性。"折柳相送"也常为文人津津乐道。我们倡导"君子之交淡如水"，提倡"礼轻情意重"。一般情况下，我们不妨既要注意礼轻情意重，又要入乡随俗地择定不同轻重的礼物。

> **礼仪故事 6-6　千里送鹅毛**
>
> "千里送鹅毛"的故事发生在唐朝。当时，云南一位少数民族的首领为表示对唐王朝的拥戴，派特使缅伯高向太宗贡献天鹅。
>
> 路过沔阳河时，好心的缅伯高把天鹅从笼子里放出来，想给它洗个澡。不料，天鹅展翅飞向高空。缅伯高忙伸手去捉，只扯得几根鹅毛。缅伯高急得顿足捶胸，号啕大哭。随从们劝他说："已经飞走了，哭也没有用，还是想想补救的方法吧。"缅伯高一想，也只能如此了。
>
> 到了长安，缅伯高拜见唐太宗，并献上礼物。唐太宗见是一个精致的绸缎小包，便令人打开，一看是几根鹅毛和一首小诗。诗曰："天鹅贡唐朝，山高路更遥。沔阳河失宝，倒地哭号啕。上复圣天子，可饶缅伯高。礼轻情意重，千里送鹅毛。"唐太宗感到莫名其妙，缅伯高随即讲出事情原委。唐太宗连声说："难能可贵！难能可贵！千里送鹅毛，礼轻情意重！"

2）效用性原则

当礼以物的形式出现时，同一切物品一样，礼物本身也就具有了价值和使用价值。就礼品本身的实用价值而言，人们的经济状况不同、文化程度不同、追求不同，对于礼品实用性的要求也就不同。

一般来说，物质生活水平的高低，决定了人们精神追求的不同。在物质生活较为贫寒时，人们多倾向选择实用性的礼品，如食品、水果、衣料、现金等；在生活水平较高时，人们则倾向于选择艺术欣赏价值较高、趣味性较强和具有思想性纪念性的物品作为礼品。

因此，应视受礼者的物质生活水平，有针对性地选择礼品。

3）时机原则

就馈赠的时机而言，及时、适宜是最重要的。中国人很讲究"雨中送伞""雪中送炭"，即要注重送礼的时效性，因为只有在最需要时得到的才是最珍贵的，才是最难忘的。我国是一个节日较多的国家，在传统节日相互赠送相应的礼品，会使双方感情更为融洽。另外，在对方的某些纪念日，以礼品相送也会起到很好的效果。

因此，要注意把握好馈赠的时机，包括时间的选择和机会的择定。一般说来，时间贵在及时，超前、滞后都达不到馈赠的目的；机会贵在事由和情感及其他需要的程度。"门可罗雀"和"门庭若市"时，人们对馈赠的感受会有天壤之别。所以，对于处境困难者的馈赠，其所表达的情感就更显真挚和高尚。

4）投好避忌的原则

《礼记》上说"礼从宜，使从俗"意思就是礼尚往来，贵在适宜。如果给健康的人送药品，给老人送钟，给新婚夫妇送伞，必然会引起误会。

由于民族、生活习惯、生活经历、宗教信仰以及性格、爱好的不同，不同的人对同一礼品的态度是不同的，或喜爱或忌讳或厌恶等，因此我们要把握住投其所好、避其禁忌的原则，尤其强调要避其禁忌。馈赠前一定要了解受礼者的喜好，尤其是禁忌。例如，美国人忌黑色、忌蝙蝠

图案和珍贵动物头部作商标图案，给美国女性不能送香水、化妆品；英国人忌用大象、山羊和人物肖像作商标图案；意大利人忌讳送手帕；再如，白色虽有纯洁无瑕之意，但中国人比较忌讳，因为在中国，白色常是悲哀之色和贫穷之色；同样，黑色也被视为不吉利，是凶灾之色、哀丧之色；当然还有许多原则需要我们去遵循，在这里就不列举了。

2. 礼品选择的方法

1）根据馈赠目的选择礼品

任何馈赠都是有目的的，或为结交友谊，或为祝颂庆贺，或为酬宾谢客，或为其他。

（1）**以交际为目的的馈赠**。这是一种为达到交际目的而进行的馈赠，有以下两个特点。

一是送礼的目的与交际目的的直接一致。无论是个人还是组织机构，在社交中为达到一定目的，赠送给交往中的关键人物和部门一定礼品，以促使交际目的的实现。

二是礼品的内容与送礼者的形象一致。选择礼品一个非常重要的原则就是要使礼品能反映送礼者的寓意和思想感情的倾向，并使寓意和思想感情的倾向与送礼者的形象有机地结合起来。

（2）**以巩固和维系人际关系为目的的馈赠**。这类馈赠，即人们常说的"人情礼"。在人际交往过程中，无论是个人间的抑或是组织机构间的，必然产生各类关系和各种感情。人与生俱来的社会性，又要求人们必须重视这些关系和感情，因而，围绕着如何巩固和维系人际关系和感情，人们采取了许多办法，其中之一就是馈赠。这类馈赠，强调礼尚往来，以"来而不往非礼也"为基本行为准则。因此，这类馈赠，无论从礼品的种类、价值的轻重、档次的高低、包装的精美、蕴含的情义等方面都呈现多样性和复杂性。这在民间交际中尤其具有重要的特殊作用。

（3）**以酬谢为目的的馈赠**。这类馈赠是为答谢他人的帮助而进行的。因此在礼品的选择上十分强调其物质价值。礼品的贵贱厚薄，首先取决于他人帮助的性质。帮助的性质分为物质的和精神的两类。一般说来，物质的帮助往往是有形的，能估量的。而精神的帮助则是无形的、难以估量，然而其作用又是相当大的。其次取决于帮助的目的，是慷慨无私的，或是另有所图的，或是公私兼顾的。只有那种真正无私的帮助，才是值得真心酬谢的。最后取决于帮助的时机，一般情况下，危难之中见真情。因此，得到帮助的时机是日后酬谢他人的最重要的衡量标准之一。

（4）**以公关为目的的馈赠**。这种馈赠，表面上看来不求回报，而实质上其索取的回报往往更深地隐藏在其后的交往中，或是金钱，或是权势，或是其他功利，是一种为达到某种目的而用馈赠礼品的形式进行的活动。

2）根据馈赠对象选择礼品

送礼的对象多种多样，由于各自的阅历、爱好不同，对物品的喜好也各不相同，因此在送礼前必须了解受礼者的年龄、性别、性格、文化程度、爱好、身份、习惯等情况。又要考虑礼品本身的思想性、艺术性、趣味性和纪念意义，还要注意避奢脱俗，正如一位专家所讲的那样，礼物应当是"创造性"的，应是对方喜欢并能接受的。具体来说应注意以下三点。

（1）**考虑彼此的关系现状**。在选择礼品时，必须考虑到自己与受赠对象之间的关系现状，不同的关系应当选择不同的礼品。应根据与馈赠对象的亲缘关系、地缘关系、业缘关系、友谊关系、文化习惯关系、偶发性关系等在选择礼品时而有所不同，区别对待。例如，玫瑰是爱情的象征，是送给女友或妻子的佳礼。但若把它随便送给一位普通关系的异性朋友，就可能引起不必要的误会。

（2）**了解受赠对象的爱好和需求**。根据受赠对象的爱好和实际需求来选择礼品，往往可以增加礼品的实效性，增强受赠者对送礼者的好感和信任。因为在受赠对象看来，只有了解和关心他的人，才会明白他的需求。正如鲜花赠予美人，宝刀赋予勇士，可以使礼品获得增值效应。例如老师在学生取得佳绩时可以赠予有益的书籍，给书法爱好者赠送文房四宝，给音乐爱好者赠送乐器等。

（3）**尊重对方的个人禁忌**。在礼品的选择过程中，应细致了解受赠对象的个人禁忌，以免所选礼品触犯了受赠者的禁忌而导致适得其反的作用。一般而言，选择礼品不应忽视的禁忌有四类：第一，个人禁忌。送情侣表给一位刚刚守寡的妇女，送一条烟给一位从不吸烟的长者，都会触犯对方的私人禁忌。第二，民俗禁忌。如俄罗斯人最忌讳送钱给别人，因为这意味着施舍和侮辱，汉族人忌送钟、伞，因为这意味着不吉利。第三，宗教禁忌。如对伊斯兰教徒不能送人形礼物，也不能送酒、雕塑和女人的画片，因为他们认为酒是一切万恶之源。第四，伦理禁忌。如各国均规定不得将现金和有价证券送给并无私交的公务人员。

（三）馈赠的时机

1. 赠送时间的选择

古今中外都很重视礼尚往来，一般来说春节、中秋、端午、国庆、元旦、生日、结婚、生子、圣诞、情人节、母亲节等都是送礼的最好时机。当然，送礼多少需要视个人的具体情况灵活掌握。

下面六种情形被认为是送礼的好时机。

（1）应当道喜之时，如交往对象结婚、生育的时候。

（2）应当道贺之时，如交往对象升学、晋级、乔迁、出国、事业取得成功或是过生日时。

（3）应当道谢之时，如受到他人关心、照顾、帮助之后，可在适当时机，以礼相赠，表示谢意。

（4）应当慰问、鼓励之时，如交往对象遇到困难、挫折、身处逆境时，可以赠送适当礼品表示慰问或鼓励。

（5）应当纪念之时，如久别重逢、参观访问、临行话别之际，可以赠送礼品，以作纪念。

（6）在遇到我国传统节日，如春节等，可向交往对象赠送一些礼品、纪念品。

2. 赠送礼品的地点

赠送礼品的地点是非常重要的。尤其是出于应酬或有特殊目的的馈赠，更应注意赠礼场合的选择。

一般而言，在公务交往中，应选择工作场所或交往地点赠送礼物；而在私人交往中，则宜于私下赠送，受赠对象的家中通常是最佳地点。另外，给关系密切的人送礼不宜在公开场合进行，因为会给他人留下你们关系密切都是靠物质的东西支撑的感觉。只有那些能表达特殊情感的特殊礼品，方能在公众面前赠送。

六、技能训练

技能训练 1：参观接待训练

教师将同学们分成两组，一组扮演接待的主方，一组扮演来宾。按照礼宾次序，主方同学要准确排出客方同学姓名的顺序，然后安排会议室的座次，并带领客方同学边讲解边参观校园。

训练内容如下：

（1）按照姓氏笔画排序，排出扮演来宾同学的名次。

（2）两组互换角色进行参观接待训练。

技能训练 2：拜访训练

教师将全班同学分成若干组，每组 5~7 人，分别模拟拜访以及迎送时的一般场景，通过仔细揣摩，掌握拜访时的注意事项及礼节。

技能训练 3：打接电话训练

教师将全班同学分成若干组，扮演接、打电话方，设计话题进行接待电话训练。

训练内容如下：

注意接待电话的细节，要求开始语、结束语应符合规范。

技能训练 4：馈赠训练

远在异地的父母要你代他们去看望正在本地出差的一位长辈，你该做哪些准备（假设这位长辈是你从未见过的）？

技能训练 5：接待综合训练

假如你是公司的市场部经理，需要组织一个公司的十周年庆典，庆典在某酒店 3 层的多功能厅举行，有电梯直达。你要求嘉宾下午 4 点到场。请发挥一下自己的想象力，细述怎样对客户进行邀请，接待时如何用礼貌用语，如何握手、递名片以及引导客户到达指定地点，如何告别等；并描述公司组织宴会的细节与自己的衣着。

项目七 商务礼仪篇

经典案例

　　7月15日是国能电力公司与美国 PALID 公司在多次谈判后达成协议,准备正式签约的日期。国能电力公司负责签约仪式的现场准备工作,国能电力公司将公司总部十楼的大会议室作为签约现场,在会议室摆放了鲜花,长方形签字桌上临时铺了深绿色的台呢布,摆放了中、美两国的国旗,美国国旗放在签字桌左侧,中国国旗放在右侧,签字文本一式两份放在黑色塑料的文件夹内,签字笔、吸墨器等文具分别放置在两边,会议室空调温度控制在 20℃。办公室陈主任检查了签约现场,觉得一切安排妥当,他让办公室张小姐通知国能电力公司董事长、总经理等签字人员在会议室等待,自己到楼下准备迎接客商。

　　上午9点,美方总经理一行乘坐一辆高级轿车,准时到达国能电力公司,司机熟练地将车平稳地停在楼前,陈主任在门口迎候,他见副驾驶座上是一位女宾,便以娴熟、优雅的姿势先为前排女宾打开车门,并做好护顶姿势,同时礼貌地问候对方。紧接着,陈主任迅速走到右后门,准备以同样动作迎接后排客人,不料,前排女宾已经先于他打开了后门,迎候后排男宾,陈主任急忙上前问候,但明显感觉女宾和后排男宾有不悦之色。陈主任一边引导客人进入大厅,来到电梯口,一边告知客人,董事长等在会议室等待,电梯到达十楼后,陈主任按住电梯控制开关,请客商先出,自己后出,然后引导客人到会议室,在会议室等待的国能电力公司的签字人员在客人进入会议室时,马上起立鼓掌欢迎,刘董事长急忙从座位上站起,主动同对方客人握手,不料,美方客人在环视

项目七　商务礼仪篇

了会议室后，似乎非常不满，不肯就座，好像是临时改变了主意，不想签字了，问题出在哪里呢？

评析：在商务活动中，常常会经历洽谈、沟通，在这个过程中有很多细小的但是却决定着洽谈是否成功的礼仪要求，在以上的案例里，签字无疑是终于到了收获时刻，可是由于礼仪上的差错，就可能会让所有会谈的努力付之东流，可以说礼仪决定了商务活动的成败。

一、知识目标

（1）了解会见、会谈、商务仪式及商务服务的基本概念；
（2）掌握商务洽谈的基本原则；
（3）掌握会见、会谈的基本礼仪要求；
（4）掌握各种不同商务仪式的礼仪规范。

二、能力目标

（1）具备一定的组织能力、策划能力、协调能力和沟通能力；
（2）能够安排商务谈判中谈判桌的摆放及座次安排；
（3）能够安排公司的会议流程以及公司大、小型会议中位次排序的具体规则；
（4）能够布置签字厅，会安排签字厅的座次并策划签字仪式流程。

三、德育目标

（1）通过会议的安排和布置，树立良好的规矩意识、责任意识；
（2）通过各种商务活动的筹备、实施，树立团队合作精神，认真细致的职业精神。

四、知识要点

商务礼仪的适当运用有助于人们获得更多的商务机会，因为在尊重他人的前提下遵守礼仪规范，按照礼仪规范约束自己，就容易使人际间感情得以沟通，发挥凝聚情感的作用，建立起相互尊重、彼此信任、友好合作的关系，进而有利于各种事业的发展。商务洽谈、商务仪式以及商务服务在人们的商务活动中占据着非常重要的地位。

商务洽谈活动，会见和会谈是人们每天都要接触的内容，谈判作为一种正式的商务活动，更是不可缺少的洽谈方式。在商务洽谈活动中，会场的布置以及谈判桌椅的摆放应该严格遵守礼仪要求；商务仪式则是人们宣传企业形象的非常重要的途径，开业典礼、开幕仪式、奠基仪式、破土仪式等都有严格的礼仪要求，可以说礼仪对商业活动的胜败起到了决定性的作用。

五、任务实施

任务一　会见会谈礼仪

会见会谈礼仪

（一）会见会谈的含义

1. 会见

会见是指为了一定的目的而跟别人进行的见面或约会。

会见在国际上一般有两种说法，分别是接见或拜会。凡身份高的人士会见身份低的，或是主人会见客人，一般称为接见或召见。凡身份低的人士会见身份高的，或是客人会见主人，一般被称为拜会或拜见。

会见的性质有礼节性的、政治性的、事务性的，或兼而有之。其中礼节性的会见时间较短，话题较为广泛。政治性会见一般要涉及双边关系、国际局势等重大问题。事务性会见则一般涉及经济、科技、文化交流等业务方面的内容。涉外的事务性会见，还应包括外交方面的内容。

2. 会谈

会谈是指双方或多方就某些重大的政治、经济、文化、军事问题，以及其他共同关心的问题交换意见。会谈也可以是指洽谈公务，或就具体业务进行谈判。会谈，一般内容较为正式，政治性或专业性较强。

（二）会见会谈前的准备

1. 商定出席会见或会谈的时间、地点和出席人员

工作人员应将会见或会谈的出席人员、时间、地点、具体安排、注意事项及时通知对方；若是国际会谈，中方领导及参加会见的中方人员应提前抵达会见地点。

2. 会议室布置

准备足够的座位以及必要的设备，如双方人数较多，厅室面积大，宜安装扩音器。会谈如用长桌，事先排好座位图，现场放置鲜花盆景、标语、茶水、饮料、点心、中外文座位卡等，卡片上的字体应工整清晰，以便于对号入座。在每个座位前的桌面上摆放一本供记事的便笺，便笺的下端距桌面的边沿约 5 厘米。紧靠便笺的右侧摆红、黑色签字笔各一支，便笺的右上角摆一个茶杯垫盘，盘内垫小方巾。一般地说，会见或会谈不备水果，除矿泉水外也不备其他饮料。如果参加会谈、会见的人较多，场地较大，应事前做好准备。必要时安排好其他人员的座位。另外，签字仪式要准备台式国旗。会议室布置如图 7-1 所示。

图 7-1　会议室布置

3. 材料的准备

准备会见和会谈的提纲及背景材料供领导内部参考，要注意做好核心会谈问题的保密工作。

4. 通知新闻媒体

有必要进行宣传时，应通知相关新闻媒体到场。

5. 迎候和引座

主方招待人员应该提前到场，做好迎候工作，并由礼仪人员为客人引座。

6. 合影留念

如果需要合影，应事先排好合影图，会见、会谈的合影的座次安排可与会议室主席台安排相同，人数众多应准备架子。具体来说，合影时主人居中，按礼宾次序，以主人右手为上，主客双方间隔排列。第一排人员既要考虑人员身份，也要考虑场地大小，即能否都摄入镜头。一般来说，两端均是主方人员。合影图如图 7-2 所示。

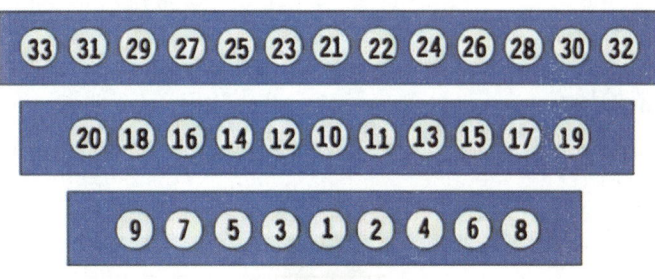

图7-2　合影图

> **礼仪故事 7-1** 礼宾次序安排
>
> 　　1995 年 3 月在丹麦哥本哈根召开联合国社会发展问题世界首脑会议，出席会议的有近百位国家元首和政府首脑。3 月 11 日，与会的各国元首与政府首脑合影。照常规，应该按礼宾次序名单安排好每位元首、政府首脑所站的位置。首先，这个名单怎么排？究竟根据什么原则排列？哪位元首、政府首脑排在最前面？哪位元首、政府首脑排在最后面？这项工作实际上很难做。丹麦和联合国的礼宾官员只好把丹麦首脑（东道国主人）、联合国秘书长、法国总统以及中国、德国总理等安排在第一排，而对其他国家领导人，就任其自便了。好事者事后向联合国礼宾官员"请教"，其答道："这是丹麦礼宾官员安排的。"向丹麦礼宾官员核对，回答说："根据丹麦、联合国双方协议，该项活动由联合国礼宾官员负责。"
>
> （资料来源：管理资源吧，交际礼仪培训，dl.glzy8.com）
>
> **评析：** 国际交际中的礼宾次序非常重要，在国际礼仪活动中，如安排不当，或不符合国际惯例，就会招致非议，甚至可能引起争议和交涉，影响国与国之间的关系。在礼宾次序安排时，既要做到大体上平等，又要考虑国家关系，同时也要考虑活动的性质、内容，参加活动人员的威望、资历、年龄，甚至其宗教信仰、所从事的专业以及当地风俗等。
>
> 　　但礼宾次序不是教条，不能生搬硬套，要灵活运用，见机行事。有时由于时间紧迫，无法从容安排，只能照顾少数人员。本例就是灵活应用礼宾次序的典型案例。

（三）会见会谈的时间、地点

1. 会见和会谈的时间

会谈的时间安排应先征求对方的意见，由双方共同商定。

需要注意的是，会见与会谈的名单、地点、时间一旦确定，一般情况下不要再做改变。如果是重要的会见和会谈，事先应由秘书或其他工作人员进行预备性磋商，确定会见、会谈的具体日程。

2. 会见和会谈的地点

会见的地点一般安排在主人的办公室、会客室或小型会议室，当然也可以安排在客人所住的宾馆会议室。

（四）会见会谈的座次

1. 会见的座次安排

会见通常安排在会客室或办公室。宾、主各坐一边。某些国家元首会见还有其独特的礼仪程序，如双方简短致辞、赠礼、合影等。我国习惯在会客室会见，客人坐在主人的右边，翻译人员、记录员安排坐在主人和主宾的后面。其他客人按礼宾顺序在主宾一侧就座，主方陪同人员在

主人一侧就座。座位不够可在后排加座。会见座位视不同情况安排如图 7-3～图 7-5 所示。

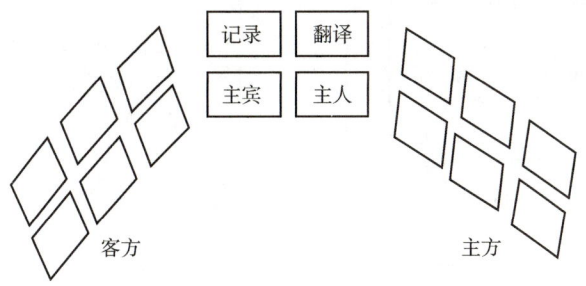

图7-3　半月形会见座次安排图

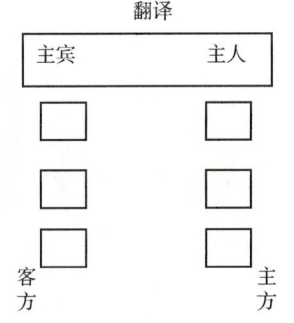

图7-4　门字形会见座次安排图

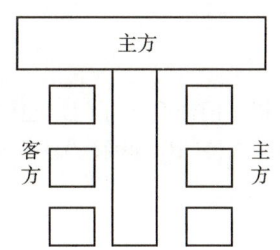

图7-5　T字形会见座次安排图

2. 会谈座次的安排

会谈一般分为双边会谈与多边会谈。双边会谈通常使用长方形或椭圆形桌子，多边会谈采用圆形或摆成方形。不论什么形式，均以面对正门为上座。双边会谈时，宾主相对而坐，以正门为准，主人占背门一侧，客人面向正门。主谈人各自居中。涉外会谈中，我国习惯把译员安排在主谈人右侧，但有的国家亦让翻译坐在后面，一般应尊重主人的安排。其他人按礼宾顺序左右排列。记录员可安排在后面，如参加会谈人数少，也可安排在会谈桌就座。会谈座位视不同情况安排如图 7-6～图7-9 所示。

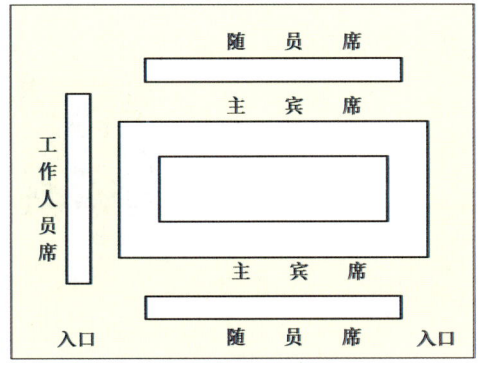

图 7-6　会谈型会议座次安排 1

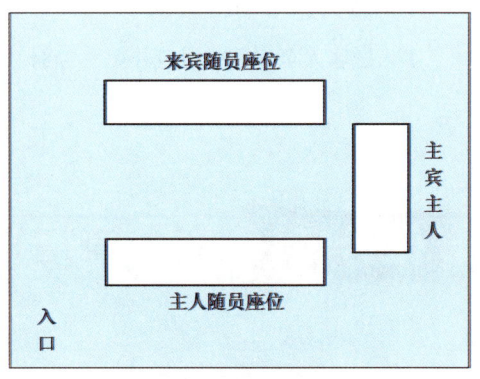

图 7-7　会谈型会议座次安排 2

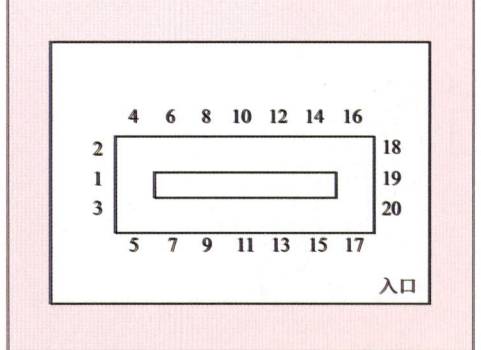

图 7-8　口字形会议座次安排

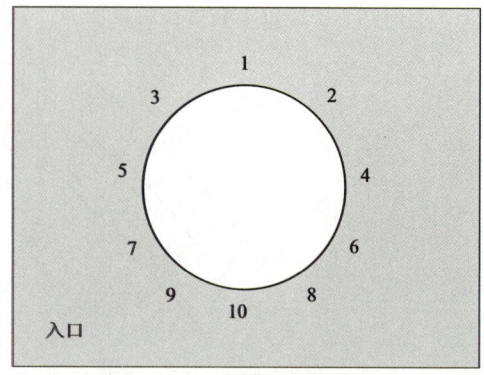

图 7-9　圆桌会谈座次安排

（五）会见会谈程序

1. 迎接

主人在大楼正门或会客厅门口迎接客人（如果主人在会客厅门口迎候，则应由工作人员在大楼门口迎接，引入会客厅）。

小资料
你不知道的主席台座次

2. 介绍

会面介绍，宾主握手。介绍时，应先将主人向客人介绍（客人有优先知情权），随后将客人向主人介绍。如客人是贵宾或大家都熟悉的知名人物，就只将主人向客人介绍，介绍主人时要把姓名、职务说清楚，介绍到具体人时，应有礼貌地以手示意。

3. 致辞、赠礼、合影留念

礼品不用很昂贵，能表达敬意与作为友谊的纪念品即可。互赠礼品后，如需合影，事先安排好合影图，布置好场地，备好照相设备。

4. 记者采访

5. 入座、会见、会谈

6. 会见、会谈结束

主人送客人至车前或门口并握手告别，目送客人远去后再回到室内。

商务谈判礼仪

任务二　商务谈判礼仪

（一）谈判的准备工作

"知己知彼，百战不殆。"在谈判准备阶段要了解对手的全面情况，这既有利于实现谈判的

目标，也有利于对对方表示出充分的尊重，为谈判创造有利的条件，因此在正式进入谈判前，企业必须做好各方面的准备。

1. 谈判内容的确定

在谈判前首先应对谈判的内容、主题及谈判议程等内容进行敲定。敲定好这些内容后才能以此为依据确定谈判目的、制定谈判计划以及规划谈判技巧等。

2. 谈判人员的确定

当谈判内容确定之后，根据谈判内容及要达到的目的，选派合适的谈判人员。

3. 谈判对手的情况

在自己一方谈判人员确定好之后，还要收集对手与本次谈判直接相关的情况资料，如对方组织的基本情况、合作诚意、利益需要、资信程度等。要了解对手的类型，对手的类型是安全合作型，还是难以合作型。根据谈判对手的性格特征、兴趣爱好等情况进而决定自己在谈判中采取何种策略、态度。

4. 谈判场所的准备

1）场地的选择

谈判场所应环境优美、交通方便、通信通畅、设施舒适，还应根据方便程度、体面程度及费用等因素选择主场、客场或中立地谈判。有些重大谈判往往就谈判地点就要先进行洽谈。因为商务谈判场所要求较为严肃、安静，另外由于人类比其他动物更有"场地优势感"，所以，谈判的场所通常是双方轮流或设立在中立的第三方处。如果在己方场所谈判，则要安排对方的食宿，努力为对方创造一个良好、舒适的环境，以尽地主之谊。

2）会场的布置

商务洽谈一般安排在会议室进行，有时也可以安排在会客室。大型的商务洽谈，要选择宽敞明亮、整洁安静的场所，会场要精心布置，这是对对方的一种尊重。一般传统的、正规的谈判所采取的形式是安排方桌或长条形会议桌，双方谈判人员面对面而坐。这样的形式庄重而严肃。如果谈判主题不是很严肃的话，也可以采用圆桌，大家围坐在一起，以营造一个和谐的气氛。要备有一定的茶具、茶水和饮料，还要准备好音响设备、增光设备以及计算机、通信、复印设备及必要的文具。

3）座次的安排

谈判人员座次的安排。首先是主、客方位的安排。传统的安排是长条形谈判桌面朝门横着摆放，依据"面门为上"的座次原则，让客方面对门而坐，己方则坐在背靠门的位置。也有因场地的原因，长条形谈判桌竖着面门摆放的，主、客方座次的安排则依据"以右为上"的原则，让客方坐在谈判桌的右侧。这个左右的确定，不是按传统的方法"人在室内，面向门来分左右"，而是站在门口，按照进门的方向来分左右。座次安排的另一个方面是指一方内部的座次位置，通常是主谈者居中，其余人员分左右依次而坐。谈判座次具体如图7-10、图7-11所示。

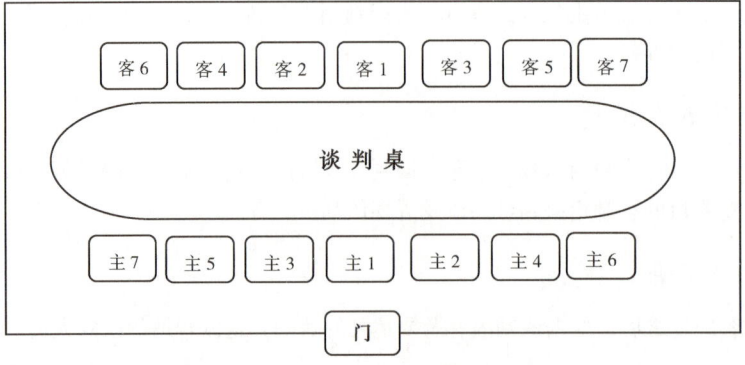

图7-10 横式商务谈判座次安排

（二）谈判程序及谈判礼仪

一个完整的谈判进程大致可分为六个阶段，即开局阶段、探询阶段、明示阶段、交锋阶段、妥协阶段和达成阶段。

1. 开局阶段

开局阶段，又称导入阶段。开局是洽谈的起点。开局时，首先对谈判人员进行介绍，使谈判双方相互认识、了解。这是双方人员的初次正式亮相，双方都将以对方的表现为根据，迅速作出对对方人员的评价和对谈判前景的预测，因此，不可掉以轻心。举止要落落大方，自我介绍、相互介绍、握手致意、互递名片等都要合乎礼仪。如果对方是外商，要尊重对方的习惯和风俗。

为了给谈判创造一个和谐友善的氛围，应以一些非业务性的中性话题开头，例如，对方是熟悉的客户，就可以回顾以往愉快合作的经历、双方的共同爱好等。如果双方不熟悉，则可以谈谈旅途见闻、天气状况、新闻人物等内容。这些话题应是友好的、令人愉快的，有利于消除陌生感和尴尬的心理，创造出轻松诚挚的开局气氛。

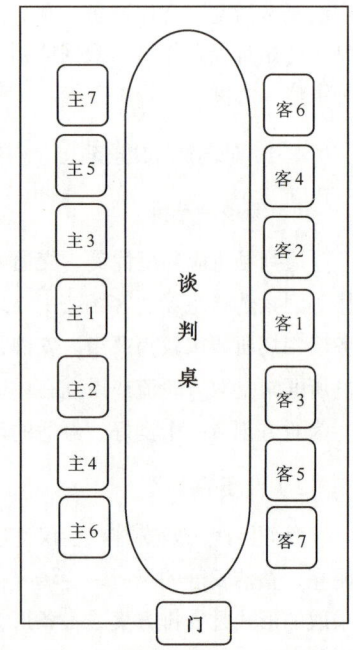

图7-11 竖式商务谈判座次安排

简短的寒暄后要及时切入正题，进行各自的概述。双方应各自说明自己的基本意图和目的。说明己方的观点时应简洁、明确、突出重点；语气要自信、诚恳、坚定，语速不宜过快而显出急躁，也不宜过慢显得毫无生气。要利用自己的口头语言和体态语言恰如其分地表达自己的想法和态度，力求让对方感受到你的坦率和真诚。当对方陈述时，则要认真倾听，并辅以记录和分析，还可以用点头、微笑表示理解，这既是对对方的尊重，也可以探听对方的虚实。一般来讲，谈判双方的陈述时间要大体相等。

2. 探询阶段

这是一个相当微妙的阶段。双方都想通过开局后的简短交涉迅速摸清对方的谈判诚意、真实意图、准备情况、预期目标、谈判策略、对行情的熟悉程度等。而各方对自己的情况和意图往往

藏头露尾、闪烁其词，令人难以捉摸。所以，这时的谈话应该特别谨慎，绝不要滔滔不绝地长篇大论。一些谈判高手往往在这一阶段从对方的语言、神情、姿态中揣测到许多微妙的信息，如对手的经验和技巧、性格和作风、意图和希望等。

3. 明示阶段

经过开局阶段和探询阶段的接触，双方谈判人员对彼此的谈判意图、谈判策略都有了初步的了解，谈判至此开始进入实质性阶段——明示阶段，即按照预定策略或根据接触情况调整预定策略后，明确向对方提出自己的要求，一一罗列出自己的谈判条件。

明示阶段的陈述要清楚、准确，但该保密的部分还应保密，如动机、权限、最后期限等。

在谈判明示阶段，双方要互相提问题，表示不同看法，很容易产生分歧和矛盾。如果操作不当，友好、和谐的谈判气氛就会荡然无存，甚至充满火药味。所以要特别注意说话的语气和技巧。具体地说要注意以下五点。

（1）提问时要注意语气的平和亲切，不能把询问变成审问或责难，引起对方反感。

（2）交谈时语言要讲究礼貌，不要说出一些会伤害对方自尊心的话语，如"这个问题简单得很""那是最起码的常识""没遇到像你这么谈问题的"等。

（3）提问时要做到条理清晰、逻辑性强，显示出提问者深思熟虑和对此次谈判的重视。

（4）提问时要注意观察现场气氛和对方反应，不要提带有攻击性的问题。提问得到回答后应向对方表示感谢，使交谈洋溢着友好的气氛。

（5）对方提问时，应认真倾听，随便打断对方的话是很不礼貌的。

4. 交锋阶段

交锋阶段就是通常所说的"讨价还价"阶段，是谈判过程中最紧张、最关键，也是最困难的阶段。这时双方为了各自的利益，唇枪舌剑，都力求在交锋中占据优势、控制局面，以致感情冲动，恼羞成怒，失态失礼，大多容易发生在这个阶段。因此，越是在这个时刻，谈判人员越要注意谈判的礼仪，时刻把握好"利益"与"礼仪"的辩证关系。

（1）心平气和地讨价还价，讨论问题。要诚心诚意地探讨解决问题的途径，而不幻想一蹴而胜，轻易取得成功。

（2）谈判交锋时态度要和善，语言要文明，举止要庄重。切忌狡辩、诡辩，无理纠缠；忌抓辫子、打棍子、抓住对方的偶尔口误不放；忌讽刺、挖苦、嘲笑，进行人身攻击。当对方作出一定让步后，不要脱离实际，穷追猛打，导致谈判破裂。

（3）在交锋阶段，要注意自己的体态语。不要做引起对方误解的动作。如双臂交叉胸前，往往被认为表示防备心理，或表示对对方意见持否定态度；两腿不停地挪动或来回交叉，会被认为不耐烦或有抵触情绪；揉眼睛、冷笑、提鼻子、向后仰靠在椅背上，是不信任、有抵触或不愿继续谈的表示；说话时手心朝下通常表示高傲、自信、踌躇满志或暗示自己地位高；而摊开手掌，手脚自然放松不交叠，对方会认为你愿意开诚布公；如果你再向对方方向挪挪椅子，对方会认为你很有诚意，想尽快成交，不再绕圈子等。

（4）要善于用友好的方式打破僵局。在较量阶段，如果双方想法和要求差距很大或各执己见，出现僵局时，要用友好的方式打破僵局。如暂时转移话题；插入几句幽默诙谐的语言以缓和气氛；还可以暂时休会或稍事休息。总之，要克服谈判障碍，千万不能伤了和气，伤害对方的自尊，使对方对自己失去信任。

5. 妥协阶段

若谈判中出现僵局或分歧，不要轻易放弃，要寻找一切可能的途径，达到预期目的。一般说来，有诚意地适当地调整自己的目标，作些必要的妥协让步是十分有益的。

（1）让步是谈判中常用的技巧，这是为了双方的最终利益。运用让步技巧时，要做到有理、有利、有礼、有度。首先，让步要抓住时机，当谈判目标已达到，或对方再无让步可能的时刻，不要咄咄逼人、贪得无厌，把对手逼入死角。事实证明，只有达到"双赢"，才能真正加强彼此的合作。

（2）要掌握好让步的速度和幅度，不可一让到底。让步幅度过大、过快，反而会让对方生疑，影响谈判结果。

（3）在自己让步时，不必感到不好意思，甚至感到失礼、内疚。要知道正因为彼此的让步，才能使对方受到鼓励，增强成交的信心。如果你的对手让步了，也要控制自己的情绪，不要喜形于色、得意忘形，要称赞对方的让步是多么明智和真诚。

（4）妥协让步一旦作出就不能反悔，要珍重信誉，重视自身形象以及企业形象。

6. 达成阶段

双方经过几个回合的磋商、让步，最终达成了一致意见，这是谈判的结果。谈判的结果以合同或协议的形式形成书面文件，并经双方签字生效后，才标志谈判的真正成功。在谈判的这一最后阶段，谈判人员应注意以下三点。

（1）在谈判的达成阶段，谈判人员仍须谦虚谨慎，不骄不躁，过于冲动、急于求成或反应迟钝都是不利的。

（2）要珍视成交信号，尊重彼此的合作。逐步接近目标时，成交的种种迹象就会显示出来。这一要靠谈判者积极主动的诱导；二要靠谈判者悉心捕捉，否则会错失良机。

（3）顾全大局，不再纠缠枝节问题。在不妨碍总体协议内容成交的情况下，双方可以握手定案。遗留的细节问题可以以后再议，或责成相关人员解决。

任务三　商务仪式礼仪

（一）签字仪式

签字仪式的整个过程所需时间并不长，也不像举办宴会那样涉及多方面的工作，其程序较简单，但由于签字仪式可能会涉及国与国之间的关系，而且往往是访谈、谈判成功的一个标志，有时甚至是历史转折的一个里程碑，因此，签字仪式也一定要认真筹办。

签约仪式

1. 签字仪式的人员确定

1）签字人

签字人是代表一个国家、政府或企业进行签字的人员，所以，选择签字人十分关键。签字人应视文件性质由缔约各方确定。有由国家领导人签字的，也有由政府有关部门签字的，如不是国

项目七 商务礼仪篇

家级的项目,是地区之间、部门之间的协议,则由地区、部门负责人签字(一般是法人代表)。但不管是哪一级,双方签字人的身份都应大体相当。

2)助签人

助签人的职能是洽谈有关签字仪式的细节,并在签字仪式上帮助翻阅与传递文本、指明签字处。双方的助签人由缔约双方共同商定。

3)出席签字仪式的人员

出席签字仪式的人员应基本上是参加会谈或谈判的全体人员。如一方要求让某些未参加会谈或谈判的人员出席签字仪式,应事先取得对方的同意,另一方应予以认可。但应注意双方人数最好大体相等。不少国家或企业为了表示对签字仪式的重视,往往由更高级别或更多的领导人出席签字仪式。

2. 签字之前的筹备

1)签字文本的准备

安排签字仪式,首先应是签字文本的准备。负责为签字仪式提供待签的合同文本的主方,应会同有关各方一道指定专人共同负责合同的定稿、校对、印刷、装订、盖火漆印工作。按常规,应为在合同上正式签字的有关各方,均提供一份待签的合同文本。必要时,还可再向各方提供一份副本。

签署涉外商务合同时,比照国际惯例,待签的合同文本,应同时使用有关各方法定的官方语言,或是使用国际上通行的英文、法文。此外,亦可同时并用有关各方法定的官方语言与英文或法文。

待签的合同文本,应以精美的白纸印制而成,按大八开的规格装订成册,并以高档质料,如真皮、金属、软木等作为其封面。

2)签字物品的准备

要准备好签字用的文具、国旗等物品。

3)服饰准备

在签字前要规范好签字人员的服饰。按照规定,签字人、助签人以及随员,在出席签字仪式时,应当穿着具有礼服性质的深色西装套装、西装套裙,并配以白色衬衫与深色皮鞋。在签字仪式上露面的礼仪、接待人员,可以穿自己的工作制服,或是旗袍一类的礼仪性服装。

4)签字厅的布置

由于签字的种类不同,各国的风俗习惯不同,因而签字仪式的安排和签字厅的布置也不尽相同。签字厅有常设专用的,也有临时以会议厅、会客室来代替的,但一般要选择较有影响的、结构庄严的、宽敞明亮的、适宜于签字的大厅。

在签字桌上,应事先安放好待签文本,以及签字笔、吸墨器等签字时所用的文具。签字桌上可放置各方签字人的席卡。涉外签字仪式应当用中英文两种文字标示,并在签字桌上插放有关各方的国旗。插放国旗时,在其位置与顺序上,必须依照礼宾序列而行。

5)会标

签字仪式的会标要求醒目。

6）香槟酒

有时在签字仪式结束后，会举行小型酒会，举杯共庆会谈成功。工作人员应事先准备好香槟酒、酒杯等。

3. 签字场所的布置

从礼仪上来讲，举行签字仪式时，在力所能及的情况下，一定要郑重其事，认认真真。其中最为重要的是，举行签字仪式时座次的排列方式问题。签字场所的桌台设置和人员位次应符合礼宾礼仪的要求。通常有以下四种设置和排位方式。

（1）在签字厅内设置一张长条桌作为签字桌，桌后为签字人员准备两把或多把座椅，注意按照国际惯例，排位方式为主左客右。如果是涉外签字仪式，还应在签字桌中央摆放一旗架，上面悬挂或叉摆签字双方的小国旗。其余的参加签字仪式的主客方代表依身份顺序分站于自己一方签字人的座位后面。在我国的签字仪式多采用这种形式，如图7-12所示。

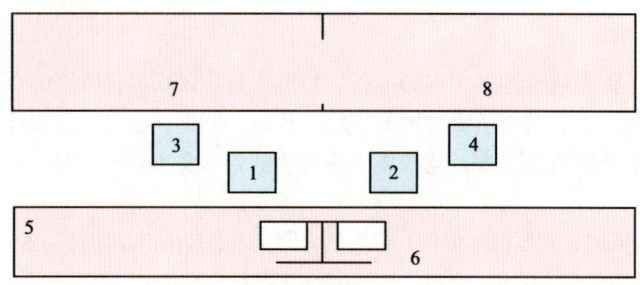

图7-12　签字厅的布置

1.客方签字人；2.主方签字人；3.客方助签人；4.主方助签人；5.签字桌；6.双方国旗；
7.客方参加签字仪式人员；8.主方参加签字仪式人员

（2）在签字厅内设置一张长条桌作为签字桌，桌后为签字人员准备两把或多把座椅，注意按照国际惯例，排位方式为主左客右。与第一种方式不同的是，双方的国旗分别悬挂在各自的签字人员座位后面，其余参加签字仪式的人员依身份顺序分坐于自己一方签字人的对面，如图7-13所示。

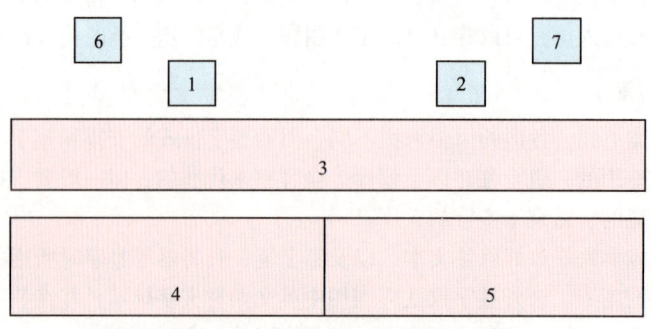

图7-13　一张签字桌座次安排

1.客方签字人；2.主方签字人；3.签字桌；4.客方参加签字仪式人员；
5.主方参加签字仪式人员；6.客方国旗；7.主方国旗

（3）签字厅内设两张或多张桌子为签字桌，按照国际惯例，主左客右，双方签字人各坐一桌，小国旗分别悬挂在各自的签字桌上。参加签字仪式的人员按主客各一方并依顺序分坐于自己一方签字人的对面，如图7-14所示。

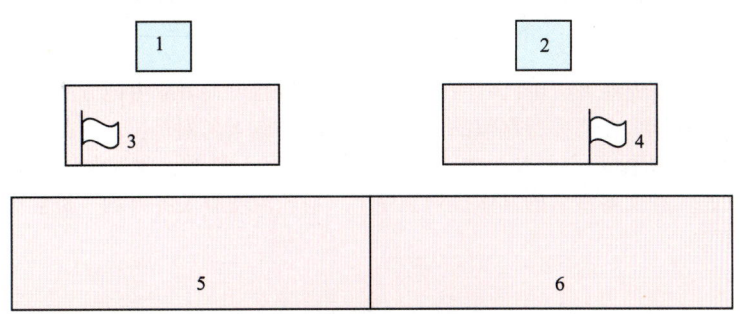

图7-14　两张签字桌座次安排

1.客方签字人；2.主方签字人；3.客方国旗；4.主方国旗；
5.客方参加签字仪式人员；6.主方参加签字仪式人员

（4）多边签字时，只签1份正本。签字人员座次按国家英文名称首字母顺序排列。排列最前的国家居中，以下按顺序先右后左向两边排开。参加人员按身份高低从前向后就座，如图7-15所示。

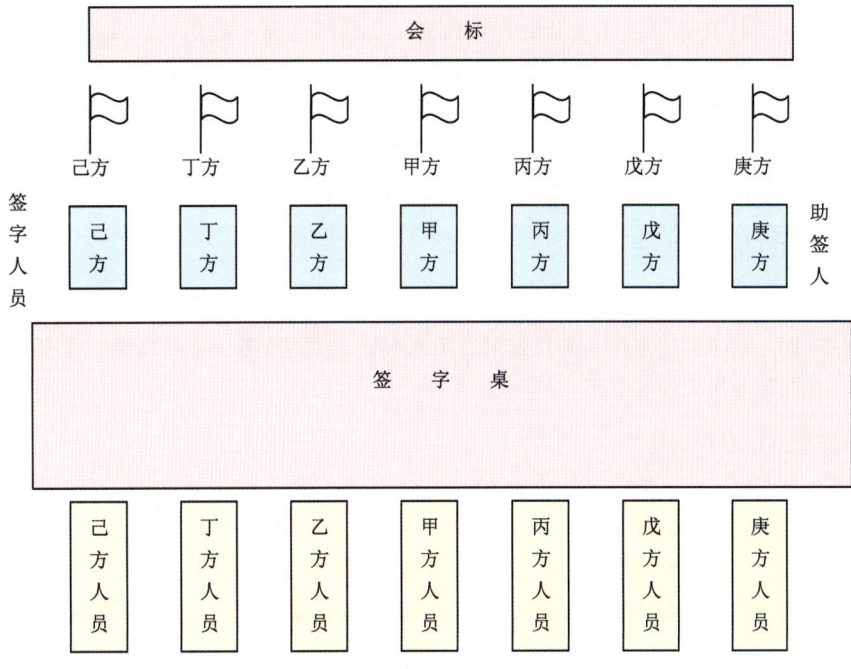

图7-15　多边签字仪式座次安排

4. 签字仪式的程序

这一阶段是双方最为关注的阶段，虽然签字仪式的时间不长，但它是合同、协议签署的高潮，其程序规范、庄重而热烈,所以参加签字的每一个人都要格外的重视自己当时的仪表、仪态。

1)宣布开始

此时,有关各方人员应先后步入签字厅,在各自既定的位置上就位。

2)签署文件

通常的做法是,首先签署应由己方所保存的文本,然后再签署应由他方所保存的文本。依照礼仪规范,每一位签字人在己方所保留的文本上签字时,应当名列首位。因此,每一位签字人均须首先签署将由己方所保存的文本,然后再交由他方签字人签署。此种做法,通常称为"轮换制"。它的含义是:在文本签名的具体排列顺序上,应轮流使有关各方均有机会居于首位一次,以示各方完全平等。

3)交换文本

各方签字人此时应热情握手,互致祝贺,并互换刚才用过的签字笔,以作纪念。全场人员应热烈鼓掌,以表示祝贺之意。

4)饮酒庆贺

有关各方人员一般应在交换文本后当场饮上一杯香槟酒,并与其他方面的人士一一干杯。这是国际上所通行的增加签字仪式喜庆色彩的一种常规性做法。

(二)开业仪式

开业仪式,是指在单位创建、开业,项目完工、落成,某一建筑物正式启用,或是某一项工程正式开始之际,为了表示庆贺或纪念,而按照一定的程序隆重举行的专门仪式。有时,开业仪式亦称作开业典礼。

开业仪式的礼仪,一般指的是在开业仪式筹备与运作的具体过程中应当遵从的礼仪惯例。通常,它包括两项基本内容:其一,做好筹备;其二,如何运作。

开业仪式

1. 开业仪式的准备工作

筹备开业仪式,首先在指导思想上要遵循"热烈""节俭"与"缜密"三原则。具体而论,筹备开业仪式时,对于舆论宣传、来宾邀请、场地布置、接待服务、礼品馈赠、程序拟定六个方面的工作,尤其需要事先做好安排。

1)要做好舆论宣传工作

既然举办开业仪式的主旨在于塑造本单位的良好形象,那么就要对其进行必不可少的舆论宣传,以吸引社会各界对自己的注意,争取社会公众对自己的认可或接受。为此要做的常规工作有:一是选择有效的大众传播媒介,进行集中性的广告宣传。其内容多为开业仪式举行的日期、开业仪式举行的地点、开业之际对顾客的优惠、开业单位的经营特色等。二是邀请有关的大众传播界人士在开业仪式举行之时到场来进行采访、报道,以便对本单位进行进一步的宣传。

2)要做好来宾邀请工作

开业仪式影响的大小,实际上往往取决于来宾身份的高低和数量的多少。有条件的情况下,要力争多邀请一些嘉宾参加开业仪式。地方领导、上级主管部门与地方职能管理部门的领导、合作单位与同行单位的领导、社会团体的负责人、社会贤达都是邀请时应予以优先考虑的重点。为

慎重起见，用以邀请来宾的请柬应认真书写，并装入精美的信封，由专人提前送达对方手中，以便对方早做安排。

3）做好场地布置工作

开业仪式多在开业现场举行，其现场可以是正门外的广场，也可以是正门内的大厅。按惯例，举行开业仪式时宾主一律站立，故一般不布置主席台或座椅。为显示隆重与敬客，可在来宾尤其是贵宾站立之处铺设红色地毯，并在场地四周悬挂横幅、标语、气球、彩带、宫灯。此外，还应当在醒目之处摆放来宾赠送的花篮、牌匾。来宾的签到簿、本单位的宣传资料、待客的饮料等，亦须提前备好。对于音响、照明设备以及开业仪式举行之时所需使用的用具、设备，必须事先认真进行检查、调试，以防其在使用时出现差错。

4）要做好接待服务工作

在举行开业仪式的现场，一定要有专人负责来宾的接待服务工作。除了要求本单位的全体员工都要以主人翁的身份热情待客，有求必应，主动帮助，更重要的是分工负责，各尽其职。在接待贵宾时，需由本单位主要负责人亲自出面。在接待其他来宾时，则可由本单位的礼仪小姐负责。还应为来宾准备好专用的停车场、休息室，并为其安排饮食。

5）要做好礼品馈赠工作

举行开业仪式时应赠予来宾礼品。若能选择得当，必定会产生良好的效果。根据常规，向来宾赠送的礼品，应具有宣传性、荣誉性、独特性三大特征。

6）要做好程序拟定工作

从总体上来看，开业仪式大都由开场、过程、结局三大基本程序所构成。开场，即奏乐、邀请来宾就位、宣布仪式正式开始和介绍主要来宾。过程，是开业仪式的核心内容，它通常包括本单位负责人讲话、来宾代表致词、启动某项开业标志等。结局，则包括开业仪式结束后，宾主一同进行现场参观、联欢、座谈等。为使开业仪式顺利进行，在筹备之时，要认真草拟整体的程序，并选定称职的仪式主持人。

从仪式礼仪的角度来看，开业仪式只不过是一个统称。在不同的适用场合，往往会采用其他一些名称，例如开幕仪式、奠基仪式、竣工仪式、下水仪式、通车仪式、通盘仪式等。它们的共同点都是要以热烈而隆重的仪式，来为本单位的发展创造一个良好的开端。

礼仪故事 7-2　别开生面的开业典礼

2018年8月8日，是北方某市新建的云海大酒店隆重开业的日子。

这一天，酒店上空彩球高悬，四周彩旗飘扬，身着鲜艳旗袍的礼仪小姐站立在店门两侧，她们的身后是摆放整齐的鲜花、花篮，所有员工服饰一新，精神焕发，整个酒店沉浸在喜庆的气氛中。开业典礼在店前广场举行。上午11时许，应邀前来参加庆典的有关领导、各界友人、新闻记者陆续到齐。正在举行剪彩之际，天空突然下起了倾盆大雨，典礼只好移至厅内，一时间，大厅内聚满了参加庆典的人员和避雨的行人。典礼仪式在音乐和雨声中隆重举行，整个厅内灯光齐亮，使庆典别具一番特色。

典礼完毕，雨仍在下着，厅内避雨的行人，短时间内根本无法离去，许多人焦急地盯着厅外。于是，酒店经理当众宣布："今天能聚集到本酒店的都是我们的嘉宾，这是天意，希望大家能同鄙店共享今天的喜庆，我代表酒店真诚邀请诸位到餐厅共进午餐，当然一切全部免费。"霎时间，大厅内响起雷鸣般的掌声。虽然，酒店开业额外多花了一笔午餐费，但酒店的名字在新闻媒体及众多顾客的渲染下迅速传播开来，接下来酒店的生意格外红火。

（资料来源：管理资源吧，http://dl.glzy8.com）

2. 开业仪式的程序

1）开幕仪式

在名目众多的各种开业仪式之中，商界人士平日接触最多的可能要首推开幕仪式了。

通常开幕仪式是指公司、企业、宾馆、商店、银行正式启用之前，或是各类商品的展示会、博览会、订货会正式开始之前，所正式举行的相关仪式。每当开幕仪式举行之后，公司、企业、宾馆、商店、银行将正式营业，有关商品的展示会、博览会、订货会将正式接待顾客与观众。

依照常规，举行开幕式需要较为宽敞的活动空间，所以门前广场、展厅门前、室内大厅等处，均可用作开幕仪式的举行地点。

开幕仪式的主要程序如下：

第一项，宣布仪式开始，全体肃立，介绍来宾。

第二项，邀请专人揭幕或剪彩。揭幕人随之目视彩幕，双手拉启彩索，令其展开彩幕。全场目视彩幕。鼓掌并奏乐。

第三项，在主人的亲自引导下，全体到场者依次进入幕门。

第四项，主人致辞答谢。

第五项，来宾代表发言祝贺。

第六项，主人陪同来宾进行参观。开始正式接待顾客或观众，对外营业或对外展览宣告开始。

2）开工仪式

开工仪式，即工厂准备正式开始生产产品、矿山准备正式开采矿石时，所专门举行的庆祝性、纪念性活动。

为了使出席开工仪式的全体人员均能耳濡目染，身临其境，按照惯例，开工仪式大都在生产现场举行。即以工厂的主要生产车间、矿山的主要矿井等处，作为举行开工仪式的场所。

除司仪人员按惯例应着礼仪性服装之外，东道主一方的全体职工均应穿着干净而整洁的工作服出席仪式。

开工仪式流程如图7-16所示。

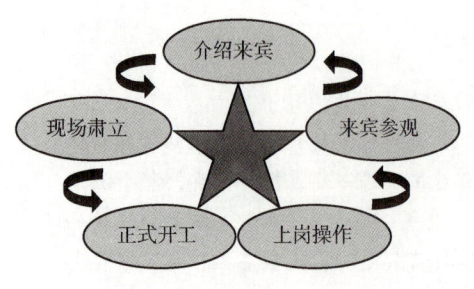

图7-16 开工仪式流程

3）奠基仪式

奠基仪式，通常是一些重要的建筑物，如大厦、场馆、亭台、楼阁、园林、纪念碑等，在动工修建之初，所正式举行的庆贺性活动。

奠基应选择在建筑物正门的右侧。用以奠基的奠基石应为一块完整无损、外观精美的长方形石料，文字应当竖写。右上款，应刻有建筑物的正式名称；正中央应刻有"奠基"两个大字；左下款，则应刻有奠基单位的全称以及举行奠基仪式的具体年月日。字体，以楷体字刻写，最好是白底金字或黑字。

在奠基石的下方或一侧，还应安放一只密闭完好的铁盒，内装与该建筑物有关的各项资料以及奠基人的姓名。届时，它将同奠基石一道被奠基人等培土掩埋于地下，以作纪念。

在奠基仪式的举行现场应设立彩棚，安放该建筑物的模型或设计图、效果图，奠基仪式的地点一般应选择在动工修建建筑物的施工现场。具体地点则按常规均应选择在建筑物正门的右侧。各种建筑机械就位待命。

奠基仪式流程大体分五项，如图 7-17 所示。

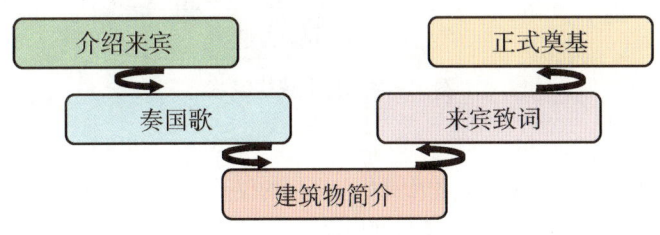

图 7-17　奠基仪式流程

4）破土仪式

破土仪式，亦称破土动工，是指在道路、河道、水库、桥梁、电站、厂房、机场、码头、车站等正式开工之际，专门为此而举行的动工仪式。地点应当选择在工地的中央或某一侧。务必要对现场事先进行认真的清扫、平整、装饰。倘若来宾较多，尤其是当高龄来宾较多时，最好在现场附近搭建供休息的帐篷或活动房屋，使来宾得以免受风吹、日晒、雨淋，并可以稍事休息。

破土仪式流程如图 7-18 所示。

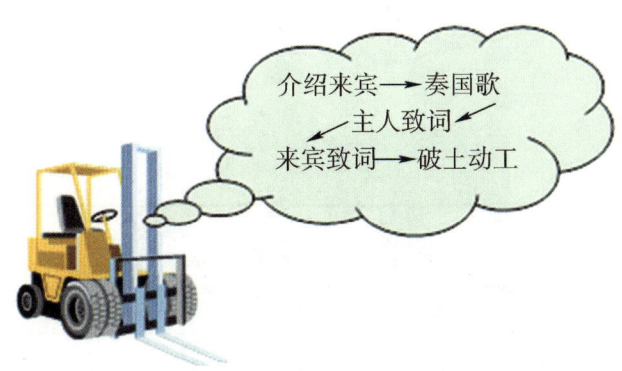

图 7-18　破土仪式流程

5)竣工仪式

竣工仪式,有时又称落成仪式或建成仪式,它是指本单位所属的某一建筑物或某项设施建设、安装工作完成之后,以及某种意义特别重大的产品生产成功之后,所专门举行的庆贺性活动。通常在新落成的建筑物之外,以及刚刚建成的纪念碑、纪念塔、纪念堂、纪念像、纪念雕塑的旁边举行。

竣工仪式流程通常一共有七项,如图7-19所示。

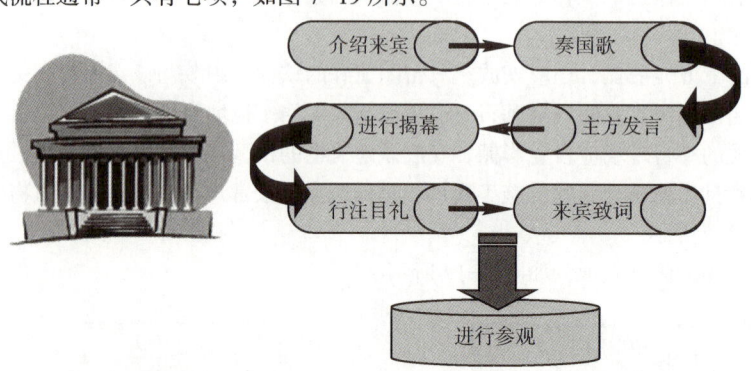

图7-19 竣工仪式流程

6)下水仪式

下水仪式,是指在新船建成下水之时所专门举行的仪式。准确地讲,下水仪式乃是造船厂在吨位较大的轮船建造完成、验收完毕、交付使用之际,为其正式下水起航而特意举行的庆祝活动。

照国际上目前通行的做法,下水仪式基本上都是在新船码头上举行的。届时,应对现场进行一定程度的美化。比如说,在新船所在的码头附近,应设置专供来宾观礼或休息之用的彩棚;对下水仪式的主角新船,亦须认真进行装扮。一般的讲究,是在船头上扎上由红绸结成的大红花;在新船的两侧船舷上扎上彩旗,系上彩带。

行掷瓶礼,是下水仪式上独具特色的一个环节。它在国外由来已久,并已传入我国,目的是要渲染出喜庆的气氛。由身着礼服的特邀嘉宾双手持一瓶正宗的香槟酒,用力向新船的船头投掷,使瓶破之后酒香四溢,酒沫飞溅。掷瓶以后,全体到场者须面向新船行注目礼,并随即热烈鼓掌。现场再度奏乐或演奏锣鼓,放气球、信鸽,并且在新船上撒彩花、落彩带。

下水仪式流程共有五项,如图7-20所示。

图7-20 下水仪式流程

7）通车仪式

通车仪式，大都是在重要的交通建筑，如公路、铁路、地铁以及重要的桥梁、隧道等完工并验收合格之后，所正式举行的启用仪式。通车仪式的地点均选择在公路、铁路、地铁新线路的某一端，新建桥梁的某一头，或者新建隧道的某一侧。

在现场附近，以及沿线两旁，应当适量地插上彩旗、挂上彩带，并悬挂横幅。在通车仪式上，装饰重点应当是进行"处女航"的汽车、火车或地铁列车；在车头之上，一般应系上红花；在车身两侧，则可酌情插上彩旗，系上彩带，并且悬挂上醒目的大幅宣传性标语。通车仪式流程一般有六项，如图7-21所示。

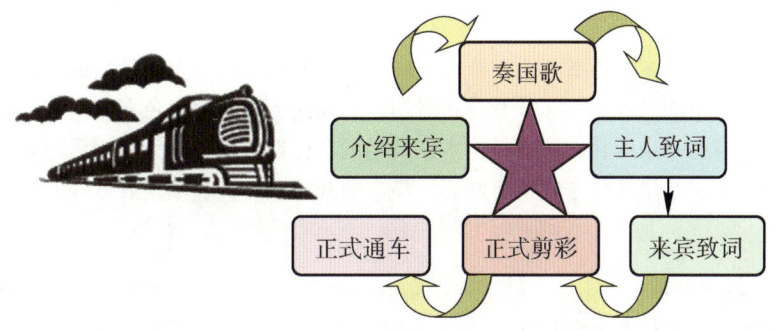

图 7-21 通车仪式流程

（三）剪彩仪式

1. 剪彩仪式

剪彩仪式是在举办展览会、展销会，或新设施、新设备竣工启用时举行的剪断彩带、丝绸的庆典活动。目的也是引起社会各界人士的广泛关注，扩大宣传效果。

剪彩仪式

> **礼仪故事 7-3　剪彩仪式起源**
>
> 剪彩仪式起源于开张。据说美国人做生意保留着一种习俗，即一清早必须把店门打开，为了使人们知道这是一个新开张的店铺，还要特地在门前横系上一条布带。因为这样做既可以防止店铺未开张前闯入闲人，又起到引人注目、标新立异的作用。等店铺正式开张时才将布带取走。
>
> 1912年，美国的圣安东尼州的华狄密镇上有一家大百货公司将要开张，老板威尔斯严格地按照当地的风俗办事，在早早开着的店门前横系着一条布带，万事俱备，只等开张。这时，老板威尔斯十岁的女儿牵着一只哈巴狗从店里匆匆跑出来，无意中碰断了这条布带。这时在门外等候的顾客及行人以为正式开张营业了，便蜂拥而入，争先恐后地购买货物，真是生意兴隆。不久，另一个分公司也要开张，威尔斯想起第一次开张时的盛况，又如法炮制。这次是有意让女儿把布带碰断，果然财运又不错。于是，人们认为

让女孩碰断布带的做法是一个极好的兆头，因而争相效仿，广为推行。此后，凡是新开张的商店都要邀请年轻的姑娘来撕断布带。

后来，人们又用彩带取代色彩单调的布带，并用剪刀剪代替用手撕，有的讲究用金剪子。这样一来，人们就给这种做法取了个名字——"剪彩"。"剪彩"的人也逐步由年轻姑娘转变为一些德高望重的社会名流甚至是国家元首。

（资料来源：张岩松. 《现代社交礼仪》，清华大学出版社，北京交通大学出版社，2008）

1）会场布置

无论是在室内还是在室外举行，开幕式会场一般都要选择比较宽敞的场地，如门前广场、展览厅门口等。会场正面悬挂××××开幕式横幅，会场两旁应布置红色彩旗。在主席台两侧或大门入口处两侧，应按一定的礼宾序列，将来宾馈赠的花篮摆放出来。为了表示纪念，还应在接待处专设一个签到处，恭请各位来宾留下姓名。隆重的开幕式，其会场还要悬挂国旗（有的还需奏国歌）。

2）服务人员与设备

经办一方的工作人员要落实签到、接待、摄影、录像、扩音、翻译及剪彩（或揭幕）等有关服务人员，尤其要准备好剪彩用的彩球、剪刀、托盘和揭幕用的彩索。扩音话筒以准备三个为宜，供主持人、致词人和翻译人员使用。扩音设备应事先调试好，确保现场使用无误。

3）确定剪彩者

根据惯例，剪彩者可以是一个人，也可以是几个人，但是一般不应多于五人。通常，剪彩者多由上级领导、合作伙伴、社会名流、员工代表或客户代表所担任。

剪彩者是剪彩仪式的主角，由于他们的特殊身份，更易于为人们和媒体关注。他们在仪式上的举止行为，要特别注意做到符合礼仪规范，见表7-1。

表7-1 剪彩者的礼仪规范

剪彩者礼仪规范	具体内容
仪表着装	仪表要庄重、整齐，着装要正规、严肃。剪彩者着中山装、西装或职业制服均可，以剪彩内容的需要而选定。头发要梳理，颜面要洁净
举止行为	保持稳重的姿态、洒脱的风度和优雅的举止
尊重主办单位配合仪式进程	提前到场、交流谈心、善始善终

4）确定助剪者

仪容要高雅。助剪者，即礼仪小姐的最佳装束应为：化淡妆、盘起头发，穿款式、面料、色彩统一的单色旗袍，配肉色连裤丝袜、黑色高跟皮鞋。除戒指、耳环或耳钉外，不佩戴其他任何首饰。

举止行为要规范。在仪式进行中，礼仪小姐应训练有素，走有走姿，站有站相，整齐有序，动作一致。尤其注意应做到的是，始终保持应有的微笑。如遇意外情况，礼仪小姐应平静地处理。

工作责任心要强。礼仪小姐在剪彩仪式中，应以规范的举止在服务中展示本单位的形象和风采，所以礼仪小姐要有较强的自控力和高度的责任心。

5）拟订开幕式宾客名单

事前，主办单位要精心拟订出席的宾客人员名单。一般包括政府有关部门负责人、社区负责人及代表、知名人士、社会团体代表、同行业代表、新闻单位、员工代表等。给来宾的请柬应提前一周寄送或派人递送，如已电话邀请过的仍应补送请柬。对于剪彩的来宾应由部门领导人代表组织负责人登门送请柬并恳请其剪彩。

2. 剪彩的程序

（1）入场、奏乐。主人、剪彩人、来宾依次到位。

（2）主持人宣布开幕式开始，宣读主要来宾的名单。

（3）奏国歌（小规模剪彩可以取消此项）。

（4）各界代表致辞。

（5）主持人宣布揭幕或剪彩人的领导或来宾的名单。

（6）主人引导来宾参观，并详细介绍情况，来宾随同主人认真听取介绍。主人分发小纪念品，来宾双手接过，表示谢意。来宾告辞，主人送至门外，宾主握手话别。剪彩仪式流程如图7-22所示。

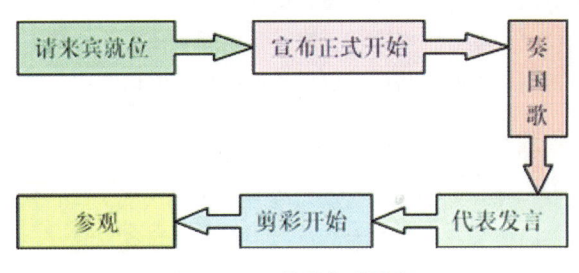

图7-22　剪彩仪式流程

3. 剪彩的方法

剪彩开始前，助剪人员应各就各位。拉彩者与捧花者应当面带微笑，在既定位置上拉直缎带，捧好花朵。

主席台上的人员一般要站在剪彩者之后1~2米处。

当司仪宣布剪彩开始，引导者应带领剪彩者走到红色缎带之前，面向全体出席者站好，然后引导者从剪彩者身后退下。接着，托盘者从左后侧上场，依次为剪彩者送上剪刀与手套，当剪彩者剪彩时，应在其左后侧约1米处恭候。

在剪彩时，剪彩者应同时行动。剪彩之前，剪彩者应先向拉彩者与捧花者示意，随后动手剪彩，动作利索，要"一刀两断"。捧花者要注意，不要让花朵掉落在地。这时，司仪带领全体来宾鼓掌，乐队奏乐。

剪彩完毕，剪彩者脱下手套，将它与剪刀一起放进托盘里。托盘者与拉彩者、捧花者后退两步，然后列队依次从左侧退下。

之后，剪彩者鼓掌，并与司仪和其他人一一握手，以示祝贺。然后紧随引导者依次退场。

六、技能训练

技能训练1：模拟谈判

某进出口贸易公司与某大型服装生产企业进行有关服装出口的业务洽谈，双方的谈判准备在贸易公司的会议室召开。主客双方主要参与谈判的人员各8人，为此主方贸易公司要为此次谈判作一个周密的安排。

任务要求如下：
（1）说明出席上述商务谈判场合应该注意哪些礼仪规范。
（2）模拟具体场景，确定主客双方的座次安排。

学生操作练习：
将全班同学分组（15～20人为一小组），针对上述任务背景，结合教师讲授的内容，每一位同学都要作简短演讲，说明出席谈判场合应该注意的礼仪规范。然后小组成员通过情景模拟，进行角色扮演安排座次。

技能训练2：模拟仪式

将学生分成4人一组，按照相应的规则和程序选择设计一个模拟的仪式场景，以熟悉整个仪式的流程和重点，再进行课堂讨论、互相交流和点评。

请学生按照拟好的仪式方案，模拟进行表演，并由学生代表和教师组成评审小组进行评比，以更充分地调动起学生的积极性和参与性，更投入地表演，使训练达到最佳的效果。

技能训练3：模拟股东大会

某股份有限公司召开一年一度的股东大会，参加会议的人数为40余人，为了使会议能够顺利召开，公司公关策划部门要为此次股东大会草拟一个会议筹备方案。

该部门应该为本次股东大会做哪些安排？

项目八 宴会礼仪篇

国宴标准——四菜一汤

1949年10月1日开国大典之夜，中央人民政府在北京饭店举行了新中国第一次盛大的国宴。当晚，新中国的开国元勋们以及社会各界代表、来宾共600余人出席了新中国的第一次国宴。1959年人民大会堂建成以后，我国欢迎来访国宾的正式宴会通常在人民大会堂宴会厅举行，有时也在钓鱼台国宾馆举行。开国第一宴以来，国宴的变迁引人注目，国宴的改革与时俱进。

四菜一汤，这是当年周总理定的标准，一直延续至今。1984年后，外交部根据中央和国务院有关领导的指示，对国宴的改革做了具体明确的规定，国宴的标准：中共中央总书记、国家主席、全国人大常委会委员长、中国国务院总理、国家军委主席、全国政协主席举办的宴会，每位宾客为50~60元，如果宴请少数重要外宾，则在80元以内掌握开支，一般宴会每位宾客标准为30~40元。之后再次确定，宴请来访外宾的次数不宜过多，宴请时中餐四菜一汤，西餐一般两菜一汤，最多为三菜一汤。同时规定，国宴一律不再使用烈性酒，如茅台、汾酒等，根据客人的习惯上酒水，如啤酒、葡萄酒或其他饮料。所述规定，执行多年，直至新标准实施。

参照多数国家的做法，数年后国宴进行了改革，欢迎国宾的宴会不再邀请外交团出席，宴席规模几乎减少了一半。随后又几次调整，欢迎国宴的规模缩小至今天的规格。

目前的国宴通常为 7 桌或 8 桌，如国宾随行人员少，宾主出席者不超过 50 人，宴席则安排长条桌或马蹄形桌。这种安排在国外屡见不鲜。宴席的减少来自对邀请对象的严格控制，今天的国宴通常只邀请国宾随行人员 30～50 人出席。除同时邀请来访国驻华使节外，该使馆的少数主要外交官也被邀请出席。中方除非特别需要外，可请或可不请的陪客，一律不请。此项改革既符合当今世界多数国家的外交实践，又切实做到了不讲排场、节约外事财政开支。

国宴礼仪尤为重要。热情好客、彬彬有礼、不卑不亢、周到得体的礼节，使客人感到亲切。例如，宴会前后，宾主入席时取消奏两国国歌；宾主双方在席间不发表正式讲话，或致辞、祝酒；中国人民解放军军乐团演奏席间乐，曲目单包括来访国的著名乐曲；宴会间或宴会后安排歌舞、文艺节目助兴；镶嵌国徽的菜单和曲目单由中方礼宾官事先安排精心制作，让客人赏心悦目。

国宴严格按对方提供的礼宾顺序名单排列席位，并事先通知出席者；按来访国习惯，安排长条桌或马蹄形桌，尤其注意安排好主桌，不一律安排圆桌就餐。精心制作座位卡，用两种文字写成，方便客人入座；座位卡上的名字，中文在上，外文在下；如外宾姓名过长，中文只写姓氏和职务，外文则用其全名和尊称。

国宴采用分餐制，一人一份。新中国成立初期，国宴就实行分餐制，不过，那时是菜端上桌后，由服务员给每位宾客分，剩下来的，就搁在桌子的中间，谁吃谁夹取。1987 年后，都是由厨师按宴会人数把菜分盘，再端上去。

国宴用酒，宴席上视客人的爱好和禁忌而确定。过去以茅台酒为主，现在一般不上白酒。青岛崂山的矿泉水、青岛啤酒、浙江龙井茶等，很受宾客欢迎。宴会用的餐具为筷子，如宾客不方便，则用宴席上的备用刀叉；饮料多种多样，应索提供。

（资料来源：本文根据网络资料《吴德广：周总理亲定国宴标准四菜一汤》修改而成。吴德广，1965 年外交学院毕业后进入外交部礼宾司。1989 年 12 月任礼宾司政工参赞，为司领导成员之一。1994 年 3 月至 1998 年 8 月任中国驻马来西亚古晋总领事）

一、知识目标

（1）了解宴请种类、形式，以及西餐配餐酒水的选择；
（2）掌握赴宴礼仪、中餐礼仪及茶和咖啡饮用礼仪的基本内容和要求；
（3）掌握中西餐礼仪及实际操作方法。

二、能力目标

（1）能够在不同的宴请场合表现得体；
（2）能够安排中、西餐座位；
（3）能够熟知饮酒及茶和咖啡的礼仪，并运用于实际中。

项目八　宴会礼仪篇

三、德育目标

（1）深刻体会中国餐饮文化的博大精深，坚定文化自信；
（2）体会中餐、西餐礼仪的异同，领会不同礼仪文化的魅力，坚持文化平等；
（3）恰当理解中国酒文化和茶文化，提高个人修养。

四、知识要点

本项目讲述宴请礼仪，包括中、西餐食用和茶、咖啡饮用等的礼仪要求。

宴请形式可以分为宴会、招待会、茶会和工作餐等形式。

宴请的准备工作包括：确定宴请的目的、名义、范围、形式、时间和地点，发出邀请，确定菜单，安排席位和现场布置等。

赴宴时注意仪容、服饰、送花和礼物等礼仪；进餐时注意个人形象，餐后告辞致谢等礼仪。

中餐餐具的主餐具有筷子、碗、调羹和盘等，注意使用筷子的禁忌；辅餐具有水杯、湿巾、牙签等。

西餐餐序：头盘、汤、主菜、副菜、蔬菜类菜肴、甜品和热饮。

西餐餐具包括刀、叉、匙、盘等，要会摆放西餐餐具，注意西餐餐具的使用礼仪和西餐菜品食用礼仪。

参加自助餐时注意取菜、送回餐具和积极交际方面的礼仪。

酒水礼仪包括斟酒、敬酒和饮酒的礼仪。

茶叶有绿茶、红茶、乌龙茶、白茶、黄茶、黑茶和再加工茶；不同的茶用不同的茶具冲泡；茶的饮用要待客有道、品茶有礼。

品饮咖啡的咖啡杯、匙、杯碟的使用礼仪，品饮咖啡的步骤、温度、容量、加糖、取食甜点等的礼仪。

五、任务实施

任务一　宴请基本礼仪

在宴席上最让人开胃的就是主人的礼节。

——莎士比亚

（一）宴请礼仪的含义

宴请礼仪是指人们在赴宴进餐过程中，根据一定的风俗习惯约定俗成的仪式和行为，在仪态、餐具使用、菜品食用等方面表现出的自律和敬人的行为，是餐饮活动中需要遵循的行为规范与准则。

（二）宴请种类及形式

宴请由于目的不同、出席的成员不同、投入的成本不同，产生了许多不同的形式，可以是隆重的大型国宴，也可以是ＡＡ制的朋友聚会，一切要具体情况具体分析。了解不同形式宴请的特色，有利于我们正确地处理其中的各种问题。

1. 宴会（Banquet）

宴会是正餐，通常指的是以用餐为形式的社交聚会，出席者按主人安排的席位入座进餐，由服务员按专门设计的菜单上菜。宴会场地的布置，餐具的摆放，食品饮料的选用，菜品的设计及服务员的仪表、服饰、出席者的仪表、礼节等都特别讲究。宴会一般要热烈隆重，注重实效，不铺张浪费。宴会按照不同的标准有不同的分类。

1）按宴会的规格和隆重程度划分

（1）**国宴**（State Banquet）。国宴是国家元首或政府首脑，为国家庆典或为欢迎来访的外国国家元首、政府首脑而举行的一种正式宴会，规格最高。因此，这种宴会的礼仪要求也是最严格的。

按国际惯例，宴会厅内要悬挂主办国和参加国的国旗。我国的国宴通常在人民大会堂举行。举行国宴要悬挂宾、主两国国旗，演奏两国国歌和席间音乐。席间音乐通常由两国著名乐曲组成。宴会过程中有致辞、祝酒等程序，贵宾还要安排座次。

（2）**正式宴会**（Formal Banquet）。正式宴会的安排与国宴大体相同，它往往是为宴请专人而安排在比较高档的饭店或是其他特定的地点举行，是讲究排场、气氛的大型聚餐活动。正式宴会对于到场人数、穿着打扮、席位排列、菜肴数目、音乐演奏、宾主致辞等，往往都有十分严谨的要求和讲究。宾、主按照餐台上的姓名卡入座，但不悬挂国旗、不奏国歌。宴席的规格不同，可以是晚宴也可以是午宴。

（3）**便宴**（Informal Dinner，Informal Banquet）。便宴是非正式宴会，通常可以不排座次，不做正式讲话或致辞，对来宾的服饰也没有严格的要求，菜品的道数和酒水可以根据主人的实力和客人的喜好而定。便宴形式简便，气氛亲切、随意。

（4）**家宴**（Family Feast）。家宴，顾名思义就是在家里设宴招待客人，是便宴的一种形式。相对于正式宴会而言，家宴最重要的是要制造亲切、友好、自然的气氛，使赴宴的宾、主双方轻松、自然、随意，彼此增进交流、加深了解、促进信任。家宴的特点是主人亲自下厨烹饪，家人共同招待客人，显得亲切、自然，让客人产生"宾至如归"的感觉。通常，家宴在礼仪上往往不作特殊要求。

2）按宴会餐别划分

宴会按不同的餐别可分为中餐宴会、西餐宴会、中西合餐宴会等。

（1）**中餐宴会**。在进餐方式上使用中式餐具(最具代表性的是筷子)。围圆桌而坐，采用中式服务，以中式菜肴和国产酒水为主。中式宴会摆台反映中华传统文化气息，环境布局、伴餐音乐 突出浓郁的民族气息。

（2）**西餐宴会**。在进餐形式上使用刀、叉等西式餐具，设计桌面多为长方形，并采用西式服务(主要表现为分餐制)。菜肴以欧美风格的菜式为主，讲究菜肴与酒水的搭配，其布局、台面布置都有明显的西方特色，按西餐礼仪进行服务。

（3）**中西合餐宴会**。中西合餐宴会即融合了中式宴会和西式宴会的菜品组合、宴席摆台、菜点制作、服务方式和就餐方式等特点的一种新型宴会。这种宴会给人一种耳目一新的感觉，菜肴风味既有中式，又有西式，餐具也有筷子和刀叉，客人可根据自己的喜好和习惯自主选择。

3）按宴会举行时间划分

宴会按照举行的时间不同可划分为早宴、午宴和晚宴。

4）按宴会礼仪规格划分

宴会按礼仪规格可以分为庆贺宴会、欢迎宴会、答谢宴会等。

（1）**庆贺宴会**。庆贺宴会是指企业或组织举行开业、开幕、奠基等庆典之后，宴请来宾所举行的宴会。或为祝贺某人、某组织所取得成就而表示祝贺举行的宴会。宴会目的是宣传企业形象，融洽各方面关系。

（2）**欢迎宴会**。欢迎宴会是指为欢迎宾客或重要朋友的到来而举行的宴会。有客人从远方来是很高兴的事，尤其是对那些会给个人或组织带来重大利益的客人更要好好招待。隆重的欢迎宴会能为双方建立友好关系奠定良好的开端。

（3）**答谢宴会**。答谢宴会一般是指个人或组织为了表示对帮助过自己的人的感谢而举行的宴会。答谢宴会一般除表达谢意外，还有意通过宴请增进感情，以谋求进一步合作。

2. 招待会（Reception）

招待会是一种不以正式宴会程序为标准的较灵活的餐饮形式，宾、主活动不拘泥于形式。一般备有食物、酒水、饮料，由客人根据自己的口味选择取用。招待会的主要特点是比较轻松自由，主人也不用花太多精力去招待客人，只须备足食品和饮料即可。常见的招待会有冷餐会、酒会、自助餐等。

（1）**冷餐会（Buffer Dinner）**。冷餐会不排席位，菜品、食品以冷食为主，餐台上放置各种餐具，供宾、主自取。宾、主可多次取食，边用边谈，重在交流。酒水可集中在宴会酒吧，宾、主既可自己选用，也可由服务员用托盘送上。冷餐会的地点可以在室内，也可在室外花园；可以不设座椅，站立用餐，也可设少量桌椅请需要者入座。举办时间通常在中午 12 时至下午 2 时，下午 5 时至 7 时。这种宴请形式最适宜招待人数多的宾客。

（2）**酒会（Drinks）**。酒会又称鸡尾酒会（Cocktail），主要备有酒水和小吃。一般不设座椅，只设小桌供宾、主放置酒杯和盘碟。酒会形式活泼，便于出席者广泛随意交谈。酒会举办的时间也比较灵活，中午、下午、晚上均可。客人可以在其间任何时候到达或退席，来去自由，不受时间约束。

小资料
鸡尾酒的来历

（3）**自助餐（Buffet，Buffet Meal，Foot Bar）**。自助餐是近年来借鉴西方的现代用餐方式。它不排席位，也不安排统一的菜单，而是把能提供的全部主食、菜肴、酒水陈列在一起，根据用餐者的个人爱好，自己选择、加工、享用。菜肴包括冷菜、热菜，还可以现场加工一些菜肴和面条等食品。采取这种方式，可以节省费用，而且礼仪讲究不多，宾、主都方便；用餐的时候每个人都可以悉听尊便。在举行大型活动、招待为数众多的来宾时，这样安排用餐，也是明智的选择。

3. 茶会（Tea Party）

茶会是简便的招待形式，举行的时间一般在下午 4 时左右，地点设在客厅，客厅内需设置座椅和茶几。贵宾出席茶会时，应与主人安排在一起，其他出席者随意就座。一般备有茶、点心或地方风味小吃，请客人一边品尝，一边交谈。茶会请客人品茶，要备好茶叶和茶具。茶会对茶叶的品种、沏茶的用水和茶具都比较考究。茶叶的选择要照顾到客人的嗜好和习惯，茶具要选用陶瓷器皿，不要用玻璃杯，也不要用热水瓶代替茶壶。有外国人参加的茶会还可以准备咖啡和冷饮。

4. 工作餐

工作餐分为工作早餐（Working Breakfast）、午餐（Working Lunch）和晚餐（Working Dinner）。工作餐是在交往中具有业务关系的合作伙伴，为进行接触、保持联系、交换信息或洽谈生意而通过用餐形式进行的聚会。工作餐是现代交际中经常采用的一种非正式宴请形式。工作餐一般规模较小，通常在中午举行，主人不用发正式请柬，客人不用提前向主人正式答复，时间、地点可以临时选择。出席者的配偶一般不参加，便于边谈边食、省时简便。若是接待代表团的双边工作餐需用长桌，并按会谈席位顺序入座，以便交谈。出于卫生方面的考虑，最好采用分餐制或公筷制的方式。在用工作餐的时候，还会继续工作上的交谈，但这种情况下不要像在会议室一样，进行录音、录像，或是安排专人进行记录。如果有必要进行记录，应先获得对方同意，千万不要随意自行其是。在国外，工作进餐经常实行"AA制"，由参加者各自付费。

（三）设宴前准备

宴会是一种重要的社交活动，对于宾客而言，宴请是一种礼遇，对于主人而言，准备工作周密与否，将直接影响宴请活动的成功与否。在宴会前主要做好如下准备工作。

1. 确定宴请的目的、名义、范围与形式

宴请应有明确的目的。如果目的不明确，就难以确定宴请的范围和形式。宴请的目的可以是为某人或某事举行，有些宴请的名义要多斟酌，看由谁出面更为妥当。特别是几个单位、几个朋友联合做东时，要仔细斟酌。确定宴会以谁的名义发起也很重要。宴请的名义主要依据主宾双方的身份而确定，也就是说，主宾的身份应该对等。宴请范围是指请哪些方面的人士、所有客人之间的关系如何、有无芥蒂、他们共同赴宴是否妥当、能不能坐在一起吃饭、和谐不和谐。多边活动还要考虑政治关系等。宴请采取何种形式，在很大程度上取决于习惯做法。一般来说，比较正式的、规格高的、人数少的宴请以宴会的形式较为适宜；非正式的、人数较多的则以冷餐会较为合适；比较简单又注重情趣的可以选茶会；具有某种庆祝意义的可以选酒会。我国的宴请基本上采用中餐宴会。

2. 确定宴请的时间、地点

宴请的时间应对主宾双方都合适为好，尤其是要照顾主宾的意愿和便利。按国际惯例，晚宴被认为是规格最高的。宴会的时间注意不要选择在对方重大节日、假日、有重要活动或有禁忌的日子。确定正式宴请的具体时间，要遵从民俗惯例，如"黑色星期五"（即13日同时是星期五）、穆斯林的斋戒日等，最好不要选择。主人不仅要从自己的客观能力出发，更要讲究"主随客便"，优先考虑被邀请者，特别是主宾的实际情况。如果可能，应该先和主宾协商一下，力求两相方便。要尽可能提供几种时间上的选择，以显示自己的诚意，并要对具体长度进行必要的控制。

宴请的地点应根据宴请的形式、人数的多少，以及隆重的程度来确定。越是隆重的活动，越要讲究环境和条件，因为它体现了对对方的礼遇。正式的宴会一般选在较高档的宾馆、饭店举办；便宴则通常选在普通饭馆、风味餐厅或家里；自助餐会和酒会一般需要较大的场地。

3. 发出邀请

邀请有书面邀请和口头邀请之分，前者主要发书面请柬，后者为直接告诉或打电话邀请。各种正式的宴请活动一般均应向客人发请柬。这是一种礼貌，亦是对客人的提醒和备忘。请柬一般提前一周或两周发出，以便被邀请人早做安排。临时通知客人出席宴会是不礼貌的。一般便宴可以不发请柬，而用电话邀请；工作进餐可以口头邀请。

请柬的内容应包括宴请的目的、形式、时间、地点、主人的姓名（或单位名称）。重大的活动还要注明着装的要求及其他附加条件。请柬还须注明被邀请者的座位号，并写上被邀请者能否出席的答复要求。请柬可以印刷，也可以手写。在请柬的信封上，被邀请人的单位、姓名、职务和敬称，要书写工整、清楚、准确。请柬正式格式可如下：

尊敬的×××先生/女士：

    为答谢您对我集团的大力支持和厚爱，谨定于8月18日中午12时在国贸大酒店举办宴会，敬请光临。

    此致

敬礼

××××集团有限公司(盖章)
××××年×月×日

国际上习惯给夫妇两人发一张请柬。在国内需要凭请柬入内的场合要注意每人发一张为好。请柬发出后，一定要及时落实相关出席情况，以便统筹安排、调整和布置宴会现场情况。

 "高规格"的接待

国外某投资公司十分看好某县独特的旅游资源，在有关部门的努力下，原则上决定斥巨资开发当地独特、优美的旅游资源。为了进一步落实投资具体事宜，该投资公司派出董事长为团长的高级代表团来到该县进行实地考察。当地县政府对这次接待活动格外重视，接待规格之高是史无前例的。县政府在代表团到达当天举办盛大的欢迎宴会，出席宴会的外方代表团成员共8人，中方陪同人员100人。菜肴极其丰富，不仅有专门从海南空运过来的龙虾、鲍鱼，还专程从北京全聚德请来一级厨师制作地道的北京烤鸭，甚至还有当地特有的山龟、果子狸，其规模和档次甚至超过了国宴。

然而，面对主人热情洋溢的祝酒辞以及丰盛的山珍海味，外方代表团成员没有中方陪客那样兴奋，对中方的盛情款待似乎并不领情。第二天，代表团参观了当地尚未开发的旅游资源。外方赞不绝口，但没有按照以前期望的那样签署投资协议。为什么对外方如此高规格的接待却没有起到任何效果？县政府领导百思不得其解。

思考：

（1）为什么对外方如此高规格的接待却没有起到任何效果？

（2）在用餐上我国存在哪些陋习？请展开讨论。

（资料来源：本案例根据豆丁网礼仪课程教学案例整理，http://www.docin.com/p-17097529.html）

4. 确定菜单

组织好宴会，菜单的确定至关重要。菜肴的数量和品种一般要根据宴会的规格和形式，在预算标准内予以安排。点菜主要应遵循以下三项原则。

（1）选菜主要考虑来宾的口味、喜好和禁忌，而不是以主人自己的喜好为准。比如，宴请宗教界人士，要特别注意尊重对方的宗教禁忌，如伊斯兰教教徒不吃猪肉、不饮酒；印度教教徒不吃牛肉等；如海参、动物内脏等，许多欧洲人都不喜欢，也要避免。

（2）荤素搭配合理，菜肴品种多样化，以适应客人不同的习惯和爱好。

（3）量力而行，追求特色。宴请并非一定要有山珍海味，有时选用地方特色菜肴反而更受人欢迎。菜单确定后应印制若干份。正式宴会上，菜单至少每桌一份，讲究的可以每人一份，以便大家用餐时，心中有数，各取所需，菜单也可留作纪念。

5. 安排席位

安排席位总的原则是，既要按礼宾次序原则安排，又要有灵活性，使席位安排有利于增进友谊和席间的交谈方便。

席位排定后应在每张餐桌上放置座位卡。如果是涉外宴请，座位卡应写中、外文两种文字，中文写在上面，外文写在下面。值得一提的是，家宴和便宴通常不设座位卡，但主人对客人的席位往往预先有所安排，因此，作为客人不要抢先入座，而应听从主人的安排。

6. 现场布置

宴会厅和休息厅的布置，取决于活动的性质和形式。官方正式活动场所的布置，应该严肃、庄重、大方，不宜用霓虹灯作装饰，可用少量鲜花（以短茎为佳）、盆景、刻花作点缀。如配有乐队演奏席间乐，乐队不要离得太近，乐声宜轻，最好能安排几曲主宾家乡乐曲或他（她）所喜欢的曲子。

一般来说，宴会可用圆桌，也可用长桌或方桌；一桌以上的宴会，桌子之间的距离要适当，各个座位之间也要距离相等。冷餐会的菜台用长方桌；酒会一般摆设小圆桌或茶几；宴会休息厅通常用小茶几或小圆桌。

（四）赴宴礼仪

宾客参加宴会，无论是作为组织的代表，还是以私人身份出席，从入宴到告辞都应注重礼节规范。这既是个人素质与修养的体现，又代表组织形象，同时体现对主人的尊重。宴会通用的礼仪一般有下列方面。

1. 参加宴会的准备

接受邀请后不宜随意改动。万一遇到特殊情况不能出席时，尤其作为主宾，要尽早向主人解释、道歉，甚至亲自登门表示歉意。应邀出席之前，要核实宴请的主人，活动举办的时间、地点，是否邀请配偶以及对服饰的要求。如果出席人希望带配偶、孩子或其他客人赴宴，应提前同主人打招呼。

（1）仪容和服饰。出席宴会前，一般应梳洗打扮。女士要化妆，男士应梳理头发并剃须，按照宴会的要求着装，这将给宴会增添隆重热烈的气氛。

（2）**赠花与礼物**。参加庆贺活动，可按当地习俗以及主客双方的关系，配备赠送的花篮或花束。参加家庭宴会，可给女主人准备一束鲜花。赠花时要注意对方的禁忌。有时需要准备一定的礼品，在宴会开始前送给主人。礼品价值不一定很高，但要有意义。

2. 赴宴

1）按时抵达

按时出席宴请是最基本的礼貌。出席宴请活动，抵达时间的迟早、逗留时间的长短都会影响你在别人心目中的形象，逗留时间过短被视为失礼或有意冷落。身份高者可略晚些到达，一般客人宜略早些到达。出席宴会要根据各地习惯，西方习惯准点或晚一二分钟抵达；我国的习惯则是正点或提前一二分钟抵达。过早到达，可能主方还在做准备工作，也不礼貌。

2）入座

应邀出席宴请活动，应听从主人安排。若是宴会，进入宴会厅之前，先了解自己的桌次和座位。入座时注意桌上座位卡是否写有自己的名字，不可随意入座。如邻座是年长者或女士，应主动协助他们先坐下。入座后坐姿要端正、自然，不要用手托腮或将双臂肘放在桌上，或将手放在邻座椅背上。坐时应把双脚踏在本人座位下，不要任意伸直或两腿不停抖动，以免影响他人。

（五）宴会中的礼仪

宴会中的礼仪礼节，是宴请活动中很重要的一环，具体有以下六道程序。

1. 迎客

宴请外宾，主人一般应在门口迎接客人。官方活动中，除男女主人外，还有少数其他官员陪同主人列队迎接来宾。迎宾位置宜在客人进门存衣以后进入休息厅之前。

2. 引宾入席

按先女宾后男宾，先主宾后一般来宾的顺序，引宾客进入休息厅或直接进入宴会厅。休息厅内应有相应身份的人员陪同、照料客人，服务人员及时递送饮料。主人陪同主宾进入宴会厅主桌，接待人员随即引导其他宾客相继入厅就座，宴会即可开始。

3. 致辞、祝酒

正式宴会，一般均有致辞，但安排的时间各国不尽一致，有的一入席双方即致辞。我国一般习惯于正式宴会在热菜之后甜食之前由主人致辞，接着由客人致答辞。致辞时，服务人员要停止一切活动，参加宴会的人员均应暂停饮食，专心聆听，以示尊重。冷餐会和酒会讲话时间则更显灵活，致辞毕祝酒。所以服务人员在致辞行将结束时应迅速把酒斟足，供主人和主宾等祝酒用。

4. 侍应顺序

按国际惯例，侍应顺序应从男主人右侧的女宾或男主宾开始，接着是男主人，由此自右向左按顺时针方向进行。如宴会规格较高，须由两人担任侍应，其中一人按上述顺序开始，至女主人或第二主人右侧的宾客为止；另一侍应人员从女主人或第二主人开始，依次向右，至前一侍者开始的邻座为止。上菜、派菜、分汤均按以上顺序进行。

5. 斟酒

与上菜不同，上菜在左，但斟酒在右，酒只需斟至酒杯容量的 2/3 即可。大多数宴会上只用一种酒。中式宴会从开始上冷盘即开始饮酒。

6. 宴会结束

宾客餐毕起身，应为其拉椅，目送或陪送宾客至宴会厅门口。若宾客餐后在会客室休息，要及时递送茶水或酒水。宾客离开时，衣帽间服务员应及时准确地将衣帽取递给宾客，有必要时，要热情帮助其穿戴。清台时要注意检查是否有宾客遗留物品，若有发现，应及时联系送还宾客。

任务二　中餐礼仪

中餐宴会是中国固有的宴饮聚会，其特点是提供中式菜点，使用中式家具、餐具、茶具和提供中式服务，基本按中国人传统的方式进餐。中国人热情好客，很讲究餐饮礼仪。由于中餐历史悠久，享誉世界，所以中餐一直受到中外宾客们的推崇与赞赏。

中餐礼仪

（一）中餐座次安排

1. 中餐座次排位原则

安排席位总的原则是，既要按礼宾次序原则安排，又要有灵活性，使席位安排有利于增进友谊和席间的交谈方便。

一般情况下，中餐宴会席位的确定主要遵循下面六个原则。

（1）**面门为上**。依照礼仪惯例，以正对门的，离门最远的为首位，离门最近的背靠门的为末位，即所谓"面门为上"。

（2）**以近为上**。在同一桌上，席位高低以离首位远近而定。

（3）**以右为上**。当两人并排就座，或在同一桌上距离首位相等的位次时，排列次序以右为首，以左为卑。这是因为中餐上菜时多以顺时针方向上菜，居右者要比居左者优先受到照顾。

（4）**居中为上**。三人一同就座用餐时，居于中座者在位次上要高于在其两侧就座之人。

（5）**观景为上**。在一些高档餐厅用餐时，在餐室内外往往有优美的景致或高雅的演出，可供用餐者观赏，此时应以观赏角度最佳之处为上座。

（6）**靠墙为上**。在某些中低档餐馆用餐，为了防止过往侍者和食客的干扰，常以靠墙之位为上座，以靠过道之位为下座。

2. 中餐宴席桌次具体排列

中餐宴会最重要的是安排席位，而安排席位就要先确定桌次。举办一桌以上的宴请时，就出现了桌次的排列问题。宴会的主人和主宾应坐在主桌上，当餐桌横排时，桌次以右为尊，以左为卑。左与右方位的确定是以面对正门的位置为准。当餐桌竖排时，桌次以距离正门远的位置为上，以距离正门近的位置为下；多桌宴会的桌次排列，还应考虑距离主桌的距离，即距主桌越近，桌次越高；距主桌越远，桌次越低（如图8-1所示）。另外，在安排桌次时，除主桌可以略大之外，其他餐桌大小、形状应大体相仿，不宜差别过大。

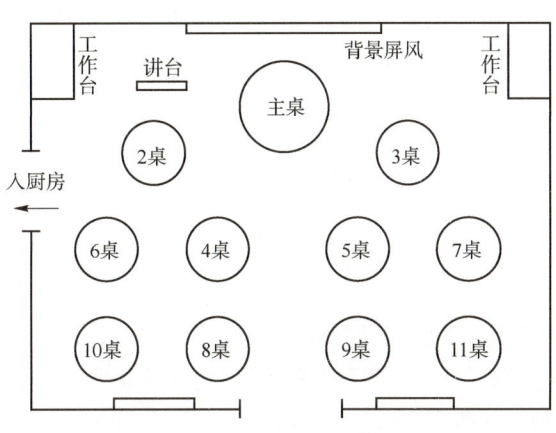

图8-1 中餐桌次的排列

3. 中餐宴席座次具体排列

确定好宴席桌次后紧接着就要确定每桌座次的高低。无论如何排列，都应把主宾夫妇和主人夫妇置于最为尊贵的位置。具体排列如图 8-2 所示。

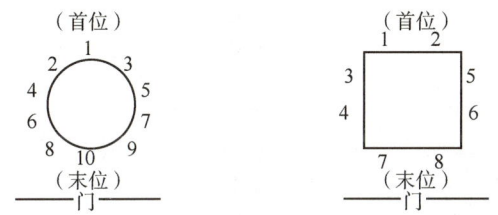

图8-2 中餐座次的排列

（二）中餐上菜与取菜

1. 中餐的上菜顺序

标准的中餐，无论何种风味，其上菜的程序大体相同。菜味讲究咸鲜清淡的先上，甜的味浓味重的后上，先荤菜后素菜等。规格较高的宴席，热菜中的主菜，以其中最贵的热菜先上。比如燕窝席里的燕窝，海参席里的海参，鱼翅宴里的鱼翅，应该先上。

通常是先上冷盘，接着是热炒，随后是主菜，然后上点心和汤，最后上水果拼盘。

宴席里上菜的大致顺序是：

（1）冷盘：就是凉菜，或叫冷拼。

（2）热炒：视规模选用滑炒、软炒、干炸、爆、烩、烧、蒸、浇、扒等组合。

（3）主菜：指整只、整块、整条的高贵菜肴，比如烤全羊等。

（4）点心：一般大宴主要提供以糕、饼、团、粉、各种面、包子、饺子等。

（5）汤：即各种汤羹，如冰糖莲子汤、西湖牛肉羹等。

（6）水果拼盘：爽口，消腻。

除此之外，上菜时还非常讲究上菜的时间和放置位置。比如一般当冷盘吃剩三分之一时，开始上第一道热菜。上菜还应按照先主宾后主人，先女士后男士，或者按照顺时针方向依次进行。每道热菜应先放在主宾面前，由主宾开始按顺时针方向依次取食。

2. 中餐取菜注意事项

在各种宴会上取菜时，有以下四点特别需要注意。

（1）不能抢先于主宾动筷。

（2）取菜时要相互谦让，只取自己的一份（特别是比较高档的菜）。若一轮过后还有剩余，可以再取。

（3）取菜时尽量不要站起来取，也不要把手伸到别人面前取。

（4）取菜时，不要用筷子在公用菜盘里翻来翻去，挑肥拣瘦。要看准后夹住立即取走，不能夹起来又放下，取走后又放回去。

（三）中餐餐具使用礼仪

与西餐相比较，中餐的一大特点是餐具有所不同，而且各种餐具在用途上往往还有许多的讲究和门道。中餐餐具，即用中餐时所使用的工具。一般情况下，它可以分为主餐具与辅餐具两类。中餐餐具的摆放形式如图8-3所示。

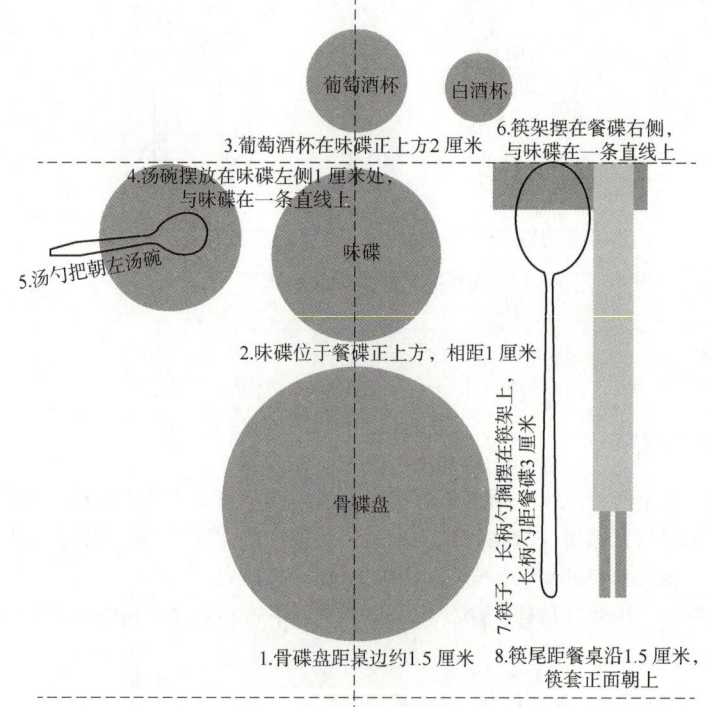

图8-3 中餐餐具的摆放形式

1. 主餐具使用礼仪

中餐的主餐具是指进餐时主要使用的往往必不可少的餐具，主要有筷子、勺子、碗、盆等。

（1）**筷子**（如图8-4所示）。用筷子吃饭是中国人的传统，使用筷子，首先要方法正确。一般以右手持筷，以其拇指、食指、中指三指前部，共同捏住筷子的上部约三分之一处。

中餐使用筷子有许多礼仪要求，使用筷子注意以下忌讳。

❶ **碗口筷**。即把筷子平放在碗口上。如果主人这样做，就等于在奚落客人是来讨饭的；如果客人在吃完饭后这样做，表示还没有吃饱，是对主人招待不周的抗议。最忌讳这样放的还要数海边渔民，因为这意味着行船要搁浅。

图8-4 筷子

❷ **截筷**。有两种情况：一是主人热情好客，把菜夹给客人，客人再运用筷子接过来或折回去；另一种情况是两个人同时伸向同一盘菜，两根筷子相截"打架"。截筷预示着会发生纠纷。

❸ **泪筷**。夹菜时，一路"嘀嘀嗒嗒"掉个不停，像泪水一般。

❹ **叮当筷**。用筷子敲打盆、碗。这是表示肚子饿或是没有吃饱，是很不礼貌的行为。

❺ **死人筷**。将筷子插在饭里。只有给死去的人上祭祀品时，才这样做。

除此之外，在餐桌上使用筷子还要注意：一是不要用嘴含着筷子；二是不要舞动筷子，与人交流应暂时放下筷子；三是不要敲击筷子或以筷子敲击碗、盘等；四是不要用筷子叉取食物，或者剔牙、挠痒之类。

图8-5 勺子

（2）**调羹**（如图8-5所示）。调羹也叫勺子，是常用的餐具，它同使用筷子一样，也有一定的讲究。正确的方式是：右手持调羹，手持调羹的柄端，食指在上，按住调羹的柄，拇指和中指在下支撑。常见的不正确的方式是：拇指在上，按住调羹的柄，食指和中指在下支撑。

在用中餐时勺子的主要作用是舀取菜肴、食物，尤其是流质的羹、汤。在一般情况下，尽量不要单用勺子去取菜，使用勺子时，有四点注意事项：一是暂且不用勺子时，应置于自己的食碟上；二是用勺子取用食物后，应立即食用，不要把它再次倒回原处；三是若取用的食物过烫，不可用勺子将其舀来舀去，也不要用嘴对着它吹来吹去；四是食用勺子里盛放的食物时，尽量不要将勺子放入口中或反复吮吸。

（3）**碗**。碗在中餐里主要用于盛放主食、汤。在正式场合用餐时，用碗的注意事项有五点：一是不要端起碗来进食，尤其是不要双手端起碗来进食；二是食用碗里盛放的食物时，应以筷、匙加以辅助，切勿直接下手取用，或不用任何餐具以嘴吸食；三是碗里若剩有食物时，不可将其直接倒入口中，也不可用舌头伸进去乱舔；四是暂且不用的碗里不宜乱扔东西；五是不能把碗倒扣过来放在餐桌之上。

（4）**盘**。稍小一点的盘子，则被称作碟子。盘子在中餐中主要用以盛放食物，其使用方面的讲究，与碗略同。食碟的主要作用，是用来暂放从公用菜盘里取来享用的菜肴。

2. 辅助餐具使用礼仪

中餐的辅餐具指的是餐时可有可无、时有时无的餐具。它们主要是在用餐时，发挥辅助作用。最常见的中餐辅助餐具有：水杯、湿巾、水盂、牙签，等等。

（1）**水杯**。中餐中所用的水杯，主要供盛放清水、汽水、果汁、可乐等软饮料时使用。需要注意的是：不要用水杯去盛酒，也不要倒扣水杯。另外，喝入口中的东西不能再吐回去。

（2）**湿巾**。中餐用餐前，比较讲究的话，会为每位用餐者上一块湿毛巾，也称香巾，它只能用来擦手。擦手后，应该放回盘子里，由服务员拿走。有时候，在正式宴会结束前，会再上一块湿毛巾，它是用来擦嘴的，不能用来擦脸、抹汗。湿毛巾一般放在客人的右手边。

（3）**水盂**。有时，品尝中餐者需要手持食物进食。此刻，往往会在餐桌上摆上一个水盂，它里面的水不能喝，而只能用来洗手。

（4）**牙签**。牙签主要用来剔牙。用中餐时，尽量不要当众剔牙。非剔牙不可时，应用手或餐巾掩住口部。剔牙之后，也不要长时间用嘴叼着牙签。

（四）宴会注意事项

餐桌上，可以共享轻松愉快的气氛，但如果有人不懂礼仪，这种与人分享的乐趣就会大打折扣。餐桌上优雅得体的进餐可以展现一个人高尚的气质和良好的修养。

1. 保持优雅得体的姿态

在餐桌上保持优雅得体的姿态，既是为了用餐的愉快，也是为了方便别人和表示对别人的尊重。总的来讲，进餐时姿态应该是轻松而不懒散的。落座时从左侧进入，手按住椅子往后拉，再慢慢就座，就座后背要伸直，端端正正，尽量不要靠在椅子背上，身体与桌子保持一拳的距离，即 10～15 厘米。两手臂尽量贴近自己，以免影响别人进餐。张开双臂放在桌面上，把手肘撑在桌子上或撑在椅背上，把脚伸得老远等都是失礼的行为。

2. 保持优雅大方的吃相

（1）进餐的速度要与别人保持一致，过快或过慢都不合适。如果狼吞虎咽，就会表现出一副贪婪相，而太慢有可能吃不饱。因为，一般主宾停筷结束用餐了，其他客人也应该结束用餐。

（2）取菜宜酌量。不论是中餐还是西餐，应视自己需要。取菜时不可一次盛得过多。盘中食物吃完后如果不够，可以再取。不要无视他人的存在，猛夹猛取，毫无修养。也不要专用一道菜，等于当众宣布：我最爱吃那道菜；更不能把盘子中的食品翻来翻去或去别人的面前取菜。若遇本人不能吃或不爱吃的菜品，当服务员或主人夹菜时，不可打手势，不可拒绝，可取少量放入盘内，并表示"谢谢，够了"。对不合口味的菜品，勿显出难堪的表情。

（3）进食避免出声。吃东西时应闭着嘴细嚼慢咽，尽量不发出声音；汤菜太热，等稍凉后再食用，忌用嘴吹去热气；在喝汤时，要避免发出"咕噜咕噜"的声音，饮用饮料不能大肆牛饮，酒品也是如此。

（4）不要明显地打嗝、打哈欠。打嗝、打哈欠有时的确无法控制，但来得及压制自然可以避免尴尬，如果来不及时，要尽量压低声音，并向邻座说声对不起。随意地打嗝、打哈欠是很令人厌恶的。

（5）不要在餐桌上挥舞餐具。用餐具敲打发出声音或指向别人，是很不礼貌的。讲到激动时，挥动餐具会令人紧张。

（6）其他细节。嘴里有食物时切勿说话；吃剩的菜、用过的餐具、牙签及骨刺等都要放入骨盘内，忌随意乱扔；剔牙时，要用手或餐巾遮口。如无太大必要不要用牙签，至少要做到不引人注意。有痰要吐，应该到洗手间处理。在餐桌上咳个不停，会影响别人的进餐情绪，影响食欲。在整个进餐期间，除祝酒碰杯之外，尽量不要起立走动。在餐桌上不应看文件和信，不要做引人注目的动作。吃完后要把餐具横搁在盘上表明你已经吃完（中西餐皆是如此）。

礼仪故事 8-2　张先生错在哪里？

刘小姐和张先生在一家西餐厅就餐，张先生点了海鲜大餐，刘小姐则点了烤羊排，主菜上桌，两人的话匣子也打开了，张先生一边听刘小姐聊起童年往事，一边吃着海鲜，心情愉快极了，正在陶醉的当口，他发现有根鱼骨头塞在牙缝中，让他不舒服。张先生心想，用手去掏太不雅了，所以就用舌头舔，舔也舔不出来，还发出"喷喷喳喳"的声音，好不容易将它舔出来了，就随手放在餐巾上。之后他在吃虾时又在餐巾上吐了几口虾壳。刘小姐对这些不太计较，可这时张先生想打喷嚏，拉起餐巾遮嘴，用力打了一声喷嚏，餐巾上的鱼刺、虾壳都飞了出去，其中的一些正好飞落在刘小姐的烤羊排上，这下刘小姐有些不高兴了。接下来，刘小姐话也少了许多，饭也没怎么吃。

思考：
请指出本例中张先生的失礼之处。

（资料来源：搜搜网问问教学案例整理，http：//wenwen.soso.com/z/q130667838.htm）

3. 祝酒有序

祝酒需了解宴会的性质，为何人何事祝酒，特别要了解对方的祝酒习惯，以便做必要的准备，使祝酒辞不失高雅而具有针对性。碰杯时主人和主宾先碰，人多时可同时举杯示意，不一定碰杯。祝酒时不可交叉碰杯。在主人和主宾致辞祝酒时应停止进餐，停止交谈。主人和主宾讲话完毕与贵宾席人员碰杯后，往往到其他席敬酒，此时应起立举杯。碰杯时要注视对方，以示敬重友好。

宴会上相互敬酒，显示热烈的气氛，但切忌饮酒过量。一般应控制在本人酒量的三分之一以内，不可饮酒过量失言失态。不能喝酒时可以礼貌地说明，但不可把杯子倒置，应轻轻按着杯缘。

两个桌子同时进餐，不要过多地打扰另一桌进餐的人。去其他桌敬酒，应只端一个酒杯，不要拿其他东西。敬酒时，应该站在被敬人的右侧。不要太长时间打扰他人进餐。

敬酒而不劝酒。不要斗酒量、逞强，成心把人灌醉，偷偷地往他人的饮料里倒上烈性酒，不可通宵达旦、无节制地狂欢酗酒。

4. 席间交谈

参加任何宴会，无论处于何种地位，都少不了与同桌人交谈，特别是左右邻座。如互相不认识，可先作自我介绍。与近旁的人谈话，声音不要太高，但也不要耳语，说话也不宜太多。话题选择要适当，不要打听别人的谈话内容。

小资料
美国人用餐的禁忌

5. 宽衣

宴请过程中，无论天气如何炎热，均不得当众解开纽扣、松领带、脱下衣服等。小型便宴时，若主人请宾客宽衣，男宾可脱下外衣搭在椅背上。

6. 告辞与致谢

在正式宴会上，告辞与致谢一般放在吃水果后，宴会即结束。国宴时长是一小时四十分钟，其他宴请也可参照此时间，尤其是工作餐用时不宜过长。此时，一般先由主人向主宾示意，请其做好离席的准备，然后从座位上站起，这是请全体起立的信号。家宴一般以女主人的行动为准，女主人先邀请女主宾离席退出宴会厅，大家跟随离席。告辞时，应礼貌地同主人握手道谢。通常是男宾先向男主人告别，女宾先与女主人告别，然后交叉，再与其他人告别。

席间一般不应提前退席。若确实有事需提前退席时，要有礼貌，应向主人打招呼后轻轻离去，也可事前打招呼到时离去。有事退席的理由应尽量不使主人难堪和心中不悦。从宴会结束到告辞之前不可有任何不耐烦的表示。

对主人的致谢，除了在宴会结束告辞时表达谢意之外，若正式宴会，还可在一至两天内送来印有"致谢"或"P·R"字样的名片或便函表示感谢。在涉外场合一定要这样做，有时私人宴请也需致谢。名片可寄送或亲自送达。首先致谢女主人，但不必说过谦的话。

任务三　西餐礼仪

西餐是对西式饭菜的一种约定俗成的统称。在中国人眼里，西餐与中餐除了在口味上有所区别外，还有两个鲜明的特点：一是它们源自西方国家；二是它们必须以刀叉取食。

根据社交礼仪的规范，要吃好西餐，并且不失风度，就必须对西餐的座次、菜序、餐具、西餐的品尝等各个方面有一定程度的了解（只要不为先，一般不露怯）。

（一）西餐座次安排

西餐宴请席次的确定主要依据主人的位置：即离主人越近席位越高，离主人越远席位越低；距离相等时，以右为上。另外，西餐席位的排法是男女穿插就座，以女主人为准，主宾在女主人右侧就座，主宾夫人在男主人右侧就座。

西餐席位的排列次序事关是否符合礼仪，不可马虎了事。

1. 排位的原则

在绝大多数情况下，排位时要考虑下面的原则。

（1）**女士优先**。一般女主人为第一主人，在主位就位，而男主人为第二主人，坐在第二主人的位置上。

（2）**距离定位**。距主位近的位置要高于距主位远的位置。

（3）**以右为尊**。男主宾要排在女主人的右侧，女主宾要排在男主人右侧，按此原则，依次排列。

（4）**面门为上**。面对餐厅正门的位子要高于背对餐厅正门的位子。

（5）**交叉排列**。交叉排列即男女应当交叉排列，熟人与生人也应当交叉排列，一个就餐者的对面和两侧往往是异性或不熟悉的人，这样可以扩大交友面。

2. 西餐座次的具体排列

（1）**长桌的排列**。长桌座位的排列一般有如下三种情况。

一是男女主人在长桌的中央相对而坐，餐桌的两端可以坐人，也可以不坐人；二是男女主人分别坐在长桌的两端；三是用餐人数较多时，可以把长桌并成其他形状用餐，如图8-6、图8-7所示。

（2）**方桌的排列**。方桌排列位次时，男女主宾相对而坐，就座于餐桌四面的人数应相等，并使所有人各自与自己的配偶或恋人坐成斜对角。

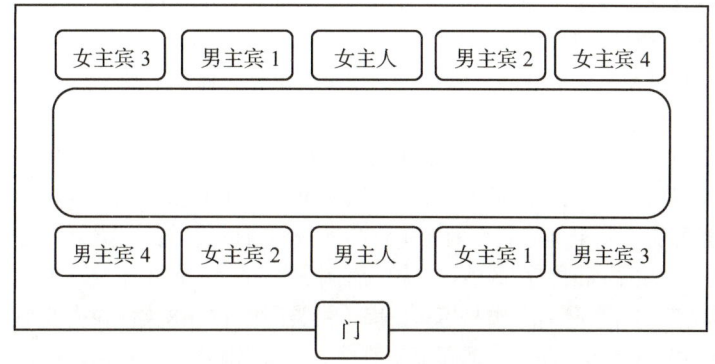

图8-6　西餐座次排列1

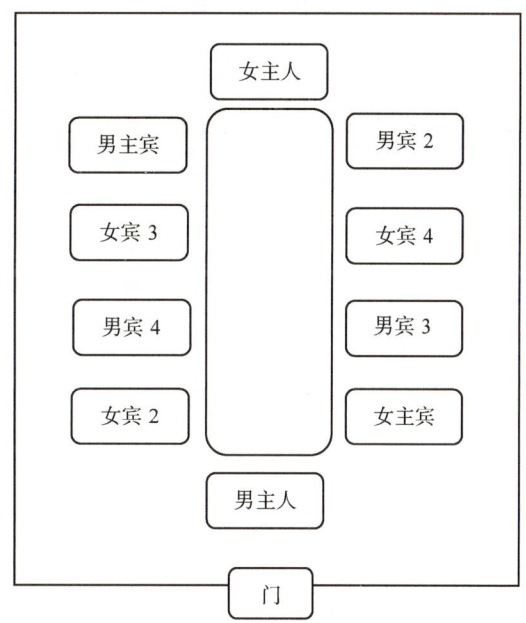

图8-7　西餐座次排列2

（二）西餐上菜顺序

西餐的上菜顺序就是点菜、吃菜的具体顺序。西餐大体上分为正餐和便餐两种类别。

西餐的便餐一般是指工作餐，或者自己去餐馆里点。就餐序而言，便餐比较简单。便餐一般是头盆、色拉类、汤各要一份，再加上一道主菜，一个甜品。有的时候，甜品也可以不要。

西餐正餐的上菜顺序既复杂多样，又非常讲究。一般由"一主六配"构成，或配七八道菜肴，按上菜的顺序，吃什么菜用什么餐具，喝什么酒用什么酒杯。一顿内容完整的正餐，一般要吃上一两个小时。一般来讲，正餐有这么几道菜：

（1）**头盘**。西餐的第一道菜是头盘，又叫开胃菜，一般有冷头盘和热头盘之分。头盘都是以质量高、数量少为特点，以咸和酸为主，口味清淡、爽口，意在增进食欲。一般的头盘有焗蜗牛、鹅肝酱、鱼子酱等。在西餐正餐里，它属于开始曲或前奏。

（2）**汤**。西餐的第二道菜是汤，一般有清汤、奶油汤、蔬菜汤和冷汤等四类。汤一般用料考究，营养价值高，各有各的特色。

（3）**副菜**。鱼类菜肴一般作为西餐的第三道菜，也称为副菜。通常把水产类菜肴与蛋类、面包类、酥盒菜肴品均称为副菜。

（4）**主菜**。肉、禽类菜肴是西餐的第四道菜，也叫主菜。一般配以特制的酱汁，味道比较厚重，耐饥饿。主菜为整个西餐的重头戏。其中最有代表性的主菜就是牛排。

（5）**蔬菜类菜肴**。蔬菜类菜肴在西餐中称为沙拉。可以安排在肉类菜肴之后，也可以与肉类菜肴同时上桌。与主菜同时搭配的沙拉，称为生蔬菜沙拉，一般用生菜、番茄、黄瓜、芦笋等制作；沙拉除了蔬菜之外，还有一类是用鱼、肉、蛋类制作的，这类沙拉一般不加调味汁，在进餐顺序上可以作为头盘食用。还有一些蔬菜是熟食的，如花椰菜、煮菠菜、炸土豆条。熟食的蔬菜通常是与主菜的肉食类菜肴一同摆放在餐盘中上桌，称之为配菜。

（6）**甜品**。西餐的甜品是主菜后食用的，它包括冰淇淋、水果、干果、坚果、鲜果、各种各样的布丁、炸薯条、三明治、曲奇饼、烤饼等。

（7）**热饮**。西餐的最后一道菜是上饮料，咖啡或茶。饮咖啡一般要加糖和淡奶油。最正规的热饮是红茶或什么都不加的黑咖啡。喝完咖啡和茶，宴会就该结束了，客人可以开始告辞。

（三）西餐餐具使用礼仪

西方人习惯使用的餐具是刀叉，而且相当讲究，不同餐具有不同用途，不能混淆。因此，当我们吃西餐时，就应该了解和遵循西方人的礼仪规范。

1. 西餐餐具的摆法

西餐餐具主要有刀、叉、匙、盘等。刀分食用刀、鱼刀、奶油刀、水果刀等；叉分食用叉、鱼叉、肉叉、龙虾叉；匙有汤匙、甜食匙、茶匙等；盘则有大小不同的菜盘、汤盘、底盘、面包盘等。酒杯则分为葡萄酒杯、香槟酒杯、烈性酒杯、啤酒杯等。西餐餐具一般在开餐前都已在餐桌上摆好。正式宴会的摆法一般是：座位前正面放底盘，左叉右刀、匙。左右侧最外边的刀叉是餐前食用刀叉，中间的刀叉是吃鱼用的刀叉，靠里边的刀叉是吃肉菜用的刀叉。它们都纵向放置在就餐者底盘的两侧，分别离桌缘1～2厘米。这些刀叉的摆放顺序，从外向里取用，正与上菜的顺序一致。吃甜品用的刀叉一般在最后使用，被横向摆放在垫底盘的正上方。垫底盘上方放甜食匙，再往前略靠右放酒杯，右起依次为葡萄酒杯、香槟酒杯、啤酒杯（水杯）。餐巾叠成花样插在水杯内。面包盘置于叉子左侧1～2厘米处，离桌缘3～4厘米。此外，在座位左上方有一玻璃缸或金属水盂，盛有清水，有时还撒有花瓣，是供洗手用的，洗手时把手指轻涮一下即可。一般饭店吃西餐只备两把叉、一把刀、一把匙。西餐餐具的摆法如图8-8所示。

项目八　宴会礼仪篇

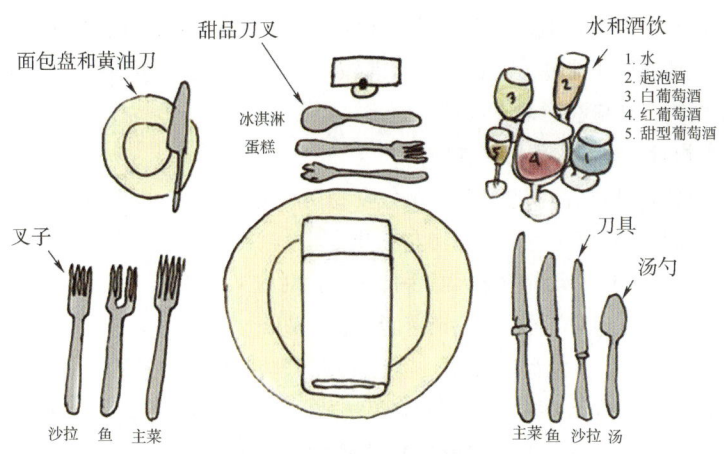

图 8-8　西餐餐具的摆法

2. 西餐餐具的用法

吃西餐使用的餐具有刀、叉、匙、盘、杯等。一般讲究吃不同的菜要用不同的刀叉，饮不同的酒也要用不同的酒杯，因此不要不懂装懂，跟着主人去做不会有错。

1) 刀、叉、匙的用法

进餐时，原则是右手持刀，左手持叉；不用刀时，也可以右手持叉。无论使用何种餐具。均须注意姿势文雅，使用得当。

餐刀的用法：右手持刀，拇指抵住刀柄一侧，食指则按在刀柄背上，其余三指弯曲握住刀柄。

叉子的用法：叉子的拿法有背侧朝上和内侧朝上两种，要视情况选择恰当的拿法。刀叉并用，叉若在左手拿时，宜背侧朝上（叉齿向下）；叉子换到右手时，则内侧朝上（即叉齿向上）。切割食物时，先轻轻推上前，再用力拉回并往下切；切时叉子前端和刀刃呈直角，两肘不能张开。菜肴要切成一口大小，再送进口中。吃面条时，可以用叉卷起来送入口中。用餐中刀叉的正确摆放如图 8-9 所示。用餐完毕刀叉的摆放，如图 8-10 所示。

汤匙的用法：匙是用于取汤的。取汤时，用左手轻扶盘边，右手握匙，匙由靠自己的一侧伸入汤里往外舀。喝汤时不要发出声响；若汤热，可试温但不要用嘴吹，更不能用匙拨弄；舀起的汤要一口喝完。汤喝完后，把汤匙搁在盘中，匙柄朝右，匙心朝上。

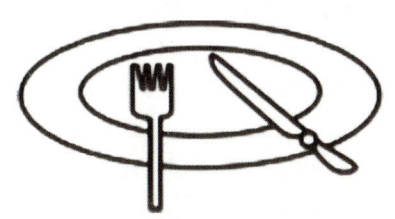

图 8-9　用餐中刀叉的正确摆放

图 8-10　用餐完毕刀叉的摆放

吃正餐时，刀、叉的数目与上菜的道数是相等的，并按照上菜的顺序由外至内排列，刀刃向内，取用刀叉时，应按照由外向内的顺序，吃一道菜换一套刀叉。

席间谈话可以拿着刀叉，但在做手势时必须放下，切不可拿着刀叉比比画画，也不能将刀叉竖起来拿着。这些要求除了是基于礼仪上的考虑外，还出于安全上的原因。

使用刀叉进餐时，还应注意以下六点：

（1）切割食物时，不要弄得叮当作响。

（2）切割食物时，应从食物左侧起，叉住食物切出适口大小，叉而食之。

（3）切割食物时，应双肘下沉，切勿左右开弓。

（4）双手使用刀叉时，叉齿朝下。右手持叉进食时应叉齿朝上。

（5）刀叉落地之后，不应再用，应请侍者另换一副。

（6）接受侍者服务，从大盘取菜时，应用公用叉匙，且左手持叉、右手持汤匙，先取大盘中靠近自己一例的主菜（鱼头朝左、鱼腹向自己）放在自己餐盘的中央，再取其他配菜。取菜后应将公用餐具放回原处，不能用自己的餐具取菜或为别人劝菜。

2）餐巾的用法

餐巾主要是用于防止食物玷污衣服和擦拭嘴及手指上的油渍的。现在由于餐巾纸的普及，各大饭店、酒楼、家庭也已不用餐巾而以餐巾纸替代。一般来说，餐巾放在餐盘正中或叉子旁边。大家坐下后，可以将餐巾放在胸前下摆处，但礼貌的做法，要等主人做后再跟着做，不要将餐巾扎在衬衣或领带里。如果餐巾太大，可以折两折，对折处朝里，摊放在双腿上。用时，打开餐巾，用里侧轻按嘴角，脸应朝下，但不可用餐巾擦汗或擦桌。如果口中有骨头或鱼刺，可左手持餐巾遮住口部，用餐叉从嘴边接住，放在碟子边。如果餐中离座，应该将餐巾放在椅子上，或将它放在桌缘边下垂一角，放桌上则意味着不想吃了。用餐完毕，可随主人将餐巾随意放在自己餐盘的左侧。

礼仪故事 8-3　　不懂礼仪闹出笑话，白领急补"西餐"课

袁小姐是大四的学生，目前在一家外贸公司的财务部试用。日前，为替在华的外国客户庆祝"洋节"，公司举办了大型的西式自助餐会，邀请了不少"洋客户"及公司的全体员工参加。

因为很少吃西餐，袁小姐在餐会上出了不少"洋相"。餐会一开始，袁小姐端起面前的盘子去取菜，之后却发现那是装食物残渣的盘子；为节省取食的路途，袁小姐从离自己最近的水果沙拉开始吃，而此时同事们都在吃冷菜，袁小姐只得开玩笑地说自己"减肥"；因为刀叉位置放得不正确，她面前还没吃完的菜就被服务员给收走……一顿饭吃下来，袁小姐浑身不自在。

晚上回到学校，和同学们谈及此事，大家纷纷感慨："看来，要进外企必须先学'吃菜'啊。"袁小姐决心赶紧补上西餐礼仪课。

（资料来源：百度文库，https://wenku.baidu.com/view/fbacd400393567ec102de2bd960590c69fc3d813.html）

（四）西餐配餐酒水选择

在西餐宴请中，酒的搭配是比较规范的，每一道菜会配不同的酒，所以，对酒要有适当的了解，才不致失礼。

1. 餐前酒

餐前酒又称开胃酒，通常在宴会前半个小时左右由主人招待。一般有威士忌（Whisky）、马提尼（Martini）、雪莉（Sherry）、杜松子酒（Gin）、伏特加（Vodka）等系列。国内宴请中，也会用啤酒、果汁、饮料等替代。

2. 餐中酒

餐中酒又称席上酒，按照国内的习俗，任何酒都可以当作席上酒，但在正式的西餐中，席上酒仅限于葡萄酒。

（1）白葡萄酒。白葡萄酒具有一定的酸味，可以去腥，所以一般配鱼类、海鲜、虾等肉质比较细嫩的肉类使用。白葡萄酒的酒精成分为 $10°\sim14°$，温度应保持在 $40\ °F\sim50\ °F$[①]，一般须连瓶事先冰凉后再饮用，饮用时，无须在酒中加冰块。

（2）红葡萄酒。红葡萄酒味带苦涩，苦涩可以去油腻，一般配合肉质纤维较粗的牛肉、羊肉、猪肉、鸭肉等。温度应保持在 $65\ °F\sim70\ °F$，其酒精成分与白葡萄酒大致相同。

（3）香槟酒。香槟酒在最后一道菜或点心、甜点、水果后上桌。温度应保持在 $40\ °F\sim45\ °F$，酒精成分在 $10°\sim15°$。启用方法比较特殊，一般会请有经验的服务员开启，服务员在斟酒时，酒瓶应该以餐巾包裹之。

3. 餐后酒

用餐完毕后，在上咖啡或茶时，即可以用餐后酒来化解油腻。餐后酒一般有白兰地（Brandy）、干邑（Cognac）等。

4. 酒与酒杯

每一种酒需要配置一个不同的酒杯。酒杯通常摆放在主菜盘的右上方，按使用的顺序从右到左摆放，有时也会从左到右。使用时，主要看服务员往哪个酒杯里倒酒，你就拿哪个酒杯喝酒。另外，西餐里喝酒都是"含蓄"式的，无论是别人敬酒还是自己喝酒，都是喝一小口，甚至放到唇边舔一下也算符合礼仪。

（五）西餐食品食用礼仪

1. 喝酒喝汤

酒类服务通常是由服务员将少量酒水倒入酒杯，让客人鉴别品质是否有误，只需把它当成一种形式，喝一小口并回答"Good"。接着，侍者会来倒酒，这时，把酒杯放在桌上让侍者去倒。正确的握杯姿势是用大拇指、中指和食指握住杯脚，小指放在杯子的底台固定。喝酒时要倾斜酒杯，像是将酒放在舌头上似的喝。轻轻摇动酒杯，让酒与空气接触以增加酒味的醇香，但不要猛烈摇晃杯子，然后一饮而尽。边喝边透过酒杯看人、拿着酒杯边说话边喝酒、吃东西时喝酒、口红印在酒杯沿上等，都是失礼的行为。不要用手指擦杯沿上的口红印，用面巾纸擦较好。

---

① 华氏温度用 °F 表示。$1\ °F=\dfrac{9}{5}°C+32$。

西餐喝汤时应使用勺子从内向外舀。汤比较少时可以轻轻将盆从里向外掀起，用汤勺舀出来喝。喝汤时不要以嘴就碗去啜饮，也不要出声。喝完后将汤勺放在汤盆前面。

2. 进食菜品

1）面包

面包在任何时候都可以吃，但通常在吃鱼和肉时开始吃面包。面包的吃法：用手将面包撕成小块，然后用黄油刀涂上黄油或果酱，再送进嘴里。值得注意的是，面包不能整个拿起来咬着吃，也不能用叉子叉着吃；不能把面包全部撕成小块后再一块块吃，也不能把面包浸在汤内捞出来再吃。

2）主菜的吃法

切带骨头或硬壳的肉食，叉子一定要把肉叉牢，食指压在刀把上，刀紧贴叉边下切以免滑开。注意不要过于用力，或撞击盘子发出声音。

不易叉的食品可以用刀轻轻推上叉。吃米饭时，可以用刀把饭压在叉上盛起来吃，也可以用叉把饭铲起来吃。

吃带骨头的鸡、鸽子等或带皮的大虾、龙虾时，如主人打了招呼，那么可以用手撕着吃；如主人没打招呼，就应用叉。先用叉子按住鸡或虾，再用刀将肉剥下来，切成小块吃。吃鱼时，先用刀在鱼鳃附近刺一条直线，刀尖不要刺透，刺入一半。将鱼的上半身挑开后，从头开始，将刀放在骨下方，往鱼尾方向划开，把骨剔掉并挪到盘子的一角，最后再把鱼尾切掉。还可以先用刀叉把鱼头和鱼尾割下，放在盘边，然后用刀尖顺着鱼骨把鱼从头到尾划开。

如果嘴里吃进了小骨头，可用拇指和食指捏出。

吃鱼、肉等带刺或带骨的菜肴时，不要直接吐出，可用餐巾捂嘴轻轻吐在叉上放入盘内。吃面条时，要用叉子先将面条卷起，然后送入口中。

3）沙拉

沙拉既可以作为第一道菜，又可以作为配菜和间隔菜。对沙拉中大块（片）的蔬菜，可用叉或刀切成小块（片）。对沙拉中的豌豆可以左手持叉，右手持刀，用刀把豌豆推到叉子上。

小资料
吃西餐你不得不了解的牛排熟度

4）进食水果、甜品

在宴席上，要用手拿取苹果或梨，放在盘里。可以用螺旋式将其皮削除。也可以将水果放在盘上，先切成两半，再去核切块，然后用叉或水果刀叉食。如果场合更加随便，就可以用手拿着吃。以下是12种常见水果和甜食的食用礼仪。

（1）**无花果**。鲜无花果作为开胃品与五香火腿一起吃时，要用刀叉连皮一起吃下。若上面有硬秆，用刀切下（否则会嚼不动）。作为饭后甜食吃时，要先把无花果切成四半，在汤汁或奶油中浸泡后，用刀叉食用。

（2）**柚子类**。吃柚子时，要先把它切成两半，然后用茶匙或尖柚子匙挖出食用。在非正式场合，可以把柚子汁小心地挤到茶匙中。剥橙子皮可以用尖刀螺旋式剥皮，也可以先用刀切去两端的皮，再竖直将皮一片片切掉。如果橙子是切好的，也可以像吃柚子那样使用柚子匙或茶匙挖着吃。吃橘子要先用手剥去皮，并去除白色覆盖膜，再一片一片地吃。

（3）**葡萄和樱桃**。可用手从一串葡萄或樱桃中一颗一颗地摘下吃。吐皮或核时，要先吐入手中，再放入餐盘内。吃不成串的单粒果品时，则应用餐叉相辅取食。

（4）芒果、木瓜。要先用锋利的水果刀把芒果纵向切成两半，然后再切成四分之一。用叉子将每一块放入盘中，皮面朝上，并剥掉芒果皮。也可以用勺挖着吃。如把芒果切成两半，挖食核肉，保留皮壳。吃木瓜像吃梨和小西瓜一样，先切成两半，抠出籽，然后用勺挖着吃。

（5）桃、李。将桃、李先切成二分之一，再切成四分之一，用刀去核。皮可以剥下来，但如果带着皮切成小块，用甜食刀叉食用也是不错的。

（6）柿子。有两种方法：一是先切成两半，然后用勺挖出柿肉；二是将柿子竖直放在盘中，柄部朝下，切成四块，然后再借助刀叉切成适当大的小块。食用时将柿核吐在勺中，放到盘子的一边。不要吃柿子皮，因为太苦太涩。

（7）西瓜。切成块的西瓜一般用刀和叉来吃，吃进嘴里的西瓜籽要及时处理，吐在手中，然后放入自己的盘子。

（8）香蕉。正规的吃法是先用刀子将香蕉皮纵向划上几刀，然后剥去皮，再用刀子切成小块用餐叉食用。一般不能用手拿着整个香蕉，一边剥皮，一边咬着吃。

（9）草莓。普通的草莓，可用手取食。吃带调味汁的草莓，要用餐匙。

（10）冰淇淋。吃冰淇淋时一般使用小勺。当和蛋糕或馅饼一起吃或作为主餐的一部分时，要使用一把甜点叉和一把甜点勺。

（11）蛋糕。如果作为肉食的配餐食用可以用叉，如果是作为甜点食用，使用勺子，吃完后可以将小勺子放在碟子的前沿。

（12）黄油。往面包、蛋卷、饼干或吐司上抹黄油时要用刀，而且小块面包只能抹少量的黄油。不要往蔬菜上抹黄油，因为这被认为是对厨师的侮辱。

5）土豆

土豆片和土豆条是用手拿着吃的。除非土豆条里有汁，那样的话要使用叉子。如果土豆条太大，不好取用，就用叉子叉开，不要在叉上咬着吃。把番茄酱放在盘子边上，用手拿或用叉子叉着小块蘸酱吃。烤土豆在食用时往往已被切开，如果没有切的话就用刀从上部切入，用手或叉子将土豆掰开一点，加入奶油或酸奶、小青葱、盐和胡椒粉，每次加一点。

6）调料

西餐要在餐桌上配调料，吃煎炸食品或有腥味的食品时，往往盘上有一两片柠檬，不要当水果吃掉，而要将汁挤到食品上调味去腥。

餐桌上的盐、胡椒瓶通常是，盐三个眼、胡椒五个眼。有少数盐瓶一个眼，胡椒瓶三个眼。还有的需要转动胡椒研磨瓶现场磨出胡椒粉。

吃咖喱菜时，可把花生、椰子、酸辣酱等调料放到盘子里混合后配咖喱食用。

小资料
西方人用餐有六不吃

任务四　自助餐礼仪

自助餐，是国际通行的一种非正式宴会，也是商务用餐的常用形式，顾名思义，参加"自助餐"形式的宴会时，服务员能够提供的服务比较有限，取餐要靠自己亲自动手。在大型的商务活动中往往使用自助餐的形式招待来宾。自助餐的好处就是服务人员少，不排座次，而且一次可以宴请很多人，就餐者活动自由。

（一）安排自助餐的礼仪

安排自助餐的礼仪，指的是自助餐的主办者在筹办自助餐时的规范性做法，一般而言，它又包括就餐的时间、就餐的地点、食物的准备、客人的招待四个方面的问题。

1. 就餐的时间

依照惯例，自助餐大都被安排在各种正式的商务活动之后，作为其附属的环节之一，而极少独立出来，单独成为一项活动。

因为自助餐多在正式的商务活动之后举行，故而其举行的具体时间受到正式商务活动的限制。不过，它很少被安排在晚间举行，而且每次用餐的时间不宜长于一个小时。

一般来讲，主办单位假如准备以自助餐招待来宾，最好事先以适当的方式通知对方。同时，必须注意一视同仁，即不要安排一部分来宾用自助餐，而安排另外一部分来宾去参加正式的宴请。

2. 就餐的地点

自助餐的就餐地点，要既能容纳全部就餐的人，又能为其提供足够的交际空间。按照正常情况，自助餐安排在室内外进行皆可。通常，它大多选择在主办单位所拥有的大型餐厅、露天花园之内进行。有时，亦可外租、外借与此相类似的场地。

在选择、布置自助餐的就餐地点时，有下列三点要注意。

一是要为用餐者提供一定的活动空间。除了摆放菜肴的区域之外，在自助餐的就餐地点还应划出一块明显的用餐区域。这一区域，不要显得过于狭小。考虑到实际就餐人数往往具有一定的弹性，实际就餐人数难以确定，所以用餐区域的面积宁肯划得大一些。

二是要提供数量足够使用的餐桌与座椅。尽管真正的自助餐所提倡的是就餐者自由走动，立而不坐，但是在实际中，有不少的就餐者，尤其是其中的年老、体弱者，还是期望在就餐期间，能有一个暂时的歇脚之处。因此，在就餐地点应当预先摆放好一定数量的桌椅，供就餐者自由使用。在室外就餐时，提供适量的遮阳伞，往往也是必要的。

三是要使就餐者感觉到就餐地点环境宜人。在选定就餐地点时，不仅要注意面积、费用问题，还要兼顾安全、卫生、温湿度等问题。如果用餐期间就餐者感到异味扑鼻、过冷过热、空气不畅，或者过于拥挤，显然都会影响到对方对此次自助餐的整体评价。

3. 食物的准备

在自助餐上，为就餐者所提供的食物，既有其共性，又有其个性。它的共性在于，为了便于就餐，以提供冷食为主；为了满足就餐者的不同口味，应当尽可能地使食物在品种上丰富多样；为了方便就餐者进行选择，同一类型的食物应被集中在一处摆放。

4. 客人的招待

招待好客人，是自助餐主办者的责任和义务。要做到这一点，必须特别注意下列环节。

一是要照顾好主宾。不论在任何情况下，主宾都是主人的重要客人，在自助餐上也不例外。

主人在自助餐上对主宾所提供的照顾，主要表现在陪同其就餐，与其进行适当的交谈，为其引见其他客人等。但要注意给主宾留下一点供其自由活动的时间，不要始终伴随其左右。

二是要充当引见者。应当注意的是，介绍他人相识，必须了解双方彼此是否有此心愿，切勿一厢情愿。

三是要安排服务者。根据常规，自助餐上的侍者须由健康而敏捷的男性担任。他们的主要职责是：为了不使来宾因频频取食而妨碍了同他人所进行的交谈，而主动向其提供一些辅助性的服务。

（二）享用自助餐的礼仪

所谓享用自助餐的礼仪，在此主要是指在以就餐者的身份参加自助餐时，所需要具体遵循的礼仪规范。一般来讲，在自助餐礼仪之中，享用自助餐的礼仪对绝大多数人而言，往往显得更为重要。通常，它主要涉及下述八点。

1. 排队取菜

在就餐取菜时，由于用餐者往往成群结队而来，所以大家都必须自觉地维护公共秩序，讲究先来后到，排队选用食物。不允许乱挤、乱抢、乱插队，更不允许不排队。

在取菜之前，先要准备好一只食盘。轮到自己取菜时，应以公用的餐具将食物装入自己的食盘之内，然后即应迅速离去。切勿在众多的食物面前犹豫再三。让身后的人久等，更不应该在取菜时挑挑拣拣，甚至直接下手或用自己的餐具取菜。

2. 循序取菜

按照常识，参加一般的自助餐时，取菜时标准的先后顺序，依次应当是：冷菜、汤、热菜、点心、甜品和水果。因此在取菜时，最好先在全场转上一圈，了解一下情况，然后再去取菜。

如果不了解这一合理的取菜的先后顺序，而在取菜时完完全全地自行其是，乱装乱吃一通，难免会本末倒置，咸甜相克，令自己吃得既不畅快又不舒服。举例而言，在自助餐上，甜品、水果本应作为"压轴戏"，最后才吃。可是如果不守此规，为图新鲜，而先大吃一通甜品、水果，那么立即就会饱了，等到后来才见到自己想吃的好东西，很可能就会心有余而力不足，只好"望食兴叹"了。

3. 量力而行

在根据本人的口味选取食物时，必须量力而行。切勿为了吃得过瘾，而将食物狂取一通，结果是自己"眼高手低"，力不从心，从而导致了食物的浪费。严格地说，在享用自助餐时，多吃是允许的，而浪费食物则绝对不允许。这一条，有人亦称之为"每次少取"原则。夹菜时，不可从整盘菜中间夹取，应从边缘开始夹，而且动作不能粗鲁，以免破坏菜肴放置的形状。

4. 多次取菜

用餐者在自助餐上选取某一种类的菜肴时，允许其再三反复去取。每次应当只取一小点，待品尝之后，觉得它适合自己的口味，那么还可以再次去取，直至自己感到吃好了为止。如果为了省事而一次取用过量，装得太多，则是失礼之举，必定会令其他人瞠目结舌。"多次"是为了量力而行，"少取"也是为了避免造成浪费。所以，二者往往也被合称为"多次少取"的原则。

5. 避免外带

所有的自助餐，不论是以之待客的由主人亲自操办的自助餐，还是对外营业的正式餐馆里所经营的自助餐，都有一条不成文的规定，即自助餐只许可就餐者在用餐现场里自行享用，而绝对不许可在用餐完毕之后携带回家。

6. 送回餐具

在一般情况下，自助餐大都要求就餐者在用餐完毕之后、离开用餐现场之前，自行将餐具整理到一起，然后一并将其送回指定的位置。在庭院、花园里享用自助餐时，尤其应当这么做。不允许将餐具随手乱丢，甚至任意毁损餐具。在餐厅里就座用餐，有时可以在离去时将餐具留在餐桌之上，而由侍者负责收拾。虽则如此，亦应在离去前对其稍加整理为好。不要弄得自己的餐桌上杯盘狼藉，不堪入目。自己取用的食物，以吃完为宜，万一有少许食物剩了下来，也不要私下里乱丢、乱倒、乱藏，而应将其放在适当之处。

7. 照顾他人

在自助餐上，要和他人和睦相处，多加照顾。对于自己的同伴，特别需要加以关心，若对方不熟悉自助餐，不妨向其扼要地进行介绍。年轻的男子应为女士服务，替她们端菜。

在用餐的过程中，对于其他不相识的用餐者，应当以礼相待。在排队、取菜、寻位以及行动期间，对于其他用餐者要主动加以谦让，不要目中无人，蛮横无理。

8. 积极交际

在参加自助餐时，要主动寻找机会，积极地进行交际活动。首先，应当找机会与主人攀谈一番，其次，应当与老朋友好好叙一叙。最后，还应当争取多结识几位新朋友。

礼仪故事 8-4　周小姐的尴尬

　　周小姐有一次代表公司出席一家外国商社的周年庆典活动。正式的庆典活动结束后，那家外国商社为全体来宾安排了丰盛的自助餐。尽管在此之前周小姐并未用过正式的自助餐，但是她在用餐开始之后发现其他用餐者的表现非常随意，便也就"照葫芦画瓢"，像别人一样放松自己。

　　让周小姐开心的是，她在餐台上排队取菜时，竟然见到自己平时最爱吃的北极甜虾，于是，她毫不客气地替自己满满地盛了一大盘。当时她的主要想法是：这东西虽然好吃，可也不便再三再四地来取，否则旁人就会嘲笑自己没见过什么世面了。再说，它这么好吃，这会儿不多盛一些，保不准没有了。

　　然而令周小姐脸红的是，她端着盛满了北极甜虾的盘子走开的时候，周围的人居然个个都用异样的眼神盯着她。有一位同伴还用鄙夷的语气小声说道："真给中国人丢脸呀！"事后一经打听，周小姐才知道，自己当时的行为是有违自助餐礼仪的。

（资料来源：徐克茹.《商务礼仪标准培训》，中国纺织出版社，2007）

任务五　酒的礼仪

饮酒是各种宴请中都不可缺少的，不同的是根据宴会的级别、规格所选用的酒的品种有所不同。

（一）斟酒礼仪

中餐宴请中，稍微正式一点的都称为酒席，饮酒是大多数中餐宴请中不可缺少的内容。在宴请中，人们一般会以为他人斟酒或敬酒来表示敬意。

酒具应大小一致，如果是在家中设宴，酒具一定要清洁、无破损，酒瓶应是当场打开。主人或主人安排的主要陪同人员应首先为客人斟酒，客人不要争着给别人斟酒。但有时身份较低的人也主动为身份较高的人斟酒，以表示自己的敬意。为客人斟酒时应站在客人的右侧，酒杯应放在餐桌上，瓶口不能与酒杯相碰，酒不宜斟得太满。斟酒的顺序应该是先位高者、年长者、远道而来者，然后顺时针逐个斟酒。自己的酒杯最后斟，也可以不斟。

当有人为你斟酒时，应表示感谢，可以用语言表达，也可以用中国人常用的叩指礼，即把食指、中指和拇指捏在一起，轻轻敲几下桌面，原意是五体投地，现在仅表示感谢。如果你不想喝酒，可以婉言谢绝，斟酒者可以适当劝酒，但不能勉强别人。

（二）敬酒礼仪

敬酒是用自己喝酒的方式来表示敬意。在宴会开始时，通常由主人向大家敬酒，并说上几句祝福的话，这时候，大家应该站起来，互相之间碰一碰杯，人多时可以举杯示意，不必碰杯，然后象征性地喝上一口，不一定要喝干，除非主人提议干杯。主人敬酒后，客人们可以互相敬酒，也可以回敬主人，一般来说，敬酒者应该把自己的酒喝干，才能表达自己的诚意。如果知道对方的酒量不错，可以提议干杯，但若对方酒量尚浅，或不能饮酒，则不必勉强对方喝干，可以说"我干了，你随意"，更不能勉强长者喝酒。

宴会中有权首先提议敬酒的是宴请的主人，第一资格是男主人，男主人不在时是女主人。宾客按照主人的意图行事，不要喧宾夺主。主人敬过一杯后，会饮酒的人应回敬一杯。在主人和主宾祝酒时，其他人应停止进餐，停止交谈，注意倾听，并且不要借此机会抽烟。如果你不善于饮酒，当主人或别的客人向你敬酒时，可以婉言谢绝，但如果主人请你喝一些酒，则不应一味推辞，可以选淡一点的酒或饮料，喝一点作为象征，以免扫兴。

（三）饮酒礼仪

1. 姿势正确

合乎礼仪的喝酒姿势应该是端起酒杯，首先观赏颜色，闻一闻酒香，然后轻轻喝一口，慢慢品味。为了显示自己的酒量而端起酒杯，一饮而尽是不文雅、没修养的。同时，喝酒也不应该让别人听到自己的吞咽声，喝酒的速度尽可能不要超过宴请自己的主人。慢喝也是一种很聪明的防醉方法。

2. 酒量适宜

酒后失言或酒后失礼是常见的，所以，在宴请饮酒中主客双方都应该严格控制喝酒的量。切忌见到美酒佳肴就忘乎所以，在热烈的气氛中开怀畅饮，有失礼仪。在正式的宴请中，主宾的饮酒量均应控制在平常酒量的一半以下。

3. 拒酒得体

在宴请的过程中，不会喝酒或不打算喝酒的人，可以有礼貌地阻止他人敬酒，但不应该一概拒绝，至少应喝一点饮料或果汁，否则，会扫了大家的兴，影响宴会的气氛。拒绝喝酒的方式很多，可以解释说明自己不会喝酒；也可以让斟酒的人在自己面前的杯子里少斟一点，不要东躲西藏，更不要把酒杯扣在餐桌上，或把自己杯中的酒偷偷倒在地上。按照礼节，酒是可以不喝的，但空着杯子是不合适的。

小资料
酒你真的会品吗？

任务六　饮茶礼仪

茶是我们中华民族的国饮，并位居世界三大饮料之首。饮茶在我国不仅是一种生活乐趣，也是一种文化传统，并形成了相应的饮茶礼仪。以茶待客，客来献茶一直是我国各族人民的传统美德和传统习惯，因此掌握一定的饮茶礼仪十分必要。

（一）茶的分类

茶叶品种繁多，其中以我国为最多。目前按照不同的标准有不同的茶叶分类方法，尚未统一。在国外，茶叶分类比较简单。欧洲把茶叶按商品特性分为红茶、乌龙茶、绿茶三大茶类，日本则按茶叶发酵程度不同分为不发酵茶、半发酵茶、全发酵茶、后发酵茶。我国以制法和品质为基础，按茶多酚氧化程度的顺序可以把初制茶叶分为绿茶、黄茶、黑茶、青茶、白茶、红茶六大茶类，这种方法已被业界广泛应用。此外，结合茶叶的商品形态可把茶叶分成绿茶、红茶、乌龙茶、白茶、黄茶、黑茶、再加工茶七类。

1. 绿茶

绿茶又称不发酵茶（如图8-11所示）。以适宜的茶树新梢为原料，经杀青、揉捻、干燥等典型工艺制成。按其干燥和杀青方法不同，一般分为炒青、烘青、晒青和蒸青绿茶，绿茶形成了"清汤绿叶，滋味收敛性强"等特点。

绿茶是历史最早的茶类，距今三千多年，也是我国产量最大的茶类，产区主要分布于浙江、安徽、江西等省。绿茶的代表茶有以下六种。

图8-11 绿茶

（1）**西湖龙井**：简称龙井，产于浙江省杭州市西湖西南龙井村四周的山区，每年春季分四次采摘鲜叶。清明前采头茶称为"明前茶"，产量很少、珍贵，其形似莲心，故称"莲心"；谷雨前采摘的称"雨前茶"，又称二春茶，其形似旗如枪，故称"旗枪"；立夏采的三春茶，形似雀舌，故称"雀舌"；四春茶附带茶梗，故称"梗片"。龙井，既是地名，又是泉名和茶名，龙井茶有"色绿、香郁、味甘、形美"四绝之誉，并有"三名巧合，四绝俱佳"之喻。

（2）**信阳毛尖**：产于河南省南部大别山的信阳。其外形细、圆、直、多白毫。信阳毛尖风格独特，香气清高，汤色明净，滋味醇厚，叶底嫩绿；饮后回甘生津，冲泡四五次尚保持有长久的熟栗子香。茶圣陆羽在其《茶经》中把光州茶（信阳毛尖）列为茶中上品，宋代大文豪苏东坡又有"淮南茶信阳第一"的千古定论。

（3）**碧螺春**：产于江苏省苏州洞庭山，又名洞庭碧螺春。每年3月下旬至4月中旬采摘，而高档极品都在清明前后采制，采摘时间更短，季节性更强。鲜茶越幼嫩，制成干茶后白毫越多，品质越佳。碧螺春茶条索紧结，卷曲成螺，白毫密被，银绿隐翠，号称"三鲜"，即香鲜浓、味鲜醇、色鲜艳，花香果味，沁人心脾，浓郁甘醇，鲜爽生津，回味绵长，别具一番风韵。

（4）**黄山毛峰**：据史料记载，黄山茶在四百余年前就相当著名。黄山毛峰白毫披身，芽尖似峰，取名"毛峰"，后冠以地名为"黄山毛峰"。黄山毛峰采摘讲究，特级黄山毛峰在清明前后采制，采摘一芽一叶初展芽叶，其他级别采一芽一至两叶或一芽两至三叶芽叶。特级黄山毛峰形似雀舌，白毫显露，色似象牙，鱼叶金黄。冲泡后，清香高长，汤色清澈，滋味鲜浓、醇厚、甘甜，叶底嫩黄，肥壮成朵。其"鱼叶金黄"和"色似象牙"，是特级黄山毛峰外形与其他毛峰不同的两大明显特征。黄山毛峰的品饮，冲泡时水温以80℃左右为宜，玻璃杯或白瓷茶杯均可，冲泡五六次后，仍然香味犹存。

（5）**庐山云雾**：古称"闻林茶"，从明朝起始称云雾，至少已有三百多年历史。号称"匡庐秀甲天下"的庐山，北临长江，东毗鄱阳湖，平地拔起，峡谷深邃，由于江湖水汽蒸腾而成云雾，常见雾海茫茫，年雾日195天之多。茶树萌发在4月下旬至5月初，正值雾日最多之时，受庐山凉爽多雾的气候及日光直射时间短等条件影响，造就了云雾茶独特的品质。

庐山云雾芽肥、毫显、条索秀丽、香浓味甘、汤色清澈，是绿茶中的精品，以"味醇、色秀、香馨、液清"而久负盛名。若用庐山的山泉沏条焙茗，就更加香醇可口。

（6）六安瓜片：著名绿茶，产于皖西大别山茶区，其中以六安、金寨、霍山三县所产茶品最佳，每年春季采摘，成茶呈瓜子形，故名六安瓜片。六安瓜片色翠绿，香清高，味甘鲜，耐冲泡。它最先源于金寨县的齐云山，而且也以齐云山所产瓜片茶品质最佳，故又名"齐云瓜片"。沏茶时雾气蒸腾，清香四溢，所以也有"齐山雾瓜片"之称。

六安瓜片的成品，叶缘向背面翻卷，呈瓜子形，与其他绿茶大不相同，冲泡后，汤色翠绿明亮，香气清高，味甘鲜醇，色香味俱佳，是瓜片茶中的珍贵品种。

2. 红茶

红茶又称发酵茶（如图8-12所示）。以适宜制作红茶的茶树新芽为原料，经萎凋、揉捻、发酵、干燥等典型工艺过程精制而成。其汤色以红色为主调，故得名。

红茶可分为小种红茶、功夫红茶和红碎茶，为我国第二大茶类。红茶的代表茶有以下两种。

图8-12 红茶

（1）祁门红茶：祁门红茶又称祁红，产于安徽省祁门、东至、贵池、石台以及江西的浮梁一带。高档祁红外形条索紧细苗秀、色泽乌润，冲泡后茶汤红浓，香气清新芬芳、馥郁持久，有明显的甜香，有时带有玫瑰花香。祁红的这种特有的香味，被国外不少消费者称为"祁门香"。祁门红茶宜于清饮，也适于加奶、加糖调和饮用。

（2）滇红：滇红是云南红茶的统称，分为滇红功夫茶和滇红碎茶两种。滇红功夫茶外形条索紧结、肥硕雄壮，干茶色泽乌润、金毫显露，汤色艳亮、香气鲜郁绵长，滋味浓厚鲜爽，深受国际市场欢迎。滇红的品饮多以加糖、加奶调和饮用为主，加奶后茶香依然浓烈。高档滇红冲泡后，茶汤与茶杯接触处常显金圈，冷却后立即出现乳凝状的冷后浑现象，冷后浑出现得早是质优的表现。滇红功夫茶中，品质最优的是以一芽一叶为主制造而成的特级茶。

3. 乌龙茶

乌龙茶亦称青茶、半发酵茶（如图8-13所示）。是我国茶类中独具鲜明特色的茶叶品类。乌龙茶综合了绿茶和红茶的制法，其品质介于绿茶和红茶之间，既有红茶的浓鲜味，又有绿茶的清芳香，并有绿叶红镶边的美誉。

乌龙茶的药理作用突出表现在分解脂肪、减肥健美等方面，在日本被称为美容茶、健美茶。

乌龙茶的代表茶有以下三种。

图8-13 乌龙茶

（1）**安溪铁观音**：属于乌龙茶之极品，产于福建省安溪县尧阳乡。每年分四次采摘，春茶在立夏，夏茶在夏至后，暑茶在大暑后，秋茶在白露前，以春茶为最好。其成品茶外形条索卷曲，肥壮圆结，沉重匀整，色泽鲜亮，滋味醇厚甘鲜，香气清芳高雅，水色清澈金黄，叶底肥厚软亮，常以天然的兰花香和特殊的"观音韵"而区别于其他乌龙茶。好的铁观音，在制作过程中因咖啡碱随水分蒸发还会凝成一层白霜，用小巧的功夫茶具品饮，先闻香，后尝味，顿觉满口生香，回味无穷。近年来，在发现乌龙茶有健身美容的功效后，铁观音更加风靡日本和东南亚。

（2）**武夷岩茶**：武夷岩茶产于闽北"秀甲东南"的名山武夷，茶树生长在岩缝之中。武夷岩茶具有绿茶之清香，红茶之甘醇，是中国乌龙茶之极品。武夷岩茶可分为岩茶与洲茶。在山者为岩茶，是上品；在麓者为洲茶，次之。从品种上分，它包括日仙茶、洞宾茶、水仙、大红袍、武夷奇种、肉桂、白鸡冠、乌龙等，多随茶树产地、生态、形状或色香味特征取名；其中以"大红袍"最为名贵。出于数量稀少，采摘困难，这种茶在市场上是价格昂贵的珍品。

武夷岩茶属"绿叶红镶边"的半发酵茶，其条形壮实、匀整，色泽绿褐鲜润，冲泡后茶汤呈深橙黄色，清澈艳丽；叶底软亮，叶缘朱红，叶心淡绿带黄；兼有红茶的甘醇、绿茶的清香；茶性和而不寒，久藏不坏，香久益清，味久益醇。泡饮时常用小壶、小杯，因其香味浓郁，冲泡五六次后余韵犹存，这种茶最适宜泡功夫茶，因而十分走俏。

（3）**冻顶乌龙茶**：产于我国台湾省南投县凤凰山支脉冻顶山一带，其成品外形呈半球形弯曲状，色泽墨绿，有天然的清香气，汤呈柳橙黄色，味道醇厚甘润，其品质以春茶最好。

4. 白茶

白茶属轻微发酵茶，是我国茶类中的特殊珍品（如图8-14所示）。其成品茶多为芽头，满披白毫，如银似雪而得名。白茶的主要产区在福建省（台湾省也有少量生产）建阳、福鼎、政和、松溪等县。白茶制法的特点是既不破坏酶的活性，又不促进氧化作用，且保持毫香显现，汤味鲜爽。

白茶的主要品种有以下两种。

图8-14 白茶

（1）**白毫银针**：简称银针，又称白毫。其成品多为芽头，满披白毫，色白如银，纤细如针，故得此高雅名称。白毫茶是属于仅有的白茶品种之极品，与君山银针一同齐名于世，为历代皇家的贡品。银针成品茶芽肥壮，满披白色茸毛，色泽鲜白，闪烁如银，条长挺直，如梭如针；汤色清澈晶亮，呈浅杏黄色；入口毫香显露，甘醇清鲜，其性寒，有解毒、退热、降火之功效。

（2）**白牡丹**：以绿叶夹银白色皂心，形似花朵，冲泡后绿叶托着嫩芽，宛如蓓蕾初放，故名"白牡丹"。成品毫心肥壮，叶张肥嫩，呈皱纹降起，叶缘向叶背卷曲，芽叶连枝，冲面色泽呈深灰绿，叶背遍布白茸毛，香毫显、味鲜醇，汤色杏黄或橙黄清澈，叶底浅灰，叶脉微红，其性清凉，有退热降火之功效。

5. 黄茶

人们从炒青绿茶中发现，由于杀青、揉捻后干燥不足或不及时，叶色即变黄，于是产生出新的品类——黄茶（如图 8-15所示）。黄茶属发酵茶类，黄茶的制作与绿茶有相似之处，不同点是多一道闷堆工序：这个闷堆过程是黄茶制法的主要特点，也是它同绿茶的基本区别。黄茶按鲜叶的嫩度和芽叶大小，分为黄芽茶、黄小茶和黄大茶三类。

图8-15 黄茶

黄茶的代表茶有以下三种。

（1）**君山银针**：简称银针，产于湖南省岳阳市洞庭湖君山岛，从古至今，以其色、香、味、奇并称四绝。君山银针成品外形芽头茁壮，坚实挺直，白毫如羽，芽身金黄光亮，素有"金镶玉"之美称；内质毫香鲜嫩，汤色杏黄明净，滋味甘醇甜爽，叶底肥厚匀亮。冲泡时尖尖向水面悬空竖立，继而徐徐下沉，头三次都如此。竖立时，如鲜笋出土；沉落时，像雪花下坠。品饮之时，还具有很高的观赏价值。

（2）**蒙顶黄芽**：蒙顶黄芽以每年清明节前采下的鳞片外展的圆肥单芽为原料制成，芽条匀整，扁平挺立，色泽黄润，全毫显露。汤色黄中透碧，甜香鲜嫩，甘醇鲜爽，叶底全芽嫩黄。

（3）**霍山黄芽**：产于安徽省霍山县大化坪金鸡山的金刚台、乌来尖、漫水河与金竹坪等地，而以金刚台所产品质最佳。成品茶芽叶挺直匀齐，色泽黄绿，细嫩多毫，形似雀舌，汤色明亮黄绿，带黄圈，叶底嫩黄，滋味浓厚鲜醇，甜和清爽，有熟板栗香，饮后有清香满口之感。

6. 黑茶

黑茶是我国生产历史十分悠久的特有茶类。在加工过程中，鲜叶经渥堆发酵变黑，故称黑茶（如图8-16所示）。黑茶既可直接冲泡饮用，也可以压制成紧压茶（如各种砖茶）。黑茶主要产于湖南、湖北、四川、云南和广西等省、自治区。因以销往边疆地区为主，故以黑茶制成的紧压茶又称边销茶。

图8-16　黑茶

黑茶的代表茶是普洱茶。普洱茶产于云南普洱及西双版纳、思茅等地，历史十分悠久，在唐代就已有与康藏地区的普洱茶贸易了。普洱茶以云南大叶种茶树鲜叶为原料，加工中有一道泼水堆积发酵的特殊工艺，使成茶有股独特的陈香。普洱茶具有降血脂、减肥、助消化、醒酒、解毒等诸多功效。人们在吃过酒肉后，常泡一杯普洱茶，以助消化和醒酒提神。普洱茶流行于许多国家和我国的港澳地区，被称为美容茶、减肥茶和益寿茶。用普洱茶蒸压后可制成普洱沱朵、七子饼茶、普洱茶砖。

7. 再加工茶

以基本茶类——绿茶、红茶、乌龙茶、白茶、黄茶、黑茶为原料经再加工而成的产品称为再加工茶（如图8-17所示）。它包括花茶（如茉莉花茶、珠兰花茶）、紧压茶（如沱茶和六堡茶）、萃取茶、果味茶和药用保健茶等，分别具有不同的品味和功效。

图8-17　再加工茶

（二）茶具的选择

饮茶，讲究茶具，这是我国自古以来的传统，也体现出了对客人的尊重。茶的色、香、味与泡茶使用的茶具关系很大。因而，正确地选择和使用茶具，既能发挥茶的价值，又能陶冶人们的情操。目前，我国常用的茶具主要有以下三种。

1. 陶土茶具

陶土茶具中的佼佼者首推宜兴紫砂茶具，用这种茶具泡茶，能保持茶叶真味，使用年代越久，泡出的茶香味越纯正。只是这类茶器多为褐色，较难欣赏到茶的汤色，如图8-18所示。

2. 瓷质茶具

瓷质茶具以白为贵，能反映出茶汤色泽，传热慢，且保温适中，加之瓷器造型各异，为饮茶器皿之上品，如图8-19所示。

图 8-18　陶土茶具　　　　图 8-19　瓷质茶具

3. 玻璃茶具

用玻璃杯泡茶，传热快，不透气，茶香易损失，但透明度高，能增加欣赏的乐趣，如图8-20所示。

至于搪瓷杯和保温杯，容易将茶叶泡熟，影响茶叶的品质，特别是饮用高级茶时，更不宜使用。

下面是茶具选择的参考。

绿茶： 透明玻璃杯，应无色、无花、无盖。或用白瓷、青瓷、青花瓷无盖杯。

图 8-20　玻璃茶具

花 茶：青瓷、青花瓷等盖碗、盖杯。
黄 茶：奶白或黄釉瓷及黄橙色壶杯具、盖碗、盖杯。
红 茶：内挂白釉紫砂、白瓷、红釉瓷、暖色瓷的壶杯具、盖杯、盖碗或咖啡壶具。
白 茶：白瓷或黄泥炻器壶杯及内壁有色黑瓷。
乌龙茶：紫砂壶杯具，或白瓷壶杯具、盖碗、盖杯为佳。
普洱茶：用紫砂或陶瓷茶具泡，同时可以用玻璃茶壶装茶，以便于欣赏汤色。

小资料
三才杯

（三）品茶有礼

品茶有礼包括待客有道和品茶礼仪两个方面。

1. 待客有道

自古以来，中国人待客就有"坐，请坐，请上座；茶，上茶，上好茶"的说法，由此可见，以茶敬客在待客之际是一种绝对不可缺少的重要礼仪。以茶敬客要注意以下四个方面。

1）客人的嗜好

如有可能，应多备几种茶叶，使客人可以有几种选择。在上茶之前，应先询问一下客人喜欢用哪一种茶，并为其提供几种可能的选择。不要自以为是，强人所难。当然，若只有一种茶叶，则务必实事求是地说清楚，不要客套过了头。若客人点出自己没有的茶叶品种，可就难以下台了。

同时，也应考虑到，有一些人出于各种原因不喜欢饮茶。因此，在上茶前，应征询一下来宾个人的意见："请问您想喝点什么饮料？"并为之提供自己具备的种类以供选择，如白开水、矿泉水、咖啡、果茶、果珍、可口可乐、雪碧等。

一般认为，饮茶不宜过浓，否则极可能使饮用者"醉茶"，即因摄入过量的咖啡因而令人神经过分兴奋，甚至惊厥、抽搐。所以，若客人没有特殊要求，为之所上的茶水不应过浓。通常，民间以茶待客讲究要上热茶，而且还有"茶满欺人""七茶八酒"之说。其含义是说斟茶不可过满，而以七分满为佳。这样，热茶便不会从杯中溢出来烫伤人了。

2）上茶的规矩

（1）**奉茶之人**。以茶待客时，由何人为来宾奉茶，往往涉及对来宾重视的程度问题。在家中待客时，通常可由家中的晚辈或家庭服务员为客人上茶。接待重要的客人时，则应由女主人，甚至由主人亲自奉茶。

在工作单位待客时，一般应由秘书、接待人员、专职人员为来宾上茶。接待重要的客人时，则应由本单位在场的职位最高者亲自为之上茶。

（2）**奉茶顺序**。若来访的客人较多时，上茶的先后顺序一定要慎重对待，切不可肆意而为。合乎礼仪的做法应当是：

其一，先为客人上茶，后为主人上茶；
其二，先为主宾上茶，后为次宾上茶；
其三，先为女士上茶，后为男士上茶；
其四，先为长辈上茶，后为晚辈上茶。

如果来宾甚多，且其彼此之间差别不大时，可采取下列四种顺序上茶：其一，以上茶者为起点，由近而远依次上茶；其二，以进入客厅之门为起点，按顺时针方向依次上茶；其三，在上茶时以客人的先来后到为先后顺序；其四，上茶时不讲顺序，或是由饮用者自己取用。

3）敬茶的方法

以茶待客时，一般应当事先将茶沏好，装入茶杯，然后放在茶盘之内端入客厅。如果来宾较多时，务必要多备上几杯茶，以防届时"僧多粥少"，供不应求。

上茶时，应双手端着茶盘进入客厅，首先将茶盘放在邻近客人的茶几上或备用桌上，然后右手拿着茶杯的杯托，左手附在杯托附近，从客人的左后侧双手将茶杯递过去。茶杯放置到位之后，杯耳应朝向外侧。若使用无杯托的茶杯上茶时，亦应双手捧上茶杯。万一条件不允许时，至少也要从其右侧上茶，而尽量不要从其正前方上茶。

有时，为了提醒客人注意，可在为之上茶的同时，轻声告之："请您用茶。"如果自己的上茶打扰了客人，应对其道一声"对不起"。

为客人敬茶时，一定要注意尽量不用一只手上茶，尤其是不要只用左手上茶。同时，双手奉茶时，切勿将手指搭在茶杯杯口上，或是将其浸入茶水，污染茶水。应将茶杯放在客人右手附近。

4）续水的时机

为客人端上头一杯茶时，通常不宜斟得过满，更不允许动辄使其溢出杯外。得体的做法是斟到杯深的 2/3 处，不然就有厌客或逐客之嫌。

最适当的做法，就是要为客人勤斟茶，勤续水。一般来讲，客人喝过几口茶后，即应为其续上，绝不可以让其杯中茶叶见底。这种做法的寓意是："茶水不尽，慢慢饮来，慢慢叙。"

当然，为来宾续水让茶一定要讲主随客便，不可再三再四地以斟茶续水搪塞客人，而始终一言不发。以前，中国人待客有"上茶不过三杯"一说：第一杯叫作敬客茶，第二杯叫作续水茶，第三杯则叫作送客茶。如果一再劝人用茶，而无话可讲，则往往意味着提醒来宾"应该打道回府了"。有鉴于此，在以茶招待较为守旧的老年人或海外华人时，切勿再三为之斟茶。

在为客人续水斟茶时，仍以不妨碍对方为佳，最好不要在其面前进行操作。非得如此不可时，则应一手拿起茶杯，使之远离客人身体、座位，另一只手将水续入。

在续水时，不要续得过满，也不要使自己的手指、茶壶或者水瓶弄脏茶杯。如有可能，应在续水时在茶壶或水瓶的口部附上一块洁净的毛巾，以防止茶水"自由泛滥"。

2. 品茶礼仪

在正式的社交场合，饮茶应当文明，礼貌。具体而言，需要在下述两个方面特别加以注意。

1）态度谦恭

既然以茶待客是一种礼仪，所以主人在以茶待客时要处处以礼待人，那么作为接受款待一方，客人在饮茶之时，也应对主人投桃报李，勿失谦恭与敬意。当主人上茶之前，向自己征求意见，询问"想喝什么"的时候，如果没有什么特别的禁忌，可以在对方提供的几种选择之中任选一种，或告之以"随便"。在一般情况下，向主人提出过高的要求，是很不礼貌的。如果自己不习惯饮茶，应及时向主人说明。若自己尚未说明，而茶已上来了，不喝就是了，千万不要面露不快，直接因此而责怪主人或为自己上茶的人。若主人，特别是女主人或者长辈为自己上茶时，在可能的情况下，应当即身站立，双手捧接，并道以："多谢。"不要视若不见，不理不睬。当其为自己续水时，应以礼相还。其他人员为自己上茶、续水时，也应及时以适当的方式向其答谢。如果对方为自己上茶、续水时，自己难以起身站立、双手捧接或答以"多谢"时，至少应向其面含微笑，点头致意，或者欠身施礼。不喝的凉茶、剩茶，千万不要随手泼洒在地上。

在社交活动中，与交往对象正在交谈时，最好不要饮茶。不论是自己还是交谈对象正在讲话时，自己如果突然转而饮茶，不但会打断谈话，而且也会显得自己用心不专。只有在自己不是主要的交谈对象时，或是与他人的交谈告一段落之后，才可以见机行事，喝上一口茶润润嗓子。

2）认真品味

在饮茶时，要懂得悉心品味。这样做，不仅体现着自身的教养，而且也是待人的一种礼貌的做法。在饮茶之时，应当一小口、一小口地细心品尝。每饮一口茶汤后，应使其在口中稍作停留，再慢慢地咽下去，这样品茶才香。无论如何，饮茶时都不要大口吞咽，一饮而尽，喝得口中"咕咚咕咚"直响，茶水顺着腮帮子直流，以这种方法喝茶，只能解渴，却丝毫谈不上对茶的美妙之处的品味。

在端起茶杯时，应以右手手持杯耳。端无杯耳的茶杯，则应以右手手握茶杯的中部。不要双手捧杯，以手端起杯底，或是用手握住茶杯杯口。那样做，或是动作粗鲁，或是不够卫生。饮茶的时候，忌连茶汤带茶叶一并吞入口中，更不能下手自茶杯中取出茶叶，甚至放入口中食之。

饮盖碗茶时，可用杯盖轻轻将漂浮于茶水上的茶叶拂去，不要用口去吹。茶太烫的话，也不要去吹，或是用另一只茶杯去倒凉茶水，而最好待茶自然冷却。饮用红茶或奶茶时，不要用茶匙舀茶，也不要将其放在茶杯中。不用时，将其放在杯中即可。

若主人告之所饮的是名茶，则饮用前应仔细观赏一下茶汤，并在饮用后加以赞赏。不要不予理睬，或是随口加以贬低，说什么"没听过这种茶的名字""喝起来不怎么样""这茶有些走味"或是"没把好茶泡好"等让主人不快的话。

任务七　咖啡礼仪

（一）咖啡相关器具使用

饮用咖啡，有专用的器具，了解相关器具的使用，可以更好地遵守咖啡礼仪。

1. 咖啡杯

在餐后饮用的咖啡，一般都是用袖珍型的咖啡杯盛出，如图 8-21 所示。这种杯子的杯耳较小，手指无法穿出去。但即使用较大的杯子，也不要用手指穿过杯耳再端杯子。

图 8-21　咖啡杯

咖啡杯的正确拿法，应是拇指和食指捏住杯把儿再将杯子端起。应该以右手拇指和食指捏住杯耳，将杯子端起送至嘴边，不可以手指穿杯环去拿。站立时，则应该以左手将杯、碟一起端至胸高，再以右手端起杯，送至嘴边饮用，饮用完，立即将杯子置于咖啡碟中。

2. 咖啡匙

咖啡匙是专门用来搅拌咖啡的，饮用咖啡时应当把它取出来。不要用咖啡匙舀着咖啡一匙一匙地慢慢喝，也不要用咖啡匙来捣碎杯中的方糖。

在使用咖啡匙时，应注意以下四点。

其一，给咖啡加糖或冰块是一种常用的饮咖啡习惯。加入后应用小咖啡匙沿杯周边将其搅均匀，将咖啡匙放于碟子左边或横放于靠近身体的一侧。咖啡匙放在杯内就喝是不文明的举动，而用匙搅得杯子乱响也是失礼的。添加配料后，应以匙轻轻搅动，使其与咖啡迅速融合。但切记搅动时动作不要过大，也不要用匙去捣碎杯中的方糖。

其二，搅拌之后，应把匙立即取出，不要让其立在杯中，否则很易使咖啡杯泼翻。

其三，如果咖啡太烫，应充分发挥匙的作用，轻轻搅动使其降温，切不可用嘴去吹。

其四，饮用咖啡时，不能以匙去喝，而应端杯饮用。

3. 杯碟

盛放咖啡的杯碟都是特制的。它们应当放在饮用者的正面或者右侧，杯耳应指向右方。饮咖啡时，可以用右手拿着咖啡的杯耳，左手轻轻托着咖啡碟，慢慢地移向嘴边轻啜。不宜满把握杯、大口吞咽，也不宜俯首去就咖啡杯。喝咖啡时，不要发出声响。

咖啡碟与咖啡杯不分开，即使添加咖啡时，也不要将咖啡杯从咖啡碟中拿起。持握咖啡杯，注意不要双手握杯，或身就着杯子去喝，这些都是失礼行为。

（二）品咖啡的注意事项

1. 品咖啡的步骤

正式开始喝咖啡之前，先喝一口冰水，冰水能帮助咖啡味道鲜明地浮现出来，让舌头上的味蕾充分做好感受咖啡美味的准备。

一杯咖啡端到面前，先不要急着喝，应该像品茶或酒那样，有个循序渐进的过程，以达到放松、提神和享受的目的。

（1）闻香。闻一下咖啡那扑鼻而来的原香。

（2）观色。最好咖啡呈现深棕色，而不是一片漆黑，深不见底。

（3）品尝。你所喝的每一杯咖啡都是经过五年生长才能够开花结果的，经过了采收、烘焙等繁复程序，再加上煮咖啡的人悉心调制而成。所以，先喝一口黑咖啡，感受一下原味咖啡的滋味，咖啡入口不要急于将咖啡一口咽下，应暂时含在口中，让咖啡的香气自鼻腔呼出，然后再将咖啡咽下。

（4）依个人喜好加入适量的糖，并用咖啡匙搅拌，趁着搅拌的咖啡旋涡，缓缓加入奶油球，让油脂浮在咖啡上，保持咖啡的热度，也可蒸发奶香，可享受到多重口感。

2. 温度和容量

饮品咖啡的最佳温度是 80℃左右。因为普通咖啡的质地不太稳定，所以最好趁热品尝。为了不使咖啡的味道变淡，要事先将咖啡杯预热。咖啡的适当温度在冲泡的刹那为 83℃，倒入杯中时为 80℃，而到口中的温度为 61℃～62℃ 最为理想。

一般来说，趁热品尝主人为你端上的咖啡，把咖啡尽可能在10分钟内饮尽，也是喝咖啡的基本礼节。

咖啡一般不上满杯，满杯的咖啡，看了会失去喝的兴趣。一般七八分满为适量，分量适中的咖啡不仅会刺激味觉，喝完也不会有腻的感觉，使身体恢复，疲劳的头脑也清醒了。

3. 加糖

给咖啡加糖时，可用咖啡匙舀砂糖，直接加入杯内；也可先用糖夹子把方糖夹在咖啡碟的近身一侧，再用咖啡匙把方糖加在杯子里。如果直接用糖夹子或手把方糖放入杯内，有时可能会使咖啡溅出，从而弄脏衣服或台布。

4. 取食甜点

接受邀请去他人住所饮用咖啡，或去咖啡厅饮咖啡，一般会同时食用各式甜点，以免空腹饮用咖啡伤及肠胃。吃甜点与喝咖啡搭配进行，应注意以下两点。

其一，取食甜点适量。毕竟这种场合中，应以咖啡为主，食用点心次之。不能食用过多甜点破坏气氛。

其二，甜点与咖啡不能同时享用。即不能一手拿点心一手拿杯，边吃边喝。正确做法是，吃点心时，先放下咖啡杯后，再继续饮用。

5. 正确交谈

社交场合中喝咖啡只是社交的媒介和手段，饮用时双方进行交谈、增进了解。在饮用咖啡时，切不可只顾品尝咖啡，忘了"主要任务"。交谈时，不要高谈阔论，宜柔声细语；不要乱开玩笑，大声喧哗，宜含蓄有度，礼让谦恭。注意不要在他人饮用咖啡时忽然提问，以免对方仓促应对。

礼仪故事 8-5　王女士约会

王女士是某公司的经理，发现有两个安排在周五的约会有冲突，就让秘书打电话重新安排其中一个约会的时间。王女士被邀请到一家公司的老板家吃晚饭，路上塞车，迟到了 10 分钟。进餐时感到有点热，王女士便脱下外衣搭在椅背上。餐后女主人为大家端上咖啡，王女士右手持咖啡杯，左手端碟子，一边喝咖啡一边对主人夫妇的菜肴做了由衷的赞美。

讨论：王女士失礼在哪里？

（资料来源：搜搜网问问教学案例整理，http://wenwen.soso.com/z/q130667838.htm）

六、技能训练

将学生分成小组（6~8人为一组）进行技能训练。技能训练完毕之后，分组进行展示，互相评分，评出最佳表现小组。

技能训练1：宴请训练

1. 训练内容

模拟一次某公司成立20周年庆典晚宴，每组分成两方：一方扮演主方，进行邀请客人、筹备宴会、确定菜单和安排席位等训练；另一方扮演客方，扮演赴宴、宴会中进餐和餐后告辞致谢等。

2. 注意事项

宴会筹备井然有序，安排席位合情合理，赴宴准时，进餐文雅有礼，致谢诚挚得体。

技能训练2：中餐餐具礼仪训练

1. 训练内容

要求学生进行筷子、勺子、碗、盘子和水杯、牙签、湿巾等的使用训练，学生之间互评。

2. 注意事项

筷子的使用注意禁忌，勺子握持正确，牙签使用要避人等。

技能训练3：中餐进餐礼仪训练

1. 训练内容

模拟一次中餐进餐。扮演服务员上菜，扮演来宾在餐桌上取菜和进食。

2. 注意事项

上菜有序，取菜谦让，进食文明。

技能训练4：西餐餐序训练

1. 训练内容

模拟正式西餐正餐上菜的餐序。

2. 注意事项

上菜应先主菜后副菜，顺序不能颠倒。

技能训练5：西餐餐具礼仪训练

1. 训练内容

让学生进行刀、叉、匙、盘等的摆放和使用训练，教师指导，学生互评。

2. 注意事项

不同食物使用不同餐具，叉和刀的使用得体，合乎礼仪。

技能训练 6：自助餐礼仪训练

1. 训练内容

模拟食用自助餐。

2. 注意事项

取菜有序，多次取菜，送回餐具，注意交谈。

技能训练 7：斟酒、敬酒和饮酒礼仪训练

1. 训练内容

扮演服务员或主人向客人斟酒，模拟向长辈和客人敬酒的礼仪，扮演客人饮酒或拒酒。

2. 注意事项

酒不能斟得太满，敬酒注意祝福和方式，饮酒适量、姿势优雅，拒酒得体。

技能训练 8：饮茶礼仪训练

1. 训练内容

准备开水、绿茶、红茶和白茶以及几套瓷质、陶质、玻璃茶具，让学生选择茶具泡不同的茶，品茶。

2. 注意事项

根据不同的茶选不同的茶具；茶杯握持正确，小口、认真品茶。

技能训练 9：咖啡器具使用训练

1. 训练内容

练习端咖啡杯、用咖啡匙和碟，给咖啡加糖。

2. 注意事项

单手端杯，杯碟不能分离，用匙轻轻搅动咖啡。

技能训练 10：咖啡饮用礼仪训练

1. 训练内容

按步骤饮用咖啡，给咖啡加糖，取食甜点。

2. 注意事项

喝咖啡分四步，咖啡品尝，取食甜点适量，放杯再吃甜点。

项目九 求职应聘礼仪篇

小黄的面试为什么失败了？

小黄去一家外企进行最后一轮总经理助理的面试。为确保万无一失，这次她做了精心的打扮。一身前卫的衣服、时尚的手环、造型独特的戒指、亮闪闪的项链、新潮的耳坠，身上每一处都是焦点，简直是无与伦比、鹤立鸡群。况且她的对手只是一个相貌平平的女孩，学历也不比她高，所以小黄觉得胜券在握。但结果却出乎意料，她并没有被这家外企所认可。主考官抱歉地说："你确实很漂亮，你的服装配饰无不令我赏心悦目，可我觉得你并不适合干助理这份工作。实在很抱歉。"

评析： 在求职过程中，应注意自己的衣着和配饰，并分清场合。对于配饰，宜少不宜多，否则给人一种张扬、压抑、零乱、不稳重的感觉。

（资料来源：根据百度资料整理而得）

一、知识目标

（1）了解应聘前的注意事项；
（2）了解应聘前心理准备的重要性；
（3）熟悉应聘物质资料准备的内容及流程；
（4）掌握面试的基本礼仪与技巧。

二、能力目标

（1）能够以正确、积极的心态对待求职工作；
（2）能够制作求职信与求职简历；
（3）能够在应聘中做到仪表大方、举止得体。

三、德育目标

（1）通过求职心理的介绍，让学生树立良好的求职心态，树立正确人生观和端正的求职观；
（2）明确求职的相关礼仪规范，树立较好的公平竞争意识，培养正确的价值取向。

四、知识要点

现代社会职场中的竞争越来越激烈，求职应聘成为大学生走出校园后面对的第一个挑战。应聘者除了要有过硬的专业知识，还必须具备成熟的求职心理，掌握并运用规范的求职礼仪，才能提高应聘的成功率。

本项目详细地介绍了应聘前的思想准备和物质资料准备，帮助学生在求职前做好信息准备、思想准备和心理准备。同时，帮助学生掌握求职面试的必备礼仪，从而做到仪表大方、举止得体，给招聘人员留下良好印象。在做好准备的同时，学生还应掌握面试及面试语言技巧，了解面试中的行为礼仪、介绍礼仪、电话礼仪、名片礼仪等，力求使自己成为一个有"礼"的人，把自己的高素质、好形象展示给社会，展示给招聘单位，从而脱颖而出。

五、任务实施

求职礼仪

任务一　应聘注意事项

（一）应聘前的注意事项

凡事预则立，不预则废。应聘前要做好充分的准备，才能在面试中表现得体，为自己赢得机会。

1. 正确求职观念的建立

在社会主义市场经济体制下，大学生的就业实行国家政策指导下的自主择业、双向选择的方式。人才市场受人才供求规律的影响。供不应求，择业的范围大，就业比较容易；供过于求，择业的范围小，就业就比较困难。明白这一市场规律，在求职择业时就不会一厢情愿地想当然，不会只想着自己的学历、待遇。所以，大学生应该树立市场观念，了解市场，认识市场，适应市场。只有这样，才能强化自身的竞争意识，做好参与竞争的思想准备。

建立正确的求职观念，要解放思想，转变就业观念，树立高尚的职业理想，树立良好的敬业精神，对职业理想的坚定信念和深刻理解，有利于克服事业中的重重困难。大学生高尚的职业理想应当把个人志向与国家利益、社会需要结合起来，走出个人的小天地。

2. 重视求职礼仪

小资料
职业定位的类型

面试时候，有很多涉及礼仪方面的事情，包括走路、坐姿、谈吐、穿着、行为等各方面。对于不同岗位、不同类型的求职者，单位对这些方面的考虑会有不同。比如：纯技术人员与客服人员、应届毕业生与有工作经历的人。求职面试时候，记住一点：礼多人不怪。

> **求职故事 9-1　礼貌用语影响求职的成功率**
>
> "你好""谢谢""请坐""再见"，这些看似简单的礼貌用语，用与不用却会直接影响求职的成功率。记者日前发现，人才市场"细节效应"日渐凸现。
>
> 日前，在一场大型秋季人才招聘会上，一家饮食公司招收服务小姐的第一条件不是五官长相如何，而是直接提问求职者，接电话时首先说些什么，能否直接报出自己的公司、部门和姓名。因为不知如何回答是好，一些原本满怀希望的求职者最终只能黯然离去。
>
> 招聘方告诉记者，接电话被许多人视为小事一桩，实际却是办公室礼仪的重要组成部分，今后可以帮助职员高效工作和协调关系。
>
> 而在同一现场，记者又发现，一些招聘单位对求职者的面试是从其指甲缝隙是否藏有污垢，讲话是否看着对方等细小方面开始的。不少招聘单位更是直言，相对于不注重细节的求职者，懂得把握细节的人才，其成功率要高三成以上。
>
> 人力资源专家表示，人才市场凸现"细节效应"实际是招聘单位对人才的认识有所改变，以往认为只要有才即可，穿着、谈吐各方面差点没关系，而现在，为更好地融入一个团体，不少单位都要求求职者从最细微的地方做起。换句话说，作为一个人才，如果连基本的礼仪都不知道，也会直接影响今后的从业。
>
> 但人力资源专家同时表示，"细节效应"并非只重细节，后者肯定会造成人力资源的浪费。
>
> （资料来源：无忧考网求职礼仪小故事整理，
> https://www.51test.net/show/6669749.html）

（二）应聘前的准备

1. 应聘前的心理准备

求职前要做好以下心理准备：

（1）**谦虚谨慎**。面试和面谈的区别之一就是面试时对方往往是多数人，其中不乏专家、学者，求职者在回答一些比较有深度的问题时，切不可不懂装懂，不明白的地方就要虚心请教或坦白说不懂，这样才会给用人单位留下诚实的好印象。

（2）要机智应变。当求职者一人面对众多考官时，心理压力很大，面试的成败大多取决于求职者是否能机智果断，随机应变，能当场把自己的各种聪明才智发挥出来。要注意分析面试类型，如果是主导式，你就应该把目光集中投向主考官，认真礼貌地回答问题；如果是答辩式，你则应把目光投向提问者，切不可只关注甲方而冷待乙方；如果是集体式面试，分配给每个求职者的时间很短，事先准备的材料可能用不上，这时最好的方法是根据材料，言简意赅地作答，切忌长篇大论。

（3）要扬长避短。每个人都有自己的特长和不足，无论是在性格上还是在专业上都是这样。因此在面试时一定要注意扬我所长，避我所短。必要时可以婉转地说明自己的长处和不足，用其他方法加以弥补。

求职故事 9-2　　法国"银行大王"关注细节

> 法国"银行大王"恰科，年轻时先后 52 次找一家银行的董事长谋职。当他最后一次被拒绝后失魂落魄地从银行走出来时，看见银行大门前的地上有一根大头针，便弯腰把它捡了起来。出乎意料，银行在第二天给他发来了录用通知——原来，恰科弯腰捡大头针的行为，恰好被董事长看见了。善于为他人着想可以使人际关系变得和谐，而精细小心则可使一个人将工作做得尽善尽美。恰科弯腰捡大头针的行为，凸显了他善为他人着想和精细小心的品质。董事长从他弯腰捡大头针的行为中，看出了他高尚的道德修养和强烈的责任感，看出了一名优秀员工应当具备的素质。
>
> （资料来源：本文根据应届毕业生求职网相关资料整理而成，http://www.yjbys.com）

同时，要避免以下心理：

焦虑心理，产生焦虑的原因就是对自己四年大学学习知识的不信任，一直都是处于一种对社会、对职场恐惧态度，不敢去面对挑战、面对新事物。所以在此建议大家：要做到自信、敢作敢为，要积极去接触不同的人和事，锻炼自己的交流能力和社会经验。

自卑心理，这是一种大学生就业普遍存在的心理状态，对自己没信心、缺乏面对人和事的勇气，不敢去竞争的自闭心理。实际上每一个人都有自己的长处，只要把自己的长处正常地展现出来，那你一定会发出你自己的光芒。所以建议：遇到自己喜欢的、心仪的，要去努力，要去争取！

依赖心理，这种心理一般会出现在温室里面培养的大学生，大学的四年没有接触过任何社会文化，同时家庭条件较为优越，在大学期间物质方面一直很好，这样的心理，往往会变得没有主见，在毕业选择时，会选择家庭给予的帮助下去就业。所以建议：要记得自己已经是成人了，你必须拥有自己的灵魂和想法，要增强自己的独立意识，这样才能在社会上过上一种理想的生活。

自负心理，这样的心理状态往往出现在一些在校期间比较优秀的学生中，他们觉得社会上他们也该拥有在学校的职位，而且往往中意的就业方向多为国企、事业单位等，但是社会是一个新的舞台，你必须放低你的姿态从零开始了，过去只能代表过去，现在你没有任何成绩的情况下，自负是一种影响你发展的心理。

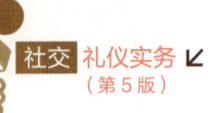

封闭心理,这种心理可以说是职场中最忌讳的一种状态,职场本来就是团队合作,一起研究与讨论的过程,一个过于封闭自己的人,在情感上就会被别人否决,所以建议多和大家进行沟通,不要独来独往,要记得积极的地社会接触,要积极表达自己的想法等。

如何克服"面试恐惧症"

2. 应聘前的信息准备

捕捉信息,把握机会。求职者要及时了解和掌握国家、地方政府或学校的有关就业政策、法律,搜集企业的招聘信息等。我们获取信息的渠道是多种多样的,比如通过政府相关部门和国家有关机关获取信息,通过学校毕业生就业工作部门获取信息,通过社会各级人才市场获取信息,报刊、网络以及广播电视等新闻媒体也是我们获取信息的有效渠道。

3. 应聘前的简历准备

简历就如同是一个三十秒钟的广告。它的作用就是将求职者的基本信息传达给招聘者。招聘者通过简历获取他想要的关键信息,关键信息能激发起热情并促成最终行动——面试。

1)简历的内容

简历的内容主要有:①基本情况介绍;②学历情况的简述,包括学习经历、在校期间获奖情况、爱好和特长、参加过的社会实践活动、所任职务、承担的任务等;③工作经历,介绍曾经工作过的单位名称、职位、个人工作成绩、培训或深造情况、工作变动情况、职务升迁情况等。个人简历表示例如图9-1所示。

个人简历

个人资料			
姓　名:		性　别:	
出生日期:		学　历:	
毕业院校:		专　业:	
工作经验:		现任职位:	
申请职位:		薪资要求:	
联系方式:			

自我评价
幽默、刚直率真、对人生的看法富含哲学性,希望能将自身所散发的火热生命力及快感,感染到别人,所以人缘通常都很好。外向、健谈、喜欢新的经验与尝试,尤其是运行及旅行。是个永远无法被束缚、不肯妥协、同时又具备人性与野性、精力充沛且活动力强,有着远大的理想,任何时地都不会放弃希望和理想。

工作经验

职业技能
1、熟悉WIN98、WINME、WIN2000、WIN2003及WINXP系统的安装、操作及硬件维护

图9-1　个人简历表示例

写作简历时，除了结构合理、语言精练、表达专业以外，要遵循一条铁定的规则：绝不允许出现任何拼写和打印错误。现在有许多成功的职业设计者将图表巧妙地植入他们的简历里，再佐以充满活力、激情和职业风范的装点。如果一个人不能被自己的简历打动，那么你怎么能够指望它打动别人呢？

2）简历类型

在职业设计中，有两种简历类型，即目标型简历和资源型简历。

（1）**目标型简历**。如果你了解职位的要求，熟悉你打算就职的行业或环境的情况，那么你适合使用目标型简历。简要地说，通过职务名称和行业，你可以确认你打算从事什么职业。你的简历就必须强调那些能够满足目标雇主需要的技能、能力和资质。

（2）**资源型简历**。如果你是一个通才，可以拥有多种选择或者不能清楚地确定你打算从事什么职业，但是你能够确认你的专业技能，那么你适于使用资源型简历。资源型简历可以更多地强调你的成就和技能。告诉未来的雇主，如果雇用你，作为回报，你能给他带来什么利益。

3）简历格式

简历格式分为时序型格式、功能型格式、综合型格式、履历型格式和图谱型格式。

（1）**时序型格式**。有许多职业指导和招聘专家认定时序型格式是简历格式的当然选择，因为这种格式能够演示出持续和向上的职业成长全过程。它是通过强调工作经历实现这一点的。时序型格式以渐进的顺序罗列你曾就职的职位，从最近的职位开始，然后再回溯。区分时序型格式与其他类型格式的一个特点是罗列出的每一项职位下，你要说明你的责任、该职位所需要的技能以及你在任职时取得的最关键的、突出的成就。关注的焦点在于时间、工作持续期、成长与进步以及成就。

（2）**功能型格式**。功能型格式在简历的一开始就强调技能、能力、资信、资质以及成就，但是并不把这些内容与某个特定雇主联系在一起。职务、在职时间和工作经历不作为重点，以便突出强化你个人的资质。这种类型的格式关注的焦点完全在于你所做的事情，而不在于这些事情是在什么时候和什么地方做的。

（3）**综合型格式**。这种格式提供了最佳选择——首先扼要地介绍你的市场价值（功能型格式），随即列出你的工作经历（时序型格式）。这种强有力的表达方式首先迎合了招聘的准则和要求——推销你的资产、重要的资信和资质，并且通过专门凸显能够满足潜在行业和雇主需要的工作经历来加以支持。而随后的工作经历部分则提供了曾就职的每项职位的准确信息，它直接支持了功能部分的内容。

这种综合型格式很受招聘机构的欢迎。事实上，它既强化了时序型格式的功能，同时又避免了使用功能型格式而招致的怀疑。当功能部分信息充实，有阅读者感兴趣的材料而且工作经历部分的内容又能够强有力地作为佐证加以支持时，尤为如此。

（4）**履历型格式**。履历型格式的使用者绝大多数是专业技术人员或者是那些应聘的职位仅仅需要罗列出能够表现求职者价值的资信。例如医生就是使用履历型格式的典型职业。在履历型格式中无须其他，只要罗列出你的资信情况，如就读的医学院、住院实习情况、实习期、专业组织成员资格、就职的医院、公开演讲场合以及发表的著作。换句话说，资信说明一切。履历型简历表示例如图 9-2 所示。

图9-2 履历型简历表示例

（5）**图谱型格式**。图谱型格式是一种与传统格式截然不同的简历格式。传统的简历写作只需要运用你的左脑，你的思路限定于理性、分析、逻辑以及传统的方式。而使用图谱型格式你还需要开动你的右脑（大脑的这一半富于创意、想象力和激情），简历也就更加充满活力。

项目九　求职应聘礼仪篇

〈求职故事 9-3〉　找工作时如何准备简历？

一位职场朋友找老王咨询，说自己在近20天内，连续投了500多个职位，几乎石沉大海，非常焦虑，不知道该如何才能更高效地找到工作？

老王看了他的简历后，告诉他从这几个方面准备简历：

（1）简历的内容大于形式。如果简历内容不好，再好的形式都没有。老王建议，不要追求花里胡哨的排版，而是要想办法把你简历的内容做好。

（2）高大上又接地气的自我介绍。特别是在写自我介绍时，老王建议写3点：首先，用一句话或一段话来概括你的工作经历；其次，写出你擅长什么、针对你应聘的岗位你有什么特殊资源或能解决什么问题；再次，用一段话或一句话描述你的性格特点。这样便于给面试官传递你清晰的画像，一旦面试官对你的画像感觉比较好的话，你面试成功概率就会提升50%。

（3）好的简历一定是重点突出、内容清晰，让面试官一眼就看出你是一个怎样的人，或者通过简历就可以把你的画像看出来。这样的简历才是好简历。

（4）好的简历中一定是用数据来展现自己的优势，而不是用高大上的词语来描述自己多优秀。老王接触过很多职场人的简历，感觉特别空洞。空洞的原因是整个简历完全是用高大上的管理专业性词语来修饰，而缺少具体能落地的内容。给人的第一印象就是假大空。

（5）好的简历一定是站到一定的高度，又可以落地。好的简历，就是当面试官拿到你的简历后，不是在咀嚼费解的词语，而是在听你着眼高度又能落地的演讲。

（6）好的简历一定有项目经历，包括项目名称、项目描述、项目角色、项目职责和项目业绩。好的求职简历，让你事半功倍。

（资料来源：求职礼仪小故事：与成功擦身而过
https://www.51test.net/show/6669749.html）

任务二　面试礼仪及技巧

在整个应聘过程中，面试无疑是最具有决定性意义的一环，事关成败。面试是用人单位招聘时最重要的一种考核方式，是供需双方相互了解的过程，是一种经过精心设计，以交谈与观察为主要手段，以了解被试者素质和相关信息为目的的一种测评方式。

现在的用人单位越来越看重人员的综合素质，诸如自信心、合作性、交往时的敏感力、分析解决问题的能力等，能否在面试过程中表现出这些良好素质，将会左右面试官对求职者的印象。同时，面试也是求职者全面展示自身素质、能力、品质的最好时机，面试发挥出

面试礼仪及技巧

色，可以弥补笔试或是其他条件如学业、专业上的一些不足。在求职的几个环节中，面试也是难度最大的，尤其是对于那些初入职场的应届毕业生来说，因为缺乏经验，面试常常成为一道难过的坎儿，有很多毕业生顺利通过了简历关、笔试关，最后却在面试中铩羽而归。

（一）面试前的准备

（1）**服饰**。就服饰而言，应聘者在去求职面试前，必须精心选择自己的服饰。服饰要与自己的身材、身份相符，符合时代、季节、场所、收入的程度，并且要与自己应聘的职业相协调，能体现自己的个性和职业特点。比如应聘的职位是机关工作人员、管理人员或教师、律师等，打扮就不能过于华丽，而应选择庄重、素雅、大方的着装，以显示出稳重、严谨、文雅的职业形象；又如应聘的职位是导游、公关、服务员等职位，则可以穿得时髦、艳丽一些，以表现热情、活泼的职业特点。一般来说，服饰要给人以整洁、大方得体的感觉，穿着应以保守、庄重一点为好，不要追求时髦，浓妆艳抹，否则会给用人单位一种轻浮的印象，影响面试的成绩。

（2）**消除紧张情绪**。由于面试成功与否关系求职者的前途，所以大学生面试时往往容易产生紧张情绪，有的大学生可能还由于过度紧张导致面试失败。紧张感在面试中是常见的。紧张是应考者在考官面前精神过度集中的一种心理状态，初次参加面试的人都会有紧张的感觉，我们应该在面试时努力地克服。

在竞争面前，人人都会紧张，这是一个普遍的规律，面试时你紧张，别人也会紧张，这是客观存在的，要接受这一客观事实。这时你不妨坦率地承认自己紧张，也许会得到理解。同时要进行自我暗示，提醒自己镇静下来，告诉自己"胜败乃兵家常事"，把面对的考官当熟人对待；或掌握讲话的节奏，"慢慢道来"；或握紧双拳、闭目片刻，先听后讲，都有助于消除紧张情绪。

面试时，应聘者往往要接受多方的提问，迎接多方的目光，这是造成紧张的客观原因之一。这时你不妨将目光盯住主考官的脑门，用余光注视周围，既可增强自信心又能消除紧张感；在面试过程中，考官们可能交头接耳，小声议论，这是很正常的，不要把它当成精神负担。

> **求职故事9-4**　　憨豆：不慌不忙，急中生智
>
> 憨豆在成名前，到英国一家闻名的马戏团应聘当滑稽演员。考官面试时的题目是当场让人捧腹大笑。憨豆又讲笑话又演哑剧，可考官没有一人露出一丝笑意。
>
> 憨豆不慌不忙，亮出绝招，转身打开面试房间的门，对着外面其他等候面试的应聘者们大叫："喂，你们都可以回家吃饭了！他们已决定录用我了！"这时，已经憋了很久的考官们一下大笑了起来。憨豆终于找到了一份可以发挥自己特长的工作，最终成为世界闻名的滑稽大师。
>
> 急中生智能让求职者想出招聘方负责人欣赏的谋略，说出招聘方负责人欣赏的话语，做出招聘方负责人欣赏的事情，但是只有保持良好的心态才会有急中生智的可能。
>
> （资料来源：本文根据应届毕业生求职网相关资料整理而成，http://www.yjbys.com）

（3）**熟悉招聘单位的资料**。求职者要了解目标单位的全部情况，包括生产什么产品或提供什么服务，领导声誉，社会形象，他们的竞争对手的现状，行业中有哪些共性的问题（如政府法

规、国际的价格竞争）；待聘的职位及其所属部门，该部门的职责是什么，与待聘职位有联系的具体任务有哪些等。

（4）**了解主考人员情况**。求职者要尽可能了解主考人的姓名、性格、工作背景及经历、为人方式、兴趣、爱好；你们是否有共同认识的人等。

（5）**正确认识自己**。大学生应聘前要客观估测自己的实力，客观地考虑"目前我会干什么""我能干什么""我的兴趣是什么"等。同时准备好自己的资料，自己的能力、特长、个性、兴趣、爱好、长处、短处、对职业的选择倾向等都要想清楚；还要根据行业要求准备好各类证书。

求职故事 9-5　史泰龙 1850 次求职被拒

> 　　有一位穷困潦倒的年轻人，身上全部的钱加起来也不够买一件像样的西服。但他仍全心全意地坚持着自己心中的梦想，他想做演员，当电影明星。好莱坞当时共有 500 家电影公司，他根据自己仔细划定的路线与排列好的名单顺序，带着为自己量身定做的剧本前去一一拜访。
>
> 　　第一遍拜访下来，所有的 500 家电影公司没有一家愿意聘用他。面对无情的拒绝，他没有灰心，从最后一家被拒绝的电影公司出来之后不久，他就又从第一家开始了他的第二轮拜访与自我推荐。
>
> 　　第二轮拜访也以失败而告终。第三轮的拜访结果仍与第二轮相同。但这位年轻人没有放弃，不久后又咬开始了他的第四轮拜访。当拜访第 350 家电影公司时，这里的老板竟破天荒地答应让他留下剧本先看一看，他欣喜若狂。
>
> 　　几天后，他获得通知，请他前去详细商谈。就在这次商谈中，这家公司决定投资开拍这部电影，并请他担任自己所写剧本中的男主角。不久这部电影问世了，名叫《洛奇》。
>
> （资料来源：本文根据百度知道相关资料整理而成）

（二）面试的基本类型

面试的方式很多，概括起来有以下五种。

（1）**模式化面试**。由主考官根据预先准备好的询问题和有关细节，逐一发问。其目的是获得有关应试者全面、真实的材料，观察应试者的仪表、谈吐和行为，以及沟通意见等。

（2）**问题式面试**。由主考官对应试者提出一个问题或一项计划，请应试者予以完成解决。其目的是观察应试者在特殊情况中的表现，以判断其解决问题的能力。

（3）**非引导式面试（无目的式面试）**。即主考官海阔天空地与应试者交谈，让应试者自由地发表议论，尽量活跃气氛，在闲聊中观察应试者的能力、知识、谈吐和风度。

（4）**压力式面试**。由主考官有意识地对应试者施加压力，针对某一问题做一连串的发问，不仅详细，而且追根问底，直至无法回答。甚至有意识地刺激应试者，看应试者在突如其来的压力下能否做出恰当的反应，以观察其机智程度和应变能力。

（5）**综合式面试**。由主考官通过多种方式综合考察应试者多方面的才能。如用外语同应试者会话以考察其外语水平，让应试者抄写一段文字以考察其书法，让应试者讲一段课文以考察其演讲能力等，也许还会要求应试者现场操作等。

以上五种面试是根据面试的内容划分的。在实际面试过程中，主考官可能只采取一种面试方式，也可能同时采用多种面试方式。

（三）面试基本礼仪

（1）**遵守时间**。有专家统计，求职面试迟到者获得录用的概率只相当于不迟到者的一半，因为等待会使人产生焦急烦躁的情绪，从而使面谈的气氛不够融洽。接到面试通知后，应仔细阅读通知看是否标有交通路线，要搞清楚究竟在何处上下车、转换车。要留出充裕的时间去搭乘或转换车辆，包括一些意外情况都应考虑在内。最好能够提前十分钟到达面试地点，以有充分的时间调整好自己紧张的情绪，也表示求职的诚意。假如依照约定的时间匆匆前往，对方也许已在等候你，那样就显得你欠礼貌、欠诚意，同时还容易使你情绪紧张而影响面试效果。

小资料
网上求职

（2）**表情要自然，动作要得体**。表情越自然越好，在对方没有请你坐下时切勿急于坐下，请你坐下时，应说声"谢谢"，坐下后要保持良好的坐姿，不要又是挠头皮、抠鼻孔，又是挖耳朵，或跷起"二郎腿"乱抖。对于女应聘者来说，动作更应得当，任何轻浮的表情或动作都可能会让招聘人员对你不满。另外，各种手势语也要恰当得体、自然。

（3）**文明礼貌**。进门时应主动打招呼："您好，我是某某"，如果是对方主动约自己面谈，一定要表示感谢，谢谢对方给自己这样一个机会；如果是自己约对方面谈，一定要表示歉意"对不起，打扰您了"等。面谈时要真诚地注视对方，表示对他的话感兴趣，绝不可东张西望，心不在焉，不要不停地看手表，否则，显得不尊重对方。另外，对对方谈话的反应要适度，要有呼应。他说幽默话时，你的笑声会增添他的兴致；他说话严肃、认真时，你屏住呼吸则强化了气氛，这种反应要自然坦率，不能故意做作或大惊小怪地做出表情。

（4）**保持安静**。在等候面试时，不要到处走动，更不能擅自到考场外面张望，求职者之间的交谈也应尽可能地降低音量，避免影响他人应试或思考。最好的办法就是抓紧时间熟悉可能被提问的问题，积极做好应试准备。

（5）**尊重他人，善解人意**。要想取得招聘者的好感，必须真正尊重对方，善解人意。在求职时往往有这种情况：招聘者的资历或学历、职称、年龄等可能不如求职者，此时千万不能妄自尊大。如果一旦流露出不尊重对方的表情，处处显示出优于对方、待价而沽的情绪，引起了对方的反感，往往会将好事办砸。

（四）面试基本技巧

在求职面试过程中，常常见到大学毕业生面红耳赤、语无伦次或者答非所问。辛辛苦苦准备的"台词""腹稿"一急之下，都抛到九霄云外，生怕一句话说错、一个问题答不好，就会影响自己的"第一印象"，以致缩手缩脚，影响正常水平的发挥。为克服上述弱点，就要求毕业生平时要加强面试技巧的训练，培养自己的应变能力和语言表达能力，以便给用人单位留下良好的"第一印象"。

小资料
面试九忌

1. "听"的学问

善于聆听，是面谈成功的又一个要诀。首先，要耐心。对对方提起的任何话题，你都应耐心倾听，不能表现出心不在焉或不耐烦的神色，要尽量让对方兴致勃勃地讲完，不要轻易打断或插话。其次，要细心。也就是要具备足够的敏感性，善于理解对方的"弦外之音"，即从对方的言谈话语之间找出他没能表达出来的潜在意思，同时要注意倾听对方说话的语调和说话的每一个细节。再次，要专心。专心的目的是要抓住对方谈话的要点和实质，因此，你应该保持饱满的精神状态，专心致志地注视对方，并有表示听懂或赞同的声音或动作；如果对方提出的问题本身很明确，但你却没有完全理解，那么你可以以婉转诚恳的语言提出不明确的部分，对方会进一步解释的。这样既能弄清问题的要点和实质，又能给对方以专心致志的好印象。最后，要注意强化。要认真琢磨对方讲话的重点或反复强调的问题，必要时，你可以进行复述或提问，如："我同意您刚才所提的……""您是不是说……"重复对方强调的问题，会使对方产生"酒逢知己千杯少"的感觉，往往会促进情感的融合。

> **求职故事 9-6**　你认真听了吗？
>
> 　　有位大学毕业生到一家编辑部去求职，主编照例同他谈话，开始一切都很顺利。由于对他第一印象很好，主编后来就拉家常式地谈起了自己在假期的一些经历，大学生走了神，没有认真去听。临走时，主编问他有何感想，他回答说："您的假期过得太好了，真有意思。"主编盯了他好一会儿，最后冷冷地说："太好了？我摔断了腿，整个假期都躺在医院里。"
>
> 　　（资料来源：本案例根据百度知道相关案例整理，http://zhidao.baidu.com/question/886202.html）

2. "说"的技巧

（1）"听"有学问，"说"同样有学问。参加面谈的求职者不可避免地会不同程度地产生紧张情绪或羞怯心理，因此你谈话之前应尽可能地清除紧张、克服羞怯，并坦率、谦虚地告诉对方"对不起，我有点紧张"等，对方会理解你，甚至会安慰你，帮助你放松。承认紧张对推荐自己没有什么消极影响，反而会显示你实在、坦率和求职的诚意，这是良好交谈的第一步。

（2）采用呼应式的交谈，并巧妙地引导话题。求职面谈既不同于当众演讲，又不同于自言自语，而在于相互间的呼应。成功的对话是一个相互应答的过程，自己每一句话都应是对方上一句话的继续，并给对方提供发言的余地，还要注意巧妙地引导话题。如当所谈内容与求职无关，而对方却大谈特谈时，你可以说："这件事很有意思，以后一定向您请教。现在我有个问题不明白……"，从而巧妙地转移了话题："您认为某项工作应具备哪些素质？"以引起双方感兴趣的话题。

（3）谈话要动之以情，处处表现情真意切，实实在在。不要海阔天空，华而不实，更不能虚情假意，说假话、空话。

（4）人们在紧张的情况下，往往讲话的节奏加快，这不利于进行情感交流。因此，谈话时应掌握节奏，必要时可用机智、幽默、风趣的语言使双方都放慢谈话的节奏。

3. 初步印象和最后印象

最初和最后的五分钟是面试中最关键的，在这段时间里决定了你留给人的第一印象和临别印象以及主考人是否欣赏你。最初的五分钟内应当主动沟通，离开的时候，要确定你已经被记住了。

4. 无声胜有声的形体语言

在面试中，恰当使用非语言交流的技巧，将为你带来事半功倍的效果。除了讲话以外，无声语言是重要的公关手段，主要有手势语、目光语、身势语、面部语、服饰语等，通过仪表、姿态、神情、动作来传递信息，它们在交谈中往往起着有声语言无法比拟的效果，是职业形象的更高境界。

5. 面试中容易犯的错误

面试中容易犯的错误有以下十种。

（1）避免小动作。挖耳朵、擦眼睛、剔牙、擦鼻子、打喷嚏、用力清喉咙都是令人生厌的小动作。在面试时应该尽量避免这些令人难堪的小动作。

（2）一边谈话，一边玩弄东西。求职者在面谈时，若无意间玩弄衣服纽扣或手帕的一角，会给人一种不成熟的感觉。

（3）交叉跷脚的坐姿。放松心情，双脚平放，是面试时最基本的坐姿要求。因此，求职者应避免出现跷脚的坐姿，以免让主考官产生不端庄的印象。

（4）拉裙子。女性求职者在面试时，若是因为自己穿着的裙子太短，坐下时怕走光，而不断地拉裙摆，容易让面试官觉得求职者的个性太过于浮躁。因此，为避免这种窘境的产生，女性求职者在面试前，应对于裙子的长度多加考虑。

（5）拨弄头发。留着长发的人与人交谈时，常常会不自觉地拨弄头发，但这种习惯会令人产生自己不被尊重的感觉。因此，为避免这种习惯影响面试的结果，求职者此时最好将长发扎起来。

（6）支支吾吾地小声谈话。面谈时，若求职者的谈话声声太小，以致面试官无法听清楚，就会给人留下一种没自信的印象。

（7）眼神飘忽不定。求职者在面试时，若两眼到处乱瞄，容易让面试官觉得这是一位没安全感、对任何事都抱着不信任态度的应试者，而产生负面的印象。

（8）夸张的肢体动作。面试时，太过活泼、夸张的动作，易招致不稳重的印象。因此，在回答面试官时，应以平稳、平实的态度为原则。

（9）手提服饰袋。面试时，随手提个服饰袋，容易给人留下不够稳重或太轻浮的印象。

（10）不停地看手表。不论是在面谈或与人交谈时，不停地看时间，都会让人产生一种压迫感。因此在面谈时，求职者切记要留下一段充裕的时间，以防此种情形的发生。

求职故事 9-7　硕士落选记

某公司要招聘一位市场部经理，一位名校硕士的简历深深吸引了老总。他有相关理论著述，而且在两家单位任过职，有一定经验。于是通知他三天后来公司面试，面试结果呢？竟然没能通过。老总后来说，那次面试是他亲自主持的。他发现那位先生有个特点，就是不管什么时候都是锁着双眉，不会微笑，显示出很沉闷的样子。他说，这种表情的人是典型的不擅做沟通工作的。而作为市场部的负责人，沟通本来就是重要的工作内容……

分析：一个人的表情在人际交往特别是初次交往中非常重要，千万不可小看。心理学家珍·登不列说："假如顾客的眼睛往下看，脸转向一边，就表示拒绝你了；假如他的嘴唇放松，笑容自然，下颚向前，可能会考虑你的建议；假如对你的眼睛注视几秒钟，嘴角到鼻翼部位都显出轻松、热情的微笑，这项买卖就做成了。"这段话可以得出两个启示：一是如果想有良好的人际关系，就要注意表情或神态礼仪；二是面部表情最传神表意的笑容，是决定面部表情礼仪的关键。

（资料来源：根据无忧考网求职礼仪小故事整理，https://www.51test.net/show/6669749.html）

六、技能训练

技能训练：模拟招聘会

训练内容：组织模拟招聘会，发出模拟招聘通知，拟定模拟岗位，要求学生根据拟应聘的岗位准备应聘资料，进行模拟应聘，考核学生的面试礼仪以及面试技巧。

招聘人员要求：两名学校的领导，两名企业的人事部门领导，学校人事部门工作人员。训练完毕之后，由招聘人员作出点评。

应聘人员要求：服装、礼仪、自荐书、推荐表。

项目十 婚丧寿庆礼仪篇

季孙之母死

季孙之母死，哀公吊焉，曾子与子贡吊焉。阍人为君在，弗内也。美哉！曾子与子贡入于其厩而修容焉。子贡先入，阍人曰："乡者已告矣。"曾子后入，阍人辟之。涉内溜，卿大夫皆辟位，公降一等而揖之。

君子言之曰："尽饰之道，斯其行者远矣！"

——《礼记·檀弓》

译文：季孙的母亲死了，哀公前来吊唁，曾子和子贡也来吊唁。由于国君在这里，守门人不让他们进门。曾子和子贡到马圈里把仪容修饰了一番。子贡先走进去，守门人说："刚才已经通报了。"曾子随后进去，守门人让开了路。他们进入室中央，卿大夫们都离开了原位，鲁哀公也从台阶上走下一级，向他们拱手行礼。

君子们评论这件事说："尽力整肃仪容，这样可以畅通无阻啊！"

评析：《礼记》是战国至秦汉年间儒家学者解释说明经书《仪礼》的文章选集，是一部儒家思想的资料汇编。《礼记》与《仪礼》《周礼》合称"三礼"，对中国文化产生过深远的影响，各个时代的人都从中寻找思想资源。婚礼、丧礼、寿庆对于人的一生来说都是十分重要的，因此在这些重要场合讲究礼仪也很好地表达了对他人的尊重。

一、知识目标

（1）了解婚丧寿庆礼仪对于现代人的重要性；
（2）了解婚礼的基本形式，掌握婚礼的基本流程；
（3）了解丧葬礼仪的基本流程；
（4）掌握婚礼、生日寿辰礼物馈赠的原则。

二、能力目标

（1）能够独立策划生日晚会、祝寿晚会；
（2）能够在亲朋好友生日或寿辰时馈赠适当的礼物；
（3）掌握参加婚礼、寿辰、丧礼时的基本礼节。在参加婚礼、丧礼时注意基本的礼节，不犯错误。

三、德育目标

（1）学生能够了解中国人生日及节日礼俗的基本内容，做到入乡随俗，感受中国民俗及节日的魅力；
（2）引导学生热爱祖国的传统文化，传承中华优秀传统文化，坚定文化自信。

四、知识要点

"始于冠，本于婚，重于丧祭"，从诞生到结婚，最后走上生命的祭坛，这是生命发展的必然规律。没有诞生就没有生命，没有生命就没有社会；没有婚姻，生命就无人接力，无人延续，社会就得不到延伸发展；没有死亡，生命就不会有新老更替，有如生物没有新陈代谢，社会就无法进步。正因为如此，人类才将诞生、结婚、死亡看得十分神圣，倍加重视。社会对它们规定了种种戒律，世俗为它们设下了种种繁文缛节，这些戒律、礼节与仪式就是我们要学习的婚丧礼仪。

五、任务实施

任务一 婚礼礼节

（一）婚礼的形式

现代婚姻应是以爱情为基础，以法律为保障的男女两性的社会结合。结婚是这种结合的起点，婚礼是这种结合的标志。适度的婚礼不仅是结婚双方当事人应享有的快乐，也是亲朋好友、邻里同事向新郎新娘表达祝福的极好场所。同时，婚礼也是让新郎新娘在众人面前表达对对方的永恒的爱慕之情，并接受社会舆论监督的最好机会。无论豪华还是简朴，婚礼都应是美好而富有意义的，都应喜庆吉祥，尽善尽美。

婚礼的模式经过不断的移风易俗、与时俱进，已经逐渐趋于文明、节俭、愉快，并且富有意义，让人回味无穷。现在，婚礼主要有集体婚礼、宾前婚礼、旅行婚礼和"双合一婚礼"四种类型。

1. 集体型

集体型婚礼是数对、数十对乃至上百对新人共同参加，由有关部门或本单位领导主持的婚礼仪式。其特点是时间短、规模大、花费少、气氛热烈隆重。集体婚礼有多种形式。

（1）综合式集体婚礼。具体程序为：来宾就座；宣布婚礼开始；新郎、新娘双双在欢快的乐曲和热烈的掌声中并肩入场；介绍新婚夫妇、证婚人和重要来宾姓名；主婚人、证婚人分别致辞；新婚夫妇向父母鞠躬，恳谢养育之恩，感谢老师教育之恩，答谢亲友、同事、领导关怀之情；主办单位向新婚夫妇赠送纪念品；新婚夫妇互赠纪念品；父母、领导人和知名人士致贺词；新婚夫妇向客人敬烟、敬糖、致答谢词；最后，安排舞会、文艺演出、放映电影等文娱活动。如逢春季，婚礼在户外举行，规模和程序可以略作精减，可组织新婚夫妇栽种新婚纪念树。集体婚礼图片如图10-1所示。

图10-1 集体婚礼图片（资料来源：百度）

（2）联欢式集体婚礼。联欢式集体婚礼与综合式集体婚礼大体相仿，但程序可以精简，而突出联欢晚会的色彩，这种婚礼举行得成功与否，取决于司仪的人选和节目的准备。司仪要具备下列条件：热情、开朗、幽默、反应灵敏、言谈举止文雅大方。节目要经过筛选和排练，节目顺序要安排得当。

（3）舞会式集体婚礼。舞会式集体婚礼突出舞会色彩。这种婚礼举办得成功与否，取决于会场的选择和音响效果。场所可以布置室内舞厅，也可设露天舞场。乐曲演奏可以请专业乐队，也可以播放录音。婚礼宣布开始后，新郎新娘可率先起舞，继而，来宾选好舞伴陆续上场。婚礼的其他程序可以利用跳舞间歇穿插进行，新婚夫妇也可以借间歇之际向来宾敬献食品或饮料。程序和舞曲的安排，应有利于将婚礼气氛逐步推向高潮，结束时，新婚夫妇应向来宾致谢。

（4）篝火式集体婚礼。篝火式集体婚礼场地设在野外。参加婚礼的人们围坐一圈，如没有椅凳，可席地而坐，更添情趣。婚礼开始后，主婚人上前点燃篝火。在欢快的乐曲和热烈的掌声中，新婚夫妇成双成对并肩入场。大家围着熊熊燃烧的篝火翩翩起舞，祝愿新婚夫妇永远幸福。与此同时，也可穿插举行文艺联欢活动。这种婚礼，时间宜选在晴朗无风的春秋之夜，场地则应该选择较为空旷并有灭火设备的地带，组织安排要严密，要指定专人负责安全工作。

2. 宾前型

宾前婚礼，是一对新婚夫妇邀请少数人参加的小型婚礼。其特点：一是规模小、经济实惠、宽松、自由；二是仅以一对新婚夫妇为中心。

宾前婚礼以家宴型为多。婚礼在家中举行，择定日子邀请亲戚朋友前来相聚，家中备有糖果烟茶和适量酒菜。如果婚礼在晚饭后举行，可在家中点燃数盏红烛，以增添喜庆气氛。喜宴摆上，来宾向新婚夫妇祝福，长辈向新婚夫妇提出希望。喜宴前后，可以搞些有意义的游艺活动，例如猜谜语、对对联、书法、绘画、小魔术、小幽默等，还可以请老年人或小朋友表演节目。

3. 旅游型

这是一对新婚夫妇根据共同的志趣和愿望到外地旅行游玩的婚礼形式。这种蜜月旅行，无论是登高览胜、水上泛舟，还是寻古探幽、涉险猎奇，抑或观赏市容、采购衣物，都能开阔视野，增长知识，认识自然，了解社会。在大好河山的怀抱中享受无穷乐趣，给一生留下美好的回忆，如图10-2所示。

图10-2　旅行型婚礼或旅拍

4. "双合一"型

"双合一"型婚礼是在结婚登记机关举行的婚礼仪式。婚礼程序可繁可简；可以邀请亲朋好友参加，也可不邀请；可备简单茶点、饮料，也可不备；可以举行简短的小型音乐会，也可不举行；婚礼仪式主持人可请婚姻登记员担任，也可由婚姻当事人邀请其他人担任。总之，都是由婚姻当事人提出方案，与婚姻登记机关协商决定。这种婚礼仪式的特点，一是把婚姻登记员颁发结婚证书的法律程序放在婚礼仪式上进行；二是对举行婚礼的程序、规模，婚姻当事人有较大的自主权；三是花钱少、时间短，典雅庄重。目前涉外婚姻、涉港澳台胞和华侨婚姻多采用这种形式。

> **礼仪故事 10-1**　　"富得流油"的阿联酋婚礼习俗
>
> 阿拉伯联合酋长国历史悠久，文化古老，婚礼习俗表现出浓厚的阿拉伯色彩，又因是世界上最富有的国家，人们在操办婚事时讲究阔气，注重排场。阿拉伯联合酋长国的婚礼活动一般进行三天时间。
>
> 第一天是宴请女宾日，新娘家邀请男女两家的女宾出席。新娘穿上时髦的白色拖地结婚礼服。腰间系一条金腰带（当然也有人穿着当地传统的阿拉伯式结婚礼服），向女客人们展示自己的金首饰、衣服及化妆品等。这些金首饰、成套新衣服和化妆品数量之多，令人瞠目结舌，新娘则以此来炫耀自己经济富有和身份高贵。
>
> 第二天为宴请男宾日，新郎家邀请男女两家的男客人参加，还要请来民间歌舞团吹拉弹唱，载歌载舞，通宵达旦地进行庆贺。其场面热闹异常。
>
> 第三天为宴请众人日，由新郎家操办，男女两家所有的亲戚、朋友、邻居等应邀参加。即使是过路的陌生人也会受到热情邀请。婚礼上，赛骆驼是一项不可缺少的重要活动。凡是新郎新娘的亲朋好友均可参加比赛，比赛的地点选在离新郎家 20 千米的沙漠上，终点是新郎的家门口。沿途围观的人群，为参加比赛的骑手们加油助兴，尽情欢呼。这种沙漠赛骆驼，形式独特新颖，场面热烈隆重。
>
> 十分有趣的是，新婚之夜，新郎必须从晚上 9 点到凌晨 1 点一个人待在新房里。深夜 1 点，新娘在母亲的陪同下进入洞房，新郎向岳母问安，岳母随即退出，大约早晨 5 点钟，岳母再次进入洞房，询问新婚第一夜是否和谐、满意，并将自己的女儿带走。直到上午 10 点钟，岳母才把新娘再次交给新郎。据说，这样可使小伙子体会到娶一个女子为妻是不容易的。另外，洞房花烛夜时岳母的身影无形中对小伙子也是一种威慑力量，时时提醒他要忠于爱情，忠于妻子，尽到一个做丈夫的责任。按照当地的传统做法，婚礼的一切开支由男方家庭负担，女方家庭根据自己的经济能力向出嫁的女儿赠送相应的礼物。
>
> 在阿拉伯联合酋长国，新婚之夜通常安排在星期五或星期一的晚上，人们在鼓乐声中尽情欢乐，有的地方要持续一天的时间。当地居民性格豪爽，慷慨好客，从婚礼喜宴便可反映出来。不仅饭菜丰盛，味道极佳，而且表现出异常亲热和友好，频频招呼客人一定要多吃菜，直到吃饱喝足为止。客人吃得越多，主人越高兴，因为主人认为客人这

是看得起他，赏给他面子。然而，阿拉伯联合酋长国的许多小伙子因举办婚礼需要大笔开支而感到"望妻兴叹"，事后每当议论起来也总是"谈婚色变"。

（资料来源：根据搜狐网相关资料整理）

（二）婚礼的程序

我国旧时各民族的结婚仪式，是相当复杂严格的。随着历史的进步，古老的结婚仪式已被新的带有中西合璧色彩的活动仪式所取代。

1. 选择婚期

结婚是人一生中的大事，选择婚期又称"择日"，由两人和双方家长共同商议。由于受传统婚嫁礼俗的影响，喜欢选"黄道吉日""逢双不逢单"等。其实这都是不科学的。一般应考虑以下六个方面。

（1）**考虑婚前检查结果**。虽说婚前体检现已自由选择了，但为对方和下一代负责，还是应该检查一下双方的健康状况。如发现有传染性疾病和严重的心脏病，应暂缓婚期，耐心治疗，康复后再定婚期。

（2）**考虑女方月经期**。选日子应避开女方的月经期，选择在下一次月经来潮前的一周内结婚，可避免结婚当月怀孕，也有利于优生优育。

（3）**考虑结婚准备工作是否就绪**。如新房是否布置好了，衣物、家具、家电等是否置齐了。最关键的是婚礼经费是否准备好了。

（4）**考虑时节**。节假日、春秋季节或农闲时节比较适宜。节假日可以增加喜庆气氛，使时间更宽裕，也方便亲友参加。春天，生机勃发；秋天，金风送爽，这两个季节天气暖和，是结婚的佳日。

（5）**考虑工作任务是否繁重**。最好找一个工作比较轻松的日子，将婚礼举行得从容些、井然有序些，甚至还能有一个短期的蜜月旅行。

（6）**考虑尽量避开结婚高峰期**。婚庆动态表明，在结婚高峰期，饭店、婚庆服务比较难预定，且价格也比平常高出许多。此外，还应该考虑主要亲友是否能参加婚礼。

2. 婚礼前的准备工作

（1）**选饭店**。本着环境优雅舒适、交通便利、服务周到、价格合理、有风格特色的原则来订饭店。菜价标准完全根据自己的情况而定，酒水最好自己准备。

（2）**订婚庆**。选择哪家婚庆公司也尤其重要：一看该公司是否正式工商注册，以便发生纠纷时有个说理儿的地方，也有保证。二看公司从业人员素质、精神面貌。如果公司从业人员对婚俗、婚识了解甚少，而又无敬业精神，你怎能放心把终身大事交给他们呢？三看硬件设施。目前婚庆主持、摄像制作、化妆、花艺等市场，有人说服务水平参差不齐，更有人说鱼目混珠，所以，你要看主持人的经验、语言、"台风"、组织策划能力，摄像机、照相机、制作设备是否专业，化妆、花艺的效果，还要比较主持风格、装饰风格、制作风格是否更适合自己，比较价格时不忘比较"水平"和"质量"。

3. 婚礼仪式流程

婚礼的程序可视婚礼的规模而定。婚礼的程序可繁可简，可庄可谐，通常由司仪即婚礼主持人事先与相关的主要当事人商定，并在举行婚礼时按步骤宣布。

目前通行的一般的婚礼仪式有如下16项程序：

（1）新郎、新娘在宴会厅门口迎宾；
（2）证婚人、介绍人、来宾、主婚人及亲属入席；
（3）结婚典礼开始，奏《婚礼进行曲》；
（4）男女傧相引新郎、新娘入席；
（5）司仪主持结婚仪式；
（6）证婚人发言，宣读结婚证书；
（7）来宾代表发言，祝贺词；
（8）新郎、新娘交换信物；
（9）开香槟酒、切结婚蛋糕、喝交杯酒；
（10）双方家长上台，家长代表发言；
（11）新郎、新娘向双方家长三鞠躬，向来宾三鞠躬，相互三鞠躬；
（12）合影；
（13）举杯，司仪宣布宴会开始；
（14）男女傧相引新郎、新娘退席；
（15）逐桌敬酒；
（16）仪式结束。

礼仪故事 10-2　　奇怪婚俗　没有蛋不可成婚

走近湘楚文化你就会发现，自古以来一直保留着古老而奇怪的婚礼习俗，整场婚礼离不开鸡蛋，没有鸡蛋就不可成婚。

在湘东地区的一些山村，男方托媒人去女方家提亲，媒人第一次到女方家，若吃到的是一碗光汤汤的素油面条，则表示女方对媒人的冷淡；若女方给媒人吃的是鸡蛋挂面，则证明这门亲事有谈的希望。当地乡民把这蛋叫作"说亲蛋"。

要是媒人吃了女方的"说亲蛋"，男方又得请媒人到女方家正式求婚。当女方以"光面"款待媒人时，则说明女方经过调查了解，家人协商决定对这门亲事持冷淡、疑虑态度；倘若女方给媒人吃的面里有四个鸡蛋，则暗示婚事成功了一半。同样，女方到男方家去"看门风"（相亲）时，不管人多人少，男方也要以蛋招待，每人四个以示敬重。

订婚那天，求婚的男方和媒人及两个同族的亲属到女方家敲定婚期，女方家也要以蛋招待，同样每人每碗四个鸡蛋。婚礼这天，鸡蛋更成了待客必备之物。当天清早，男方家选定去女方家接亲的亲属和媒人，一律要吃蛋启程，寓意兴旺发达，常来常往。新娘子接来后，女方送亲的人员在男方又要吃一碗煮鸡蛋，个数逢双，要么两个，要么四

个；新郎、新娘每人一碗鸡蛋加鸡腿，预祝新婚夫妇美满幸福。

婚后次日清晨，新婚夫妇洗漱完毕，新郎的母亲便将昨夜早就准备好的一只党参清蒸鸡端进新房，由新娘、新郎关紧房门慢慢吃掉。鸡中有两个熟蛋，每人先各吃一个蛋，后吃鸡腿，再吃鸡，示意两颗心心心相印，永不分离。这只鸡如一餐吃不完，中午仍由新郎、新娘继续吃，直到吃完为止，才能从此白头偕老。

但在湘中邵阳地区的一些乡村，其婚俗又有不同。男方到女方家相亲，不管女方同意与否，来者是客，女方都会用鸡蛋来款待相亲客：如女方不同意，则只煮一个鸡蛋给男方人吃，即"一厢情愿"的意思；若中意男方，则打蛋汤（煮荷包蛋）而且是两只，寓意"好事成双"。定亲前夕，亲戚朋友要向男女双方送鸡蛋，祝贺他们好事圆满成功。

结婚当天，要在鸡蛋上贴红喜字，称为"状元"（壮、圆），并配上红枣、花生、桂圆、瓜子一起送入洞房，请新婚夫妇吃，寓意"早生贵子状元郎"。

姑娘出嫁时，娘家除准备其他嫁妆外，还要准备一对大鹅蛋，因为"鹅"与"和"谐音，预示婚后夫妻和睦美满。

新婚之夜，新人上床前要吃"子茶"（糖茶蛋），预祝早生贵子。

（资料来源：根据搜狐网相关资料整理）

（三）婚礼中新郎、新娘的礼仪

对于新郎来说，当天首要的事是准备到新娘家迎接新娘，采用车、船、步行等形式都可以，新郎应做到准时、守约。不要临时更改时间与迎接形式。女方也要宽容谅解，不要一味强调迎亲仪式的铺排隆重。这一天，新郎、新娘必须切实做到以礼貌来接待亲友及宾客。

（1）**礼貌**。结婚正日，许多亲友前来道贺，街坊邻里前来观瞻，来人多而杂。作为主角的新郎、新娘不论与谁接触都要面带笑容，彬彬有礼；对人都要亲切招呼，不可疏漏，更不可傲慢无礼，或冷淡别人；客人临走，要热情送别。

（2）**耐心**。大喜之日，也是大忙之时，遇事不能急躁，也不能埋怨，新郎、新娘互相体贴，不可赌气或发脾气。

（3）**大方**。新郎、新娘在婚礼上都要大方、自然。对于闹新房时客人的说笑不要露出厌烦之色，以免使亲友扫兴。

（4）**服饰**。男方穿着以整洁、合体、庄重为主，女方以喜庆、漂亮为主。现在男方一般穿西装，女方一般穿红色衣裙或者白色婚纱。

（四）参加婚礼注意事项

1）个人形象

参加婚礼前，应做好面容的清洁和修饰工作。男士要清洁好头发和面部，刮净胡须、剪好鼻毛。女士则可以化淡妆，不宜浓妆艳抹地参加婚礼。

服饰要适合正式场合，避免鲜艳的颜色，不宜穿着太漂亮、太高档的衣服，以免抢了新郎或新娘的风头。可以穿休闲中带点正装的感觉的衣服，但不要太正式，也不要太休闲。颜色和款式不要和新人"撞衫"。最好不要穿着黑色衣物参加婚礼，以免让新人感觉晦气。也不能穿短裤或拖鞋参加婚礼。

男士一般着深色套装，记得穿黑色袜子配黑色皮鞋。但如果自己不是婚礼上的重要角色，长裤、T恤、皮鞋就可以了。

女士以穿套装为宜，穿着的裸露程度切不可超过新娘。忌穿着和新娘婚纱相近的礼服，颜色应以紫色、绿色、粉色、灰色、酒红、米色等为宜。总而言之，做好绿叶，"勿与红花争宠"。

2）行为举止

如果收到请柬，一定要在婚礼举办日的至少前两三天主动和新人联系，确定自己是不是能出席，有几个人一同去，以便对方安排。

如果带了小孩参加婚礼，要适当约束小孩不要让其乱跑。

使用器具时要小心，婚礼上忌讳有人打碎东西。

应积极参与婚礼中的互动内容，特别是被邀请的时候。在气氛热烈的时候，应该报以热烈的掌声。

新人给你敬酒或敬烟时，一定要说祝福的话，比如，早生贵子、白头到老等。

婚宴上要注意吃有吃相、喝有喝相，要保持基本的风度，不能失态。喝酒也要有度，不能灌酒。

婚礼上，不管是游戏还是敬酒，要适可而止，不能有失新人的尊严，不能有伤风化。也不能过分为难新人，让其尴尬。

离开的时候，尽量跟新人打个招呼，但如果他们很忙就不必去打扰了。

（五）婚礼请柬与赠礼

1. 送发请柬

把结婚的时间、地点、形式通知亲友，是婚礼前的重要工作之一。告知婚期的办法很多：一是于报纸上登"结婚启事"。二是电话告知，这种方法便捷，但显得不够慎重，况且，有的被邀请对象无法电话联系。三是登门邀请。这未免太麻烦，并且对远道的亲朋也不可能个个登门邀请。四是送发请柬。这是最适宜的办法。选用的请柬应在款式和装帧上设计得美观、精致、大方，让接到请柬者体味到你们的热情与诚意，感到喜悦和亲切，也表明对被邀请者的尊敬和邀请者的郑重态度。请柬首行顶格书写被邀请者的姓名或邀请单位的名称。写明婚礼中新人的名字、具体时间、地点。结尾要写"敬请光临""致以敬礼"等，落款写邀请人的姓名和发出请柬的时间。对近处的亲友，新郎或新娘登门邀请并双手呈上请柬，礼节周到而庄重；对远方的亲友，请柬提前用挂号信发去，确保被请人能在婚礼前收到。

写请柬应注意：一是被邀请者的姓名应写全，不应写绰号或别名；二是在两个姓名之间应该写上"暨"或"和"，不用顿号或逗号；三是应写明举行婚礼的具体日期（几月几日，星期几）；四是写明举行婚礼的地点；五是措辞恰当。因邀请人与被邀请人身份、关系的不同，其内容措辞也应有区别，如：由新郎、新娘出面邀请亲友的请柬格式为（样式如图10-3所示）：

×××先生暨夫人：

我俩谨订于××年×月×日×午×时，在××饭店举行结婚典礼。届时恭请光临。

此致

敬礼！ 　　　　　　　　　　　×××

　　　　　　　　　　　　　　　　　　　×××同启

　　　　　　　　　　　　　　　　　　　××年×月×日

项目十 婚丧寿庆礼仪篇

图10-3 由新郎新娘出面邀请亲友的请柬样式

由父母或祖父母出面邀请亲友的请柬格式为（样式如图10-4所示）：

×××先生暨夫人（同志）：

兹订于××年×月×日×午×时，在××饭店为小儿（孙）××举行婚礼。届时恭请光临。
　此致
敬礼！

×××敬启
××年×月×日

图10-4 父母或祖父母出面邀请亲友的请柬样式

2. 馈赠礼品

参加婚礼这种隆重而喜庆的仪式，带礼品是必须的。送什么样的礼品则非常有讲究。

即使是婚礼上的馈赠，也要尽可能对新人的性格、爱好、需求等加以了解分析，然后选择送礼方法，就不会失礼。

小资料
喜幛通用贺词

（1）**贺函贺电**。远方的亲友结婚，不能亲往道贺，利用贺函、贺电就非常方便而且隆重、正式，贺函可随附礼金，或邮寄礼品。贺电可以用喜庆电报拍发。贺电最好是在婚礼的当天让新人收到；贺函要确保能在婚礼仪式之前收到；邮寄礼品的话，则要确保礼品在新人的婚礼之前收到。

（2）赠送喜联喜幛。向一些交友广泛、结婚场面较大的受礼者赠送喜联喜幛，较为高雅，一般书画社可以选购或代为托裱喜联喜幛，只需说明喜庆、写明受礼者与送礼者之姓名及两者关系就可以了。但如果能亲笔书写，当然更有意义。

（3）赠送现金。赠送现金，送礼者取送方便，受礼者得其实惠。礼金不论多寡，习惯上用双数。一般来说，要考虑当地的收入水平、两人关系的亲疏程度、其他人礼金的多少以及上次对方给你赠礼的多少等因素。从实惠角度上讲，至少应多于上次对方给你赠礼的数目，不要使受礼者亏本。

（4）赠送实用品。实用品比如家电、家具、装饰品等，适宜于知己、亲友。在购买以前，应该先了解一下对方所需，以免受礼者重复购置。

（5）赠送花束花篮。花束花篮，适宜于新式婚礼，显得较具时代气息，其缺点是毫无实用价值，必须对象适合才行。

（6）新闻贺礼。由于媒体的影响范围广，人们越来越喜欢通过媒体来表达对亲友的祝福。在某种媒体上刊一段贺语，播几句贺词，完全可以表达对新人的一片厚意。诸如"珠联璧合，永结同心""今日成云雨，明日共天涯""句句祝福，声声叮咛，只愿你俩幸福到永远"等，既能让人感受到真情实感的同时，也有一种艺术的享受。还可以在电台、电视台的"点歌"栏目点歌送给新人。

（7）其他送礼方法。其他送礼方法还有很多，诸如送纪念册、影集、工艺品、丝绣品等，可以根据实际需要来选定送礼的方法。

任务二　寿诞礼

（一）贺生日

1. 生日庆祝

生日，顾名思义就是一个人出生的日子。生日其实也是一个纪念日，纪念着一个人来到这个世界的日子。不管历史的长河中有多少重要的纪念日，那都不重要；有一个，或者有一些人的纪念日我们一定要记住，那就是那些爱着我们的人！我们是如何被安排来到这个世界的我们不知道，我们也不知道那些人为什么爱着我们，但是我们知道我们是如此的幸福。因为有人爱着我们，我们也爱着他们……在中国一般比较重视老人和儿童的生日，每一年的生日都是一次家庭的聚会，所以在中国，生日可以看作一个家庭的节日。生日的时候一般会在家中举办生日晚会，举办晚会时应事先搞好卫生，对房间进行适当装饰。晚会开始前，生日主人应站立在门口迎接客人，并对每位客人说："感谢光临。"应邀前往的客人应准时到达，赠送礼物可根据生日主人的爱好或需要进行挑选。送鲜花是普遍受欢迎的。客人到齐后，生日晚会即可宣布开始。在晚会开始前，生日蛋糕与生日蜡烛是必备的。生日蛋糕上所插的生日蜡烛的支数要同生日主人的年龄相对应。20岁以下可用1支蜡烛代表1岁，有几岁插几支，20岁就插20支。20岁以上者，可用1支大蜡烛代表10岁，1支小蜡烛代表1岁来表示。蜡烛要提前固定在蜡烛托上，然后把蜡烛托

插在蛋糕上面。直接把生日蜡烛插在生日蛋糕上的做法是不可取的。

生日晚会的具体程序如下：

首先，点燃生日蜡烛，来宾向生日主人致祝词，并向其敬酒，生日主人应向来宾致答谢词。

其次，众人齐声唱《祝你生日快乐》这首歌，生日主人应在歌声中用一口气把点燃的生日蜡烛全部吹灭，来宾以掌声来烘托喜庆气氛。接着，由主人把生日蛋糕切成数份，分给在场的人每人一份。

再次，大家共同要求生日主人第一个表演节目，然后共同表演一些活泼轻快的节目，或举行舞会助兴。客人一般不要中途退场。

生日晚会结束后，生日主人应将来宾送至门外，并再次向大家表示感谢。要是寄生日贺卡的话，应在生日晚会之前寄达。

2. 生日送礼原则

小资料
西方生日的由来

生日作为人生的开始之日，是真正属于自己的节日，一直受到人们的重视。每逢生日来临，人们都要以这样或那样的形式举行庆祝活动，借以提醒自己珍惜光阴，同时感激给予自己各种帮助的亲朋好友。送礼在生日庆贺活动中是很重要的祝贺方式，亲人、朋友、同事过生日的时候，送上礼物表示祝贺，可起到增强友情、融洽关系、改进工作的作用。生日礼物的花样和品种很多，但人们还是经常为送生日礼物而发愁，面对琳琅满目的商品，却不知该送什么好。其实在送生日礼物时，只要做到以下五个原则就一定能得到朋友的喜欢，继而增进彼此的感情。

（1）因人而异。送生日礼物时先要搞清楚对象是亲朋好友，还是一般的关系，是自己的恋人还是普遍的异性朋友，不同的对象，所送的礼物是不同的。年龄也是在送生日礼物时要注意的，几岁的孩子和耄耋之年的老人，他们过生日的方式以及所送礼物都各不相同。

成功的礼物，应把真情寓于其中。一双亲手织成的童袜、一件精心挑选的发夹、一本久购方得的书籍、一枚色彩斑斓的贝壳，乃至一束芳香四逸的鲜花，都能使受礼者喜出望外。

花木送人，早有传闻，人称"芝兰君子性，松柏古人心"，因此花木虫鱼是送给文人雅士之上品。有人很爱钓鱼，就送上鱼竿、鱼钩、鱼漂等一套工具，使他能在风和日丽的日子到溪边、池塘垂钓，岂不悠闲自得。在亲朋好友的孩子生辰之际，送上几尾金鱼，自然很受欢迎。因为，这象征着祝愿小朋友能像这几尾小金鱼一样快乐。

（2）因地而宜。送生日礼物时，要注意各地习俗和嗜好，要研究对方的心理，使其爱不释手。比如在美国，送给十几岁姑娘的生日礼物，可以是镶有小饰物的手镯或一对耳环；有关姑娘爱好或她特别感兴趣的书籍；香水、围巾、腰带或其他时髦饰物；姑娘房内装饰品等。送给十几岁男孩的生日礼物可选送衣服、体育用品、摇滚乐唱片或磁带、电子游戏机或计算机软件程序等。关于妻子或丈夫的生日礼物，有时则可送他（她）喜欢的而且平时认为"太奢华"而没有购买的礼品。另外在西方，关于老年夫妇的生日礼物，给他们送寿桃、寿面、寿联不一定受欢迎，如果给他们订一份报纸、送一张礼品券、一盆花木或他们感兴趣的书籍，一定会大受欢迎。

（3）因时而异。送生日礼物要考虑时代、季节等时间因素，相机送礼。比如过去向父母或长辈祝贺生日或寿辰时，往往要写礼帖，写清礼物的名称，如寿幛、寿酒或祝寿匾幛。所送匾文分称贺（开头）、匾语（中间文字）和落款三部分。然而，时过境迁，某些生日送礼习俗正在变化。比如现在利用广播、电视等大众传播媒介，点歌点戏，成为表达自己心愿和祝福的空中礼物。

在中国，人们比较熟悉诞生月与花的联系，如八月送桂花，九月送菊花，冬天送梅花。而在俄罗斯和西方的许多民族却将宝石与人的诞辰月联系起来。古代人相信，所有宝石或半成品宝石都有神奇的功能。据说每个月都有一颗或更多的宝石代表它，此俗一直延续至今。

（4）**考虑生肖文化**。现在，人们向亲友祝贺生日时，往往选赠生肖贺卡、生肖纪念章、生肖邮票或生肖图画。比如，可根据过生日者的生肖，选购相应的生肖纪念章，并在背后刻上他（她）的姓名以及出生年、月、日，这不失为一种新颖而又有永久纪念意义的生日礼品。图10-5为中国传统的生肖剪纸。

小资料
诞生石

图10-5　中国传统的生肖剪纸

（5）**因陋就简**。生日送礼不要铺张，要量力而行，提倡自己动手，因陋就简，制作寓意较深的生日礼品。时下，店里礼品的价格往往令人望而却步。那么，选择生日礼物如何体现"千里送鹅毛，礼轻情意重"呢？

送贺卡是比较多的人采取的祝贺生日的方式，然而商店销售的贺卡总存在缺陷。我们完全可以自己设计、制作贺卡。绘画水平较好的人可以自己配上图案，水平不高的可以临摹或剪贴一些美术作品，并配上一些赠言，这种手工制作的贺卡肯定会大受欢迎。说到这里，有个观念还应该转变，不要以为自制的东西送不出手，其实不然。

（二）成人礼

所谓成人礼是指男女青年到了规定的年龄，必须举行一定的仪式，才能被成年社会接纳为正式成员，开始拥有成人的一切权利和义务。因此，成人礼就是一个人"入世为人"的标志。成人礼，在我国古代通称冠礼。这是由于我国古代贵族成年后必戴帽子，所以男子成人礼称为冠礼。近代这种礼俗逐渐废止，只是在法律上规定了成年年龄。

我国古代的冠礼仪式十分隆重，不仅要先选好良辰吉日，而且要选择为冠者举行冠礼的"大宾"（如图10-6所示）。冠礼是在19足岁后一个月举行。它从开头到结尾共有十多个仪式，十分烦琐。古人认为"冠者，礼之始"，只有通过冠礼上周密严整的礼仪训练，使受礼者亲自体验礼仪的严肃性，才能自觉地在今后的生活中按照礼仪规范做人。女子成人礼是在15岁时举行，与男子成人礼的冠礼不同，女子成人礼称为笄礼。笄就是簪子，行笄礼时要改变幼年时的发式，把头发在头顶绾发髻，然后用缁（用来束发的黑帛）把发髻包住，再用簪子插住。行笄礼后，受礼者便有成年女子的身份，可以谈婚论嫁了。目前，我国还有一些少数民族至今保留着古老的成年礼俗，如拔牙、染牙、穿裙、穿裤等仪式都是进入成年的标志，举行了这些仪式之后，就表明这些青年男女童年已过，可以公开参加各种生产和社会活动了。

图10-6　成人礼即冠（笄）之礼

礼仪故事 10-3　　德国的成人礼

德国成人仪式是德国由来已久的一个传统节日。在宗教和习俗里，年满14岁就算是成人了，便要举行成人礼。德国的成人礼不仅有此宗教含义，还赋予了新的意义。每年的四五月份，全国满14岁的少男少女穿戴一新，由家长、亲友陪同集合在当地的文化之家。在充满节日的气氛中，地方政府负责人或社会名流首先致辞，讲解成人之后对社会所担负的义务和享受的权利，勉励他们遵守社会公德，报效国家。然后，师长、亲友和低年级的小朋友向他们表示祝贺，并赠送礼物和鲜花。中午，全家聚餐以示庆祝。晚上为他们举办舞会，时间还可以破例延长至夜里10点钟。为了迎接人生中这一重要阶段的开始，有关部门一般要对8年级的这些孩子事先做一些准备工作，例如让他们会见各界人士和老工人，组织他们游览山川，参观名胜古迹，参加音乐会，等等。

（三）祝寿礼

中国人祝寿一般从六十岁或六十六岁开始，不论是六十岁还是六十六岁都是按虚岁计算，即按实际年龄提前一年。祝寿，也惯称作"过生日"，老年人一开始"过生日"，以后就须年年过，不能间断。平常为小庆，逢十如七十、八十、九十等，为大寿，要大庆；有的地方，为避讳，认为"十全为满，满则招损"，所以往往"做九不做十"。例如在五十九岁时做六十大寿，六十九岁时做七十大寿。有些地方习惯于"男做进，女做满"。即男做九，女做十。由于有些地方民俗有"三十六岁门槛年，六十六岁是杀年"的说法，故这两个生日年虽不是整数，也要举行大庆，以便化凶为吉，这只是一种民俗心理罢了。在做寿大庆的时候不但设宴待客，还唱大戏、放电影，或请唢呐班子演奏助兴。给老人贺寿的人有族内子侄辈和儿孙辈、女儿和女婿、侄女儿和女婿、干女儿和干女婿、徒弟、学生、亲戚中的晚辈及朋友等，七十岁以上的高寿老人过生日时，街坊邻居也常备礼庆贺。百岁寿辰宴如图10-7所示。

图10-7　百岁寿辰宴

1. 祝寿仪式

（1）**祝寿准备**。给老人祝寿，儿女们要提前做好各项准备工作。

第一是预备招待宾朋的菜肴和酒水。

第二是准备寿面、寿桃、寿糕等。寿面叫长寿面；寿桃是用精致白面粉做成桃形；寿糕是用白面和红枣蒸制的多层枣馍，城镇多买生日蛋糕代替，但是很多老人都不爱吃生日蛋糕（油腻含糖）。

第三要布置寿堂。寿堂一般在堂屋正厅，屋内张灯结彩，正面墙壁中间悬挂中堂图画，男寿多为南极仙翁，女寿多为瑶池王母，或八仙庆寿，或百寿图，或红纸书一大金色寿字；两边为"福如东海长流水，寿比南山不老松"等祝福语句的对联（如图10-8所示）。中堂正面中间放礼桌，桌上陈寿桃、寿糕、寿酒等，桌两边放两只红蜡烛。桌前地上铺设红毡或花席，以备后辈人行礼。

图10-8　祝福语句对联

（2）祝寿仪式。中国人给老人庆寿并无严格的仪式程序，仅有大致的章法。一般是，寿辰之日，先把祖宗的神主牌位请于神案之上，点燃香烛，鸣放鞭炮，寿诞老人穿戴一新，率全家拜祭。之后，老寿星端坐寿堂椅上，晚辈们衣冠整齐，恭恭敬敬依次磕头祝寿，并献上贺寿礼品。祝寿磕头为"寿头"，"寿头"是必定要磕的。现在很多年轻人不会磕头，就变为三鞠躬。

祝寿完毕，寿宴开始，众人给寿星敬酒，寿星把寿糕、寿蛋、寿果等吃食分给众人，众人踊跃嚼食，说是替老人"嚼灾"。长寿面是寿宴上必有的食物，吃面时，儿女们要把自己碗中的面条拨向老人碗中一些，谓之给老人"添寿"。

寿宴后稍事休息，大家陪老寿星看戏、看电影。晚上请执事人等吃酒答谢。寿礼便圆满落幕。

2. 特殊寿礼

老人过六十六、七十三、八十四几次生日时，祝寿礼比较特殊。

六十六占两个六字，象征"六六大顺"，老人和子女都很看重，所以寿礼较为隆重。"六十六，娘吃闺女一块肉"，父母六十六岁生日这天，已出嫁的女儿除一般礼品外，还须买六斤六两一块肉，蒸六十六个小寿桃为父母祝寿，以报答父母生养之恩。肉与小寿桃须父母两人吃，其他人不得分食，否则谓之"夺福"。

七十三岁和八十四岁，俗谓人的一道生死坎儿，谚云："七十三，八十四，阎王不叫自己去。"到了这个年龄，老人和子女都比较紧张，平时对老人加倍呵护，生日时也有个特别的破法，即子女买活鲤鱼为寿礼让老人吃，鲤鱼擅跳跃，吃了鲤鱼，就会跃过这道坎儿，获得平安健康。

3. 祝寿礼仪

作为注重人际交往的当代人，我们常会被邀参加生日或祝寿活动，参加祝寿

小资料
寿诞也有别名——"寿称"

活动时我们要注意如下礼仪。

（1）**准备寿礼**。除参加团体性的祝寿由集体准备外，凡参加个人祝寿活动的，都要携带些礼物。寿礼一般可选包装精美、做工精细、含有祝贺健康长寿、吉祥如意意义的食品或物品。城市里习惯送蛋糕的宾客，不要忘了请糕点师傅裱上一个"寿"字。现在寿礼也可以用"红色"代替。未及时送礼而想补送的，时间不能拖得太长。另外还要注意地方禁忌。如有些地方寿礼不能送钟，作为寿礼即使是最高档、最精美的钟也不会受人欢迎，因为"送钟"与"送终"谐音。

（2）**服饰适宜**。参加寿礼活动的服饰宜选择色调明快的衣服，不要穿全黑或全白的服饰。

（3）**言行得体**。寿日，在我们国家被认为是大吉大利的日子，所以，这天作为客人说话多以祝贺、颂扬为主，不要说一些不吉利的话。比如一位青年去给王大爷祝寿，一见面就说：王大爷，您挺健旺，我看，您再活三五年不成问题。这位青年的用意是想说句吉利话，没想到惹得王大爷很不高兴。所以，对寿星说话时特别要注意，不要随意开玩笑。宴饮要节制，不能酗酒，以防失态失礼。带小孩的人要注意关照，不要让小孩乱动乱跑，以免打碎物品，也不要让小孩啼哭，因为这些都被民间视为不吉利。

小资料
祝寿贺词

小资料
祝寿主持词

任务三　丧葬吊唁

（一）讣告与丧仪

1. 讣告

讣告又称"讣文""讣闻"，是向死者亲友或有关单位报丧所使用的一种通知文书，"讣"即告丧的意思。讣告常以死者亲属、死者生前好友、死者生前所在单位，或者是临时组成的治丧委员会的名义发出。

讣告的措辞要通俗易懂，内容要力求严肃、庄重、准确和简洁。讣告应在向遗体告别之前发出，以便于死者的亲友及时做好准备，如送挽联、花圈等。讣告可以张贴在死者的工作单位或住宅门口或公共布告栏，一般用白纸黑字，也可通过新闻媒体如电视、报纸、电台向社会发布。

讣告的写法如下。

（1）在开头一行的中间写"讣告"二字，要稍大一点。

（2）写明死者的姓名、身份、因何逝世、逝世的日期、地点和终年岁数。终年岁数一般写为"享年××岁"或者"享寿××岁"，六十以下的人，一般不用"享寿"。

（3）简介死者生平，写出死者生前具有代表性的经历即可，不能太详。

（4）通知吊唁、开追悼会的地点和时间。
（5）署明发讣告的个人或单位及讣告的发布日期。

例一：

讣　告

先父×××于一九××年×月×日×时×分在家病卒，享年××岁。定于×月×日在家设奠。谨此讣闻。

×××哀告
×月×日

较有社会影响的人士或国家领导人逝世，讣告也可以公告的形式发布，显得很庄严、隆重。发出讣告的单位多为国家机关或团体。为了显示庄严和隆重，它有其固定的结构。

（1）公布逝世的消息，内容包括以下四点。

❶ 标题写明"公告"的发布单位名称及"公告"两字。
❷ 写明死者的职务、姓名、逝世原因、地点以及终年岁数。
❸ 写有死者的主要经历及扼要评价和哀悼之辞。
❹ 署明公告时间。

（2）治丧委员会公告。这是讣告的核心部分，包括以下三点。

❶ 写明"×××同志治丧委员会公告"字样。
❷ 署名公告的时间。
❸ 公布治丧委员会名单。

以上两部分通常是间隔数日先后公布的。先公布逝世消息，后公布治丧委员会公告和治丧委员会名单。中华人民共和国名誉主席、全国人大常务委员会副委员长宋庆龄同志逝世就采用这种公告式讣告。有的也可同时在报纸上公布。现在还有一种启事讣告，即在报纸上刊登一则启事，向社会告知死者的去世消息，随着社会的进步和丧事简办的趋势，这种形式的讣告，将越来越为人们所接受。民间家庭有人亡故亦可发讣告，贴在家门口。

例二：

一九三六年十月十九日，鲁迅先生逝世，治丧委员会在报纸上刊登一则讣告，向社会公众报告这个不幸的消息，全文如下。

鲁迅先生讣告

鲁迅（周树人）先生于一九三六年十月十九日上午五时二十五分病逝于上海寓所，享年五十六岁。即日移置万国殡仪馆，从二十日上午十时至下午五时为各界瞻仰遗容的时间。依先生的遗言"不得因为丧事收受任何人的一文钱"，除祭奠和表示哀悼的挽词、花圈等以外，谢绝一切金钱上的赠送。谨此讣闻。

鲁迅先生治丧委员会
（成员从略）

2. 丧仪

生命是有限的，生命也是脆弱的。生老病死，是每一个生命所必须经历的，面对死亡，最有能耐的人也显得束手无策。面对亡者，人们唯一能做的是用自己认为最好的方式、最隆重的礼节，去为死者殡殓奠馔、拜踊哭泣，以此表达对死者的哀思。这些哀悼的仪式、礼节就是丧礼。

因民族不同、地域不同，我国的丧礼存在着很大的差别；又因丧葬方式不同，仪式也不大相同。但现在极广泛地流行于各大城市、国家也大力提倡的丧葬方式是火葬，于是，相应的有了一种较简单的丧礼。这种被绝大多数城市人接受的丧礼，大致有以下六方面内容。

（1）**报丧**。当人去世后，死者的家人常常因为极度悲痛，无法控制感情，所以只守在亡者身边，或待在家里，不参与外面的各种事务，因此丧讯应尽快让邻里、亲戚、朋友、组织知道，以便大家来帮助办理丧事。这首先就涉及怎样报丧的问题，民间报丧的方法有以下三种选择：一是亲身前往口头报丧，这时，神情要沉痛，举止要庄重；二是写报丧信，信中要写明逝者与报丧人的关系、逝者的病因、逝世的日期与追悼会的地点、时间，信中不能附带谈其他事，也不要写问候语与祝颂词；三是拟制张贴、刊登讣告。

（2）**办理死亡证明**。死亡证明是殡仪馆火葬时必备的手续。自然死亡，死亡证明由死者单位出具，无单位的由街道办事处出具，因病死亡由医院出具。无论谁证明死亡，派出所证明不能少。一般的死亡证明很规范和格式化，只需要填写相关内容和盖章即可。

（3）**与殡仪馆联系火化等事宜**。拿上死亡证明，到殡仪馆联系火葬时间、用灵车时间及使用悼念大厅等事项。

（4）**遗体告别仪式或追悼会**。遗体告别仪式或追悼会的主要步骤有以下几项。第一，布置告别大厅。死者遗像置于大厅帷幕中央，横幅为"某某同志（先生、女士）永垂不朽"或"某某同志（先生、女士）遗体告别仪式"，挽联一般由殡仪馆事先布置，挽联按亲疏顺序由左至右（由前至后）依次挂出。花圈、花篮一般殡仪馆备有，租用即可。第二，亲朋好友、同事进入礼厅，殡仪馆出租小白花，亲朋进入礼厅时由工作人员依次发放，戴于左胸上方。进入礼厅后，所有人员要依次排好队，一般为横排，按年龄、级别从前到后，从左到右排列。死者亲属站于遗体左侧，主持人站于右侧。第三，遗体告别仪式开始。其程序包括：默哀三分钟，同时奏哀乐；主持人或领导宣读死者生平；集体三鞠躬；其他宾朋发言；死者亲属发言并致谢；瞻仰遗容并奏哀乐（亲属走前面，从右至左，也就是按逆时针方向转至原来位置，答谢宾朋并握手致意）。第四，仪式结束，工作人员收拾大厅。由死者长子或长孙或其他至亲捧上遗像到殡仪馆焚化场焚化挽联及辞拜祭奠。

如果是追悼会，应在会场中央上方悬挂横幅，用白纸黑字书写"××追悼会"字样。由事先委托的逝者亲友在会场门口代表家属迎候亲友来人，发放黄花、白花或黑纱。准备工作做好后，到预定时间正式举行追悼会。追悼会的程序如下：

❶ 宣布追悼会开始，奏哀乐、鸣炮。
❷ 主持人就位。
❸ 全场肃立，向逝者默哀，放哀乐，向逝者三鞠躬。
❹ 由治丧委员会代表或主要领导致悼词。
❺ 来宾作哀词或发言。
❻ 逝者亲属代表致答谢词。
❼ 众人绕遗体一周向死者告别。
❽ 看望亲属，深表安慰。
❾ 哀乐声中出丧。

追悼会在一片爆竹声和哀乐声中结束，遗体由亲人和他人护送去火化。

（5）**答谢亲友宴会**。丧葬活动结束后，丧主要留客人或帮忙人员吃午饭。丧事宴会一般不需太奢侈，也不能畅饮，丧主要给客人敬酒以示谢意。

（6）**纪念活动**。现代城市纪念活动一般只限于家人，不再邀请亲友。纪念方式及时间也各不相同。一般"五七"大祭一次，其他时间随民间节日进行。亲人佩戴黑纱时间也无定数，子女一般为一个月。现代城市丧葬礼俗基本上达到了"隆重而不烦琐，重纪念而不迷信，轻物质而重精神"的境界，这与现代城市生活方式及城市市民的思想观念有极大的关系。

（二）吊丧与安慰

1. 吊丧的礼仪

1）吊丧的方式

丧事是件大事，人们把它看作与婚事同等重大，习称为婚丧大事或红白喜事。因此，关心亲友间的丧事，这是很重的一份人情，也是一种崇高的精神活动。一般来说，死者家属总是欢迎尽量多的人前来吊丧。所以，如果你得知亲友去世的消息，或是亲友家中有丧事的消息，都理应前往吊丧。尤其是交情较好的亲友、师长、长辈去世，不参加吊丧是失礼的。接到丧报的亲友，要尽快赶往丧家吊唁，如有事无法前往，或因路途遥远于追悼会前无法赶到的，应立即对死者的家属发送唁函或唁电，并告知出席的打算和到达的大致时间。一般唁电应发给报丧的单位或家中的长者，若有治丧委员会则应发给治丧委员会而不发给个人。唁函中，一般要表示闻报噩耗时的悲痛心情，追念自己与死者的友谊，列举死者生前的功绩与给人留下深刻印象的主要品德，并表示自己在悼念之余的打算；最后，向遗属表示慰问。唁函中不要夹叙其他事情。

一般而言，吊丧的方式主要有以下三种。

（1）**参加死者的追悼会**。这是最好、最简单的吊丧方式。参加追悼会，一般送个花圈表示悲悼之情。花圈上要写好缎带或在白纸上题上词，题词大致是上联写称谓，对同事、同志可写"沉痛悼念×××同志"或"××同志安息"，对家人、亲戚可写"××（称谓）千古"。下联表示送祭者与死者的关系，对同事、同学等一般写"××敬挽"，对父母、夫、妻不能写"敬挽"，应写"泣血"或"泣挽"等。花圈可以单独送，也可以几个人合送，还可以以一家人的名义或单位的名义送。追悼会是庄严肃穆的场合，参加者应怀着沉痛的心情，带着严肃的表情，认真履行追悼会的每一项仪式。为了与场合气氛相适应，参加追悼会的人服装打扮以清淡、素雅为宜，言谈举止以端庄沉静为宜。

（2）**书面吊丧**。由于种种原因不能以参加追悼会的方式亲往吊丧的，如死者在外地，或吊丧者行动不便等情况，这时可用唁电、唁信吊丧。

（3）**到死者家中慰抚死者亲属**。这种方式一般用于知道消息较晚，或因出差等原因错过了追悼会的情况。用这种形式吊丧的程序：首先，慰抚亲属，说明没有参加追悼会的原因和表达歉意，表示对死者的哀悼之情，劝慰亲属节哀。其次，可在死者遗像前肃立默哀1~2分钟即可。用这种形式，态度要自然，表情要真挚，服饰要朴素，言谈举止要得体。让死者亲属感到你的真情，得到精神的慰藉。

2）吊丧的注意事项

（1）**注意服饰**。传统的丧仪对服饰要求十分讲究，不同的亲属要穿不同的丧服。《仪礼·丧服》记载：据与死者关系亲疏程度不同，丧服分为五等，它们分别是斩衰、齐衰、大功、小功、缌麻。这些孝服全都用麻布做成，所以民间又把这称为"披麻戴孝"。但是现在不太讲究这些，尤其是在城市里。但是，丧事的气氛沉痛肃穆，因而，吊丧的人穿着要与之相适应。服饰宜庄重，色彩宜深沉淡雅，衣服上戴小白花或黄花，袖上挽黑纱。切忌穿红着绿，花花哨哨，女

性要摘下花花绿绿的头饰,否则会被认为是对逝者的不敬,是严重的失礼行为。

(2)**备送奠礼**。丧事是件大事,在民间被视为与婚事一般重大,因此,民间历来有丧仪时送奠礼的习俗。习惯上,用作奠礼的布料、被面、毯子一类,可以作祭幛;奠礼也可以是现金。现代丧礼中,送奠礼用花圈的多。确实,向死者表达悼念与敬意的最好形式是送花圈。花圈去专卖店购买后,要写好缎带或在白纸上题上词。

(3)**言行要礼貌**。在吊丧时,个人要注意自己的言行举止。特别在追悼会上,态度要沉痛,走路要轻手轻脚,说话不要高声。追悼会开始后,要按规定位置站立,奏哀乐时不要东张西望,默哀时要低头静默。另外,还要尊重死者家属的安排和遵守会场秩序,不能谈笑风生,更不能中途退场,这是对死者的不敬。

2. 安慰家属

人生中最难受的事情莫过于生离死别。生离虽难,但总还有他日重聚之望,而一旦死别则成永诀,所以当人们失去亲人时,心情悲痛,最需要别人的安慰、抚慰。

(1)**言语关心**。安慰丧亲的不幸者,不要急于劝阻对方的恸哭。强烈的悲痛如巨石积压在心头,愈久愈重,不吐不快,让其发泄、释放出来,反而如释重负,有利于较快恢复心理平衡的状态。吊丧时可适当提些问题,引起死者家属的话头,让他们倾诉。那么如何问呢?问问死者临终时的情况,有无遗言;问问死者生前治疗的情况;假如是交通事故、工伤等意外死亡,则可问问事故的详情,问问家庭经济有无困难;问问死者后事的安排;等等。如果时间允许,还可进行回顾性交谈,即和死者家属一起回顾死者生前的好品行。应当注意倾听对方的回忆、哭诉,并多谈谈死者生前的优点和贡献,以及人们对他的敬仰和怀念;说说死者踏实工作、任劳任怨的好态度;说说死者乐于助人、厚道朴实的好作风;说说死者勤俭持家、关心子女的好品德;等等。

(2)**帮助家属**。尽力帮助丧亲的家属是最实在也是最受欢迎的一种表达对死者的敬意的方式。首先,是帮助丧家办丧事。家里有人去世,亲属往往悲痛欲绝,乱了方寸,这时很需要有人出面操办丧事。如果跟丧家关系密切而又抽得出时间的话,最好前去帮忙,里外奔忙,事无巨细,都是必要的。其次,丧事办完后,不能"办完事、茶就凉",应继续关心死者家属的情绪,安慰他们好好工作、生活,逢年过节常去探望,如其有生活困难的话,还应尽量给予资助。千金难买人情,对生者的关心,也是对死者的悼念。再次,要了解死者家属在死者去世后的主要思想顾虑,或是家庭困难,或是子女教育,或是有未竟之遗业。对此,要有的放矢地做好劝慰。如需通过组织、亲友、师长或子弟解决的,则应积极协助解决,以使亲属打消顾虑,减轻忧虑和悲痛。

六、技能训练

技能训练 1:结婚礼节训练

(1)让学生亲自动手制作一个结婚请柬。

(2)在教室模拟一个婚礼现场,由同学分别扮演新郎、新娘、司仪、参加婚礼人员等不同角色。由扮演司仪的同学主持婚礼,并设计婚礼的程序。

训练内容:结婚礼节的流程,参加婚礼的礼仪。

小资料
国外的葬礼

技能训练 2：成人礼仪式的训练

通过视频观看我国古时成人礼即冠（笄）之礼的流程，然后分组让男同学示范冠之礼，女同学示范笄礼。

技能训练 3：寿诞礼

（1）让学生自己动手制作一份生日礼物或者寿诞礼物。

（2）在教室模拟一个生日会场，让同学扮演不同的角色，感受并熟悉寿诞礼仪的程序。

训练内容： 生日晚会、寿庆仪式的基本流程的熟悉，以及参加生日、寿庆晚会时的注意事项。

附录一
中外主要节目表

附录二
花语集锦

参 考 文 献

[1] 金正昆. 社交礼仪教程 [M]. 北京：中国人民大学出版社, 2012.
[2] 金正昆. 涉外礼仪教程 [M]. 北京：中国人民大学出版社, 2006.
[3] 李建峰, 王社民. 实用社交礼仪 [M]. 北京：中国时代经济出版社, 2009.
[4] 孙为, 郝铭鉴. 中国应用礼仪大全 [M]. 上海：上海文化出版社, 2008.
[5] 张岩松. EMBA 现代社际礼仪 [M]. 3 版. 北京：中国社会科学出版社, 2006.
[6] 何聿光. 婚丧喜庆全典 [M]. 上海：上海社会科学出版社, 1998.
[7] 田晓娜. 礼仪全书 [M]. 西宁：青海人民出版社, 2005.
[8] 卢新华, 康娜. 社交礼仪 [M]. 北京：北京大学出版社, 2007.
[9] 薛建红. 旅游服务礼仪 [M]. 郑州：郑州大学出版社, 2007.
[10] 关彤. 商务礼仪手册 [M]. 北京：中国社会出版社, 2005.
[11] 狄保荣. 社交礼仪 [M]. 郑州：黄河出版社, 2007.
[12] 王晞, 牟红. 旅游实用礼宾礼仪 [M]. 重庆：重庆大学出版社, 2004.
[13] 胡静. 实用礼仪教程 [M]. 武汉：武汉大学出版社, 2007.
[14] 何春晖, 彭波. 现代社交礼仪 [M]. 杭州：浙江大学出版社, 2004.
[15] 解国英. 公共关系与现代礼仪案例 [M]. 北京：机械工业出版社, 2000.
[16] 徐锐. 现代社交礼仪必读 [M]. 济南：济南出版社, 2001.
[17] 尹明明. 现代社交礼仪 [M]. 济南：山东大学出版社, 2006.
[18] 李兴国. 社交礼仪 [M]. 北京：高等教育出版社, 2007.
[19] 徐克茹. 商务礼仪标准培训 [M]. 北京：中国纺织出版社, 2010.
[20] 袁平. 现在社交礼仪 [M]. 北京：科学出版社, 2007.
[21] 周秀梅. 中外社交礼仪大全 [M]. 北京：中国华侨出版社, 2006.
[22] 张秋筠. 商务礼仪教程 [M]. 北京：中国商务出版社, 2007.
[23] 杨眉. 现代商务礼仪 [M]. 大连：东北财经大学出版社, 2007.
[24] 曹浩文. 如何掌握商务礼仪 [M]. 北京：北京大学出版社, 2004.
[25] 李霞. 知礼行礼, 提高大学生道德修养 [J]. 经济师, 2008（6）.
[26] 邱伟光. 公共关系礼仪文化 [M]. 北京：高等教育出版社, 2000.
[27] 何浩然. 中外礼仪 [M]. 大连：东北财经大学出版社, 2002.
[28] 肖峰. 实用公共关系学 [M]. 北京：北京大学出版社, 2001.
[29] 韩富军. 现代礼仪 [M]. 沈阳：东北大学出版社, 2006.
[30] 付红梅. 青年处世交际全书 [M]. 北京：中国华侨出版社, 2006.